# ENTERPRISE RISK AND CRISIS MANAGEMENT

# 企业风险与危机管理（第二版）

ENTERPRISE RISK
AND CRISIS MANAGEMENT

周春生/编著

图书在版编目(CIP)数据

企业风险与危机管理/周春生编著. —2 版. —北京：北京大学出版社，2015.8
（21 世纪 MBA 规划教材）
ISBN 978-7-301-25313-7

Ⅰ.①企… Ⅱ.①周… Ⅲ.①企业管理—风险管理—工商管理硕士—教材 Ⅳ.①F272.3

中国版本图书馆 CIP 数据核字(2015)第 001421 号

| | |
|---|---|
| 书　　名 | 企业风险与危机管理（第二版） |
| 著作责任者 | 周春生　编著 |
| 责任编辑 | 李笑男 |
| 标准书号 | ISBN 978-7-301-25313-7 |
| 出版发行 | 北京大学出版社 |
| 地　　址 | 北京市海淀区成府路 205 号　100871 |
| 网　　址 | http://www.pup.cn |
| 电子信箱 | em@pup.cn　　QQ:552063295 |
| 新浪微博 | @北京大学出版社　@北京大学出版社经管图书 |
| 电　　话 | 邮购部 62752015　发行部 62750672　编辑部 62752926 |
| 印 刷 者 | 北京宏伟双华印刷有限公司 |
| 经 销 者 | 新华书店 |
| | 850 毫米×1168 毫米　16 开本　18.25 印张　411 千字 |
| | 2007 年 6 月第 1 版 |
| | 2015 年 8 月第 2 版　2022 年 12 月第 6 次印刷 |
| 定　　价 | 45.00 元 |

未经许可，不得以任何方式复制或抄袭本书之部分或全部内容。
**版权所有，侵权必究**
举报电话：010-62752024　电子信箱：fd@pup.pku.edu.cn
图书如有印装质量问题，请与出版部联系，电话：010-62756370

# 第二版前言

时光荏苒。《企业风险与危机管理》于 2007 年出版,至今已近八年。八年来,无论是中国宏观经济形势,还是中国企业的整体格局与管理水平,均已发生超乎人们预期的巨大变化,管理创新与商业模式创新成了中国企业发展的主轴。由于市场和宏观大势的快速变化,企业经营所面临的不确定性也越来越高,我们在欣赏各种企业成功案例的同时,也发现企业的风险、危机事件的发生越来越频繁。为了适应新形势下企业风险与危机管理的需要,作者对第一版内容做了大量的修订与补充,对不同类型的风险管理方法和流程做了更加细致的讨论,同时更新补充了大量案例,将"高质量发展""创新驱动发展"等时代要求融入专业知识点。希望这些修改能更好地帮助读者了解风险和危机管理的方法和意义。不足之处,敬请批评指正。

周春生

2015 年 5 月

2022 年 11 月修改

# 第一版前言

写作本书的初衷源于我在北京大学光华管理学院高层管理培训项目中教授的一门课程。这门课的名称就叫做"风险与危机管理"。我曾经在金融系统从事风险管理工作,所以最早是想开一门关于金融风险管理的课程。但是后来觉得金融风险管理面向的对象比较窄,讨论的重点主要是投资的风险、银行的信用风险、利率风险等。尽管这些东西对搞金融的人来说十分重要,但对于其他行业的人来说,单纯了解金融风险,可能跟其工作的契合程度并不是那么高。所以,后来我自己设计了一门新课,就是针对一般企业的风险与危机管理。本书就是该培训课程的结晶。

从书名上可以看出来,它关注的重点分为两部分:一部分就是指一般的风险管理,如企业和金融机构常见的市场风险、信用风险、信誉风险、流动性和财务风险等的管理和控制。而另外一部分,主要是研究企业怎样去应对在经营、生产、活动过程中面临的各种危机。这些危机包括一些突发的事件、一些重大的意外事故,也包括财务上的问题,以及品牌形象方面的危机。无论国内还是国外,我们都可以找到很多这样的危机案例。对于中国并不完善的市场经济、还不成熟的国有企业和民营企业而言,"风险"和"危机"这些概念更有特别的含义。南京冠生园公司,因为采用过期的月饼馅,直接导致了它的倒闭。而像三株药业、巨人集团,也都是在快速发展过程当中,因为一个或一系列事件引起了整个公司的倒闭。当然这都是一些比较极端的例子。也有一些企业危机,像可口可乐、强生都遇到过的,虽然不至于引起整个公司的破产,但却因为这些本来不大的事件而使整个公司财务状况、品牌信誉、经营活动都受到了巨大的冲击,带来了很多负面的影响。

真正做企业的人,总希望企业越做越大,越做越强,而且越做越稳,这就是所谓的企业要可持续发展。一个企业可持续长久发展,才是一个企业发展的真正目标。现实中,真正所谓的百年老店是非常少的。曾经有人做过研究,在这个地球上到底哪些机构的历史已经超过了两百年,名字基本上没有改,从事的业务也基本上没有变。研究结果表明,这种机构的数量全世界总共都不到一百家。而且这种机构几乎只有两种:一种是宗教机构、基督教会或者是天主教会;另外一种是教育机构。这样的企业几乎是寥寥无几。虽然两百年的时间对于企业的生命周期而言是比较长,但是,企业在高速发展过程当中,确实会因为一个意外事件、一个错误的决策等,使整个企业形象、经营活动、财务状况受到严重的影响。并且,更为严重的是,整个企业都可能会因为这个事情而一蹶不振。曾经有一个很大的公司花了四十多亿美金收购了一个宽带用户。但是被收购的那家公司从来没有给他们盈利,使他们感到很头疼,于是就想把那家被收购的公司卖掉,但是苦于找不到买主。后来他们把这一部分资产作价,放到另外一家公司里面去。最后作了两千多万美金,还没有拿到现金,只能作为资产作价去入股。类似的案例层出不穷。

现在企业讲发展、讲利润,核心就是关注如何赚钱。著名经济学家厉以宁先生把赚钱分成了"挣钱,生钱,赚钱,来钱"这么四个层次,每一个层次都离不开风险管理,而对于较高层次的赚钱方法,风险与危机的管理则显得更为重要。第一个是用手去争取,也就是"挣钱"。这是我们一般人所采用的,也是最原始、最普遍的财富积累方式,当然也是最低级的积累财富的方法。绝大多数人为了生存,靠的是帮别人打工挣钱,或者到餐馆帮人家洗碗,或者到一个企业帮人家写写程序,只不过是高级打工者和低级打工者的区别。低级打工者一个月挣五百块钱,而高级打工者则可挣五万块钱甚至更多,但都是靠出卖自己的劳动力换取一定的报酬,用自己的手去挣钱。当然,企业在起步阶段一般也是挣钱,要靠自己生产产品,自己去跑市场,推销自己的产品或者服务,这就是挣钱,是最原始、最普遍的方法。当然这个方法永远不会落伍,永远要有人用这种方法。但是,这种方法不是积累财富的唯一方法,通常不会快速带来巨额财富。

第二个是"生钱",从汉字的构造来看,"生"字就是一个牛,站在一个平台上面。"牛"指什么呢?"牛"代表牛市,代表一个蓬勃向上的资本市场。对一个企业而言,利用牛市筹集资金,可以快速扩张,快速积聚财富和资源。但资本市场是有巨大风险的,从亿万富翁到一无所有之间或许只有一线之隔,这一线之隔正需要风险的防范与管理。

第三个是"赚钱",就是一个贝字加一个兼字。贝是财富的象征,兼就是兼并。这是企业积累财富的第三个阶段。通过兼并、资产的重组、财富的聚合,把企业做大做强,积累更多的财富。企业上市的目的绝对不应该是拿了一笔钱就好,这样的企业家是没有上进心的。其实,上市表示一个公司跟普通股民之间契约关系的开始,上市的最终目的是融资,是收购兼并等资本运作。"赚钱"很有吸引力,但这个钱并不好"赚",因为收购兼并不是容易的事情。美国被称为资本市场最发达、并购制度最完善的国家。但是,即使在美国,80%的收购兼并对主购方来说并不成功。这个比例非常高,就是五个收购案例里面,只有一个是真正给收购方的股东们带来好处的,有四个基本上没有带来好处,有的甚至是带来了很大的负面影响。因此,靠兼并之类的资本运作"赚钱"固然诱人,但风险极高。

第四个是"来钱"。"来"的繁体字"來"里有几个"人"字，说明了人在企业运作中的重要性。"来钱"或许是赚钱的最高境界了。在现代商业社会，要让企业财源滚滚，要靠两个东西：一个是金融资本，一个是人力资本。而要发挥"人"的作用，就必须防范"人"的风险，包括人的道德风险，也包括人的行为风险等。

确实，风险通常是被人们所厌恶的，但如果完全离开了风险，我们是很难成就一番大业的。本书讲风险管理的关键因素，就是看企业怎么样冒险，冒什么样的险，而且冒险过程当中采取什么样的措施，使得风险不至于带来太大的负面影响。就像赛车这样的激烈竞技比赛，风险确实很高，但不冒险却是一无所有。选择冒险，就要做好防范措施，这包括穿的服装、戴的头盔等，以保证不会出大事——即使车毁，也不至于人亡。当然出现这种意外情况的时候，旁边也应该已经准备好了急救人员，马上采取抢救措施。企业管理者需要明白，哪些险绝对不能冒，哪些险可以冒，冒的话采取什么样的机制，有什么样的应对措施。严格地讲，这就是风险与危机管理。

本书的写作得到了国家自然科学基金杰出青年基金（基金号：7032500/G0206）的慷慨资助，作者在此深表谢意。在本书写作过程中，我的同事和相关课程的学员提供了许多宝贵意见，北京大学光华管理学院的许多同学，如冯永昌、赵端端、李达、徐爽、付佳等，更是花费了大量的时间和心血帮助收集整理资料、校对书稿，为本书的顺利完成做出了巨大贡献。在此，我谨向他们表示诚挚的谢意。在本文写作过程中，作者参考、引用了各种报刊和网站的大量资料，特别是相关案例资料。在此，我也向本文所引用文献的所有作者表示衷心感谢。本书力求详细列举各种参考或引用资料的出处，但由于本书是由讲义整理而来，又承蒙多人收集、补充资料，如在文献列举中存在一些疏漏或偏差，望各位作者和读者原谅，并告知宝贵意见，以便再版时更正。

周春生
2007年6月5日

# 目　　录

## 第一章　风险的定义及基本知识 …………………………………………（1）
　　第一节　什么是风险 ………………………………………………………（3）
　　第二节　风险从何而来 ……………………………………………………（5）
　　第三节　为什么关注风险 …………………………………………………（7）
　　第四节　风险的类型 ………………………………………………………（9）
　　第五节　风险识别和衡量 …………………………………………………（11）

## 第二章　风险管理与企业可持续发展 ……………………………………（15）
　　第一节　价值创造是企业管理的核心目标 ………………………………（17）
　　第二节　可持续发展能创造更高价值 ……………………………………（18）
　　第三节　企业可持续发展与战略管理 ……………………………………（20）
　　第四节　风险控制是企业可持续发展的保障 ……………………………（23）

## 第三章　企业风险管理纲要 ………………………………………………（29）
　　第一节　风险管理的历史起源和现状 ……………………………………（31）
　　第二节　风险管理的意义和焦点 …………………………………………（35）
　　第三节　风险管理的体系与流程 …………………………………………（36）
　　第四节　风险管理的基本方法 ……………………………………………（38）
　　第五节　风险管理的目标 …………………………………………………（42）

## 第四章　风险管理过程中的内部控制 ……………………………………（45）
　　第一节　内部控制的发展历史 ……………………………………………（47）
　　第二节　内部控制的目标 …………………………………………………（49）
　　第三节　内部控制的基本原则 ……………………………………………（52）
　　第四节　内部控制的架构和类型 …………………………………………（54）
　　第五节　内部控制的内容 …………………………………………………（59）
　　第六节　内部控制的特点和固有局限性 …………………………………（64）
　　第七节　改善内部控制的关键：强化公司治理 …………………………（66）

## 第五章  企业重大活动的风险评估和管理 (71)
### 第一节  重大活动风险度量与决策 (73)
### 第二节  评价企业风险管理系统的完善程度 (75)
### 第三节  评估重大活动的复合型风险 (78)

## 第六章  市场风险度量与控制 (83)
### 第一节  市场风险模型 VaR 简介 (85)
### 第二节  市场风险管理的其他方法 (89)

## 第七章  企业流动性风险管理 (93)
### 第一节  流动性风险介绍 (95)
### 第二节  流动性风险的识别与评估 (96)
### 第三节  流动性风险的影响 (101)
### 第四节  流动性风险的管理 (106)

## 第八章  信用风险与应收账款管理 (111)
### 第一节  信用风险 (113)
### 第二节  信用风险度量模型 (116)
### 第三节  应收账款的信用风险管理 (122)

## 第九章  操作风险和法律风险管理 (125)
### 第一节  操作风险:定义、类型和成因 (127)
### 第二节  操作风险管理 (131)
### 第三节  法律风险防范与管理 (134)

## 第十章  行为、激励和风险控制 (139)
### 第一节  常见的行为偏差 (141)
### 第二节  非理性行为的影响 (143)
### 第三节  激励制度对管理者行为和企业风险的影响 (147)

## 第十一章  资本运作的风险管理 (149)
### 第一节  资本运作的意义 (151)
### 第二节  资本运作的效果——经验证据 (152)
### 第三节  资本运作的风险与防范 (153)

## 第十二章  风险控制中的金融工具 (165)
### 第一节  远期合约 (167)
### 第二节  期货合约 (169)

第三节　期权 …………………………………………………………… (173)
　　第四节　套期保值、投机与套利 …………………………………… (175)
　　第五节　远期和期货价格的确定 …………………………………… (181)
　　第六节　股票期权的性质与定价 …………………………………… (185)
　　第七节　启示与小结 ………………………………………………… (188)

第十三章　危机管理纲要 ………………………………………………… (195)
　　第一节　危机管理概述 ……………………………………………… (197)
　　第二节　危机的类型 ………………………………………………… (199)
　　第三节　危机的影响 ………………………………………………… (202)

第十四章　企业危机预防：事前管理 …………………………………… (207)
　　第一节　危机的监测和预测 ………………………………………… (209)
　　第二节　危机意识和危机管理技能的培养 ………………………… (210)
　　第三节　危机事前管理方法 ………………………………………… (212)

第十五章　企业危机处理：事中管理 …………………………………… (219)
　　第一节　危机处理原则 ……………………………………………… (221)
　　第二节　危机处理程序 ……………………………………………… (225)
　　第三节　危机处理对策 ……………………………………………… (227)
　　第四节　化危机为转机 ……………………………………………… (230)

第十六章　危机恢复管理：事后管理 …………………………………… (235)
　　第一节　危机总结 …………………………………………………… (237)
　　第二节　危机管理评价 ……………………………………………… (238)
　　第三节　危机恢复 …………………………………………………… (240)

第十七章　财务危机的管理 ……………………………………………… (247)
　　第一节　财务危机的含义和表现 …………………………………… (249)
　　第二节　财务危机的征兆 …………………………………………… (250)
　　第三节　财务危机的预警和诊断 …………………………………… (253)
　　第四节　财务危机的危害和影响 …………………………………… (264)
　　第五节　财务危机的预防 …………………………………………… (265)

附录　标准正态分布表 …………………………………………………… (275)

参考文献 …………………………………………………………………… (278)

# 第一章　风险的定义及基本知识

- 什么是风险
- 风险从何而来
- 为什么关注风险
- 风险的类型
- 风险识别和衡量

# 第一节 什么是风险

## 一、风险的定义

风险(Risk),从词源学上看,可以追溯到拉丁语"Rescum",意思是"在海上遭遇损失或伤害的可能性"或"应避免的东西"。现代经济学中一般将其定义为"事件或经济结果的不确定性"或"发生危险、损失、损伤或其他不利结果的机率和程度"。企业在实现其目标的经营活动中,会遇到各种不确定性事件,这些事件的后果及其影响程度是无法事先预知的,这些事件将对经营活动产生影响,从而影响企业目标实现的程度。这种在一定环境下和一定限期内可能发生、影响企业目标实现的各种不确定性事件就是风险。简单来说,所谓风险就是指在一个特定的时间内和一定的环境条件下,人们所期望的目标与实际结果之间的差异程度。

学术界对风险的内涵并没有统一的定义。由于对风险的理解和认识程度不同,或对风险的研究的角度不同,不同的学者对风险概念有着不同的解释,但可以归纳为以下几种代表性观点。

1. 风险是事件未来可能结果发生的不确定性

Mowbray(1995)称风险为不确定性;C. A. Williams(1985)将风险定义为在给定的条件和某一特定的时期,未来结果的变动;March 和 Shapira(1987)认为风险是事物未来可能结果的不确定性,可由收益分布的方差测度;Markowitz 和 Sharp(1987)等学者在一系列著述中将证券投资的风险定义为该证券资产的各种可能收益率的变动程度,并用收益率的方差(标准差)来度量证券投资的风险,由于方差计算的方便性,风险的这种定义在实际中得到了广泛的应用。

2. 风险是损失发生的不确定性

Rosenb(1972)和 Crane(1984)认为风险意味着未来损失的不确定性;Ruefli(1987)等将风险定义为不利事件或事件集发生的机会。

3. 风险是指可能发生损失的损害程度的大小

在保险理论和实践中,风险也常被理解为预期损失的不利偏差,这里的所谓不利是指对保险公司或被保险企业而言的。例如,若实际损失率大于预期损失率,则此正偏差对保险公司而言即为不利偏差,也就是保险公司所面临的风险(胡宜达等,2001)。

4. 风险是指损失的大小和发生的可能性

朱淑珍(2002)在总结各种风险描述的基础上,把风险定义为:风险是指在一定条件下和一定时期内,由于各种结果发生的不确定性而导致行为主体遭受损失的大小,以及这种损失发生的可能性的大小。风险是一个二维概念,风险以损失发生的大小与损失发生的概率两个指标进行衡量。王明涛(2003)在总结各种风险描述的基础上,把风险定义为：所谓风险是指在决策过程中，由于各种不确定性因素的作用，决策方案在一定时间内出现不利结果的可能性以及可能损失的程度。它包括损失的概率、可能损失的数量以及损失的易变性三方面内容，其中，可能损失的程度处于最重要的位置。

尽管学界对风险的定义不尽相同，但无论如何，都不会脱离以下三个特征：(1) 风险是关乎未来的。已经发生的事，无论结果如何，都已既成事实，一般不被称作风险。(2) 不确定性或偶然性。事前能完全确知的结果，无论好坏，一般都不被看成经济意义上的风险。(3) 有损益或损失发生。广义风险强调不确定性，说明风险产生的结果可能带来损失、获利或是无损失也无获利。股权投资等金融风险就属于此类。狭义风险或称纯风险表现为损失的不确定性，说明风险只能表现出损失，没有从风险中获利的可能性。例如，酒后驾车有很高的风险酿成车祸，讲的就是狭义风险（纯风险）。保险理论与实务中，风险指的也是狭义风险，也就是损失的不确定性。这种不确定性包括发生与否的不确定、发生时间的不确定和导致结果的不确定。

风险有外在的商业风险和企业内部的管理风险之分。外在的商业风险是指经济大环境、法律法规、竞争对手等外部因素引发的风险，比如说政策的变动、原材料价格波动，以及自然灾害等。这种风险有时候在所难免。内部管理风险是指企业因内部管理和控制不善可能带来的损失，比如说财务风险、操作风险和投资决策失误等。这种风险可以说是无处不在。

尽管企业一般无法改变其外部环境，但可通过良好的内部管理来应对外面的风险。比如说经济大环境的变化、物价上涨或者是利率上涨、新的竞争者的挑战等，就是外部风险，会对企业造成影响。企业可以依靠内部管理来化解或对冲这些风险，尽可能减少这些风险的负面影响。例如企业可以通过提高其竞争能力，增加战胜竞争对手的可能性。

## 二、风险问题的辩证法

上述讨论告诉我们，(广义)风险是一种不确定性，好的、坏的结果都有可能发生，也就是说，(广义)风险不只意味着损失有可能出现，也意味着好的，甚至非常好的结果也可能发生。

有鉴于此，有学者提出风险的本质可以用两个汉字，即"危机"来刻画。"危"是危险，"机"指机会，风险就是危险和机会的组合，或者说是危险和机会之和。企业从事生产活动、经营活动、资本运作、产品开发、研发，处处都面临着市场的不确定性问题。企业开发的产品有不被市场接受的可能性，企业的营销策略有不被大众青睐的可能性，银行发出去的贷款有收不回来的可能性，这种种导致失败的可能性就叫作危险。可是，在危险的背后却常常蕴藏着重大的机会。注重新产品的研发可以使企业取得或保持竞争优势，银行通过发放贷款赚取利差，这些皆是与风险相生相伴的机会。这揭示了危险和机会的一个辩证关系，我们把它叫作风险辩证法。企业如果不冒危险，就可能根本不会有任何的机会。企业想获得这个机会，就必须去冒一定的风险。

企业家精神是企业创新、发展,并长期保持竞争能力的源动力,而冒险精神正是企业家精神的核心组成部分之一。例如,坎迪隆(Richard Cantillion)和奈特(Frank Knight)两位经济学家,就将企业家精神与风险或不确定性(uncertainty)紧密联系在一起。没有甘冒风险和承担风险的魄力,就不可能成为企业家。企业创新风险是二进制的,要么成功,要么失败,只能对冲不能交易,企业家没有第三条道路。美国3M公司有一个很有价值的口号:"为了发现王子,你必须和无数个青蛙接吻"。"与青蛙接吻"常常意味着冒险与失败,但是"如果你不想犯错误,那么什么也别干"。同样,对1939年在美国硅谷成立的惠普、1946年在日本东京成立的索尼、1976年在台湾成立的Acer、1984年分别在中国北京、青岛成立的联想和海尔等众多企业而言,虽然这些企业创始人的生长环境、成长背景和创业机缘各不相同,但无一例外都是在条件极不成熟和外部环境极不明晰的情况下敢为人先,"第一个跳出来吃螃蟹的"。

当然,优秀企业家的冒险精神并不是盲目冒险。冒险的目的不是因为偏好危险,而是为了捕捉危险背后的机会。因此,企业家和投资家的冒险,必须建立在对危险和机会的相对重要性的权衡基础之上。也就是说,要能通过冒三分险,获五分利,甚至十分利。如果无利可图,或机会太小,企业家是不会轻易冒险的。

"不入虎穴,焉得虎子。"这句古训很好地总结了风险管理的真谛。想"得虎子",即机会和回报,需要有敢入虎穴(冒风险)的勇气。正确处理"入虎穴"与"得虎子"之间的关系,必须考虑以下几个因素:

(1)"得虎子"到底有多么重要,值得为此去"入虎穴"吗?企业家并非冒险家,只有当回报有足够吸引力时,才会去冒较高的风险。

(2)"入虎穴"到底有多么危险,如果几乎必死无疑,就别打"虎子"的主意。在风险管理中,这就叫风险评估。

(3)如果认为值得为"得虎子"而"入虎穴",有必要对"虎穴"进行认真分析,尽可能掌握"虎子"是否在"虎穴"之中的信息,避免白冒风险;同时,还应尽量了解大老虎的作息规律,尽可能选择大老虎不在穴中之时"入虎穴"。所有这些,都需要信息。在风险管理中,信息的收集和分析至关重要。

(4)"入虎穴"前,做好一切事前防范工作,如盔甲、武器等必要的防身工具等。

总而言之,风险管理学关心的问题是:什么险可以冒或值得冒?如何既要获得机会,又降低或控制危险?也就是说,如何既要得到虎子,又要降低自身被伤害的概率及程度。

# 第二节 风险从何而来

企业风险是来自企业内外一切可能构成对企业效率、财务、投资回报、安全、品牌、品质带来不利的因素,这些因素常被统称为风险因素。风险因素是风险形成的必要条件,是风险产生和存在的前提。此外,风险因素也是风险事件发生时,致使损失增加、扩大的条件。

对于一般企业而言,诱发风险的各种风险因素主要包括三个层面:一是宏观政策、法律法规、监管要求等宏观风险因素;二是价格、技术、竞争状况、投融资环境、供求关系等市场风险因素;三是企业内部管理上决策、组织、生产、经营、监控等各环节的管理风险因素。

简而言之,风险既可来自外界不确定的客观因素,也可来自内部管理等主观因素。例如战争、自然灾害带来的经济损失和石油等商品价格的动荡就是典型的外部风险;1997—1998年亚洲金融风暴对于企业来说也是外部风险。而巴林银行的倒闭则与内部管理和失控密切相关。具有两百多年历史的巴林银行(Barings Bank),就是因为一个交易员的违规操作和内部控制的缺失,不到一年的时间,导致了整个银行的倒闭。具有两百多年历史的公司是屈指可数的,但这两百多年的历史却被一个普通人物的失误给终结了。

风险因素分析是分析风险产生的原因和风险高低的重要方法,是对可能导致风险发生的因素进行评价分析,从而确定风险发生的概率和严重程度的风险评估方法。风险因素分析的一般思路是:

调查风险源→识别风险转化条件→确定转化条件是否具备→估计风险发生的后果→风险评价。

比如,企业所处的外部环境是固有风险的一个风险源,该风险源转化为风险的条件是外部环境恶化,如市场竞争激烈、有效需求不足或产品生产受到国家政策的限制等。

风险因素引发风险事件发生的频率以及损失的大小和各风险因素自身的可变动性成正比。风险因素越多,变动性越强,风险越大。套用一句时髦的话说:"当今世界,唯一不变的就是变化。"正是由于宏观经济、技术和市场环境的变化越来越激烈,在日益全球化的今天,企业面临的风险也在日益高速增长。变化既给企业家带来了前所未有的创业和快速发展企业的机遇,也给企业的可持续发展带来了巨大挑战。据《中国中小企业人力资源管理白皮书(2012)》发布的调查显示,中国中小企业的平均寿命仅2.5年,集团企业的平均寿命也只有7—8年。美国的情况稍好一些,但中小企业的平均寿命不到7年。创业企业(startups)越来越多,企业寿命越来越短,已经成为世界经济发展的一个重要趋势。例如,无锡尚德电力控股有限公司(以下简称"尚德")曾是世界顶级的光伏企业,但很快便走向了衰败。2001年,施正荣从澳大利亚回国创业。2005年尚德成功在美国纽约证券交易所(NYSE)挂牌上市,市值达到数十亿美元,施正荣也一举成为当年的中国首富,身价百亿元人民币。然后,仅仅几年之后,即2013年,尚德便因内部管理不善,以及外部竞争加剧(市场环境变化)而负债累累,进入破产程序,施正荣本人则被限制离开中国国境。

风险管理的目的,就是要降低外部风险因素不确定性的负面影响,同时防范内部主观因素可能导致的破坏性结果。当今世界政治、经济和技术的变化越来越剧烈,这导致企业、政府机构和个人面临的风险越来越大,风险管理也因而越来越受到企业、政府和个人越来越多的重视。风险管理作为企业的一种重要的正式管理活动,直到20世纪50年代才开始从美国逐渐流行开来。

风险的来源和管理非常复杂。举例说来,由于技术进步和市场的激烈竞争,创新能力不足的企业将面临失去竞争能力甚至被市场抛弃的风险。于是创新成了企业寻求发展,提升竞争能力,或者是解决困境的重要途径。企业创造新的产品、设计、营销手段和管理方法,本质目的是为了创造新的机会。但是,"水能载舟,亦能覆舟",创新在为企业创造出新机会的同时,也可能带来各种风险,因为新的产品和技术未必受市场青睐,创新与研发投入也未必产生预期的效果。因此,创新诚然重要,风险分析和管理也不可忽视。在现代商业社会日新月异的变迁之中,创新引起的失误甚至有可能给企业带来灭顶之灾,因此,创新活动中的风险管理就更显得格外重要。

几十年前,很少有大的公司突然倒闭,因为它所面临的外部经济环境和内部的管理制度、技术以及产品等变化相对缓慢。但是,由于技术变革的加速和竞争的加剧,现在像世界通信(WorldCom)、安然(Enron)、雷曼兄弟(Lehman Brothers)这样的大公司也会突然坍塌。大公司虽然有雄厚的资本,但也由于其规模巨大、结构复杂、运营和投资对资金的需求量大、变革的阻力大成本高、管理难度大而变得脆弱。

# 第三节 为什么关注风险

风险的负面影响轻则导致公司利润下降甚至亏损,重则影响公司的声誉、品牌,甚至使公司因财务、销售等危机而破产倒闭。例如,中国德隆以及巨人集团因资金链条断裂、蒙牛因三聚氰胺等产品质量事件而遭受重创、香港中信泰富在2008年因外汇衍生品交易巨亏100多亿港元、英国巴林银行于20世纪90年代破产,以及具有158年历史的美国著名投资银行雷曼兄弟公司在金融危机中于2008年9月宣布破产。这一系列悲剧,都是风险管理失败的典型案例。在市场竞争日趋白热化,技术与制度创新易变的现代商业社会,风险已经成为企业发展的最大挑战,风险管理能力已经成为决定企业命运,决定企业能否做大做强的重要因素。

## 一、现代企业的基本特征

现代经济的基本特征可以归结为两点:一方面是创新多、竞争剧烈、变化快、预测难;另一方面就是企业(包括大企业)危机事件频发,倒闭频繁。

市场经济的基本特点就是竞争。越是现代化的企业往往面临的竞争也越激烈。这是由现代经济的特点决定的。传统经济中,由于技术进步相对缓慢,产品更新换代迟缓,后进企业不容易突然创造出一个技术而超过行业内的领导者或行业巨头。这就像跑步,大家都是用腿来跑,只要有人跑在了前面并且领先了一大截,已经证明了自己的腿跑得是比别人快的,一般不用担心后面的人能在短时间内追上来。因而后面的人很难成为领跑者强有力的竞争对手。但是,现在不一样了,大家是坐着汽车甚至飞机赛跑。一个后起之秀,一不小心就可能成为领头者,如美国的谷歌(Google)、脸书(Facebook),中国的淘宝等。IBM原来是电脑、计算机行业的绝对领跑者。当IBM已是"蓝色巨人"时,微软还是一个"小不点"。但是,如今微软无论是从竞争力,还是从影响力来看,好像都已经超过了IBM。从另一个角度看,随着物流和通信业的进步以及经济的全球化,企业竞争的区域范围也不断扩大,从一个小地方到一个大地区,再到全国,现在竞争的范围已扩展到全世界。

现代企业的另一个重要特征就是越来越依赖金融和资本,越来越依赖信息技术,以及越来越依赖高科技手段和技术创新。这些特点在推动企业快速发展的同时,也给企业带来了更大的不确定性,即风险。

除了竞争越发激烈和变化越发迅速以外,现代商业社会还有一个突出的特点就是竞争和变化的结果也越来越难预测。预测难度的增加,其实就是商业风险的增加。传统经济下,公司的经营状况相对比较容易预测。但是,现代企业生产的产品很多都是新的,这给商业预测造成了很大的困难。这样,企业在进行商业预测的同时,就不得不额外关注风险。只要是对企业的运营造成困难的情况,都属于风险,而倒闭就是风险的一个极端表现。

现代传媒业的发展也对企业经营的风险产生了一定影响。由于互联网、手机微信等大众传播手段的发展和传媒业的高度发达,企业遇到的风险事件可能会迅速转化为社会热点或焦点,并且有可能被夸大和曲解,这将对企业的经营和声誉产生严重影响。

## 二、风险失控的教训

俗话说"毁业容易创业难",而守业则更难。一个企业要获得成功非常不容易,需要创业者、管理者和员工付出许多艰苦的劳动和心血,还须有天时地利等外部条件,然而企业却很有可能因为一个重大事件而顷刻倒塌,使得前面所有的过程与努力付诸东流。可谓一百次成功,有时还及不上一次失败。英国巴林银行的破产、日本八佰伴的失败、韩国大宇集团的衰落、美国安然和世界通信的倒闭,以及AT&T[①]的尴尬,中国德隆、南方证券、无锡尚德的惨败和中航油(新加坡)、中信泰富的投机失败,都是血淋淋的教训。

中关村每年大约都有500个新入驻的企业,但是每年差不多有相同数量的企业因为种种原因从中关村消失,绝大多数是因为支持不下去。中国传统文化中的八卦讲阴阳平衡,做企业也一样,创新和发展当然非常重要,但这是一只手,企业的另外一只手同时要注重经营风险的控制。在发展速度和风险控制中寻求恰当的平衡才是企业经营和发展的王道。

---

① AT&T在2004年发生巨额亏损后,终因难挽颓势,于2005年被迫低价出售。

# 第四节　风险的类型

## 一、财务风险

财务风险主要体现在公司资产和现金流的充足性是否有保障,即公司是否有充分的资产来偿还债务,是否有足够的现金流量来满足它的运营费用,主要包括以下两个方面:

(一) 偿债风险

如果公司负债率较高,在经营亏损或投资失误的情况下,可能发生没有足够的资金按时偿还债务或利息的情况,引发财务危机(或称为财务困境),甚至破产。财务危机的发生会对公司的经营活动造成巨大伤害,并严重影响公司声誉,所带来的损失往往是难以弥补的。

(二) 流动性风险

这种风险无论是对金融企业还是对普通企业都很重要。有很多企业的倒闭并不是因为资不抵债,而是由于它的流动性不足引起的。我们通常讲的资金链条断裂,其实就是企业的流动性出了问题。

流动性风险有融资性流动风险和市场性流动风险两种。融资性流动风险是指企业还有资产,但在需要资金的时候没有办法融到足够的资金。比如说公司资产还有10亿,欠银行3亿,尽管从总数上来说资产没有问题。但是当这10亿买了土地储备并盖了楼盘之后,因为楼盘还没有完工不能交付使用,不能在市场上销售并带来现金流量。但在这个时候,按照合约企业该向银行偿还利息或还钱了。尽管根据企业的投资将来肯定会有很多收益,但是无钱还债已经构成了违约,因为那些土地和楼房现在还不能卖。银行如果在工程变现以前强行要款,企业就有可能破产。这种流动性风险就叫作融资性流动风险。对财务管理来说这种风险很重要。因为这种情况会对企业的经营运作造成很大的负面影响,迫使企业不得不采取割肉补疮、拆东墙补西墙的做法。

市场性流动风险是指资产变现时可能导致的价格损失。我们知道,企业的非现金资产如果想在短期内变卖,往往很难获得理想的价格。一般而言,一种资产的交易越不活跃、个性化程度越高,则该资产的市场性流动风险越大。

足量的流动资产是降低企业流动性风险的保障。对于一个企业来讲,流动资产包括一年内可以变现的资产,比如说公司的现金、应收账款、存货等。流动负债就是在一年内到期的负债,比如公司的应收账款、应付工资、短期负债等。公司的流动资产除以它的流动负债叫作流动比率。现在通常要求流动比率要达到1.5—2.0的水平。但是,风险越高的公司,流动比率也应该越高,因为公司可能随时需要现金,随时需要偿还短期债务。跟流动比率相关的另一个指标是速动比率。把流动资产当中的存货以及其他流动性非常差的资产扣掉之后的资产就是速动资产。速动资产除以负债叫作速动比率,这个比率一般应该在0.8—1.0。没有足够的流动比率和速动比率的公司是非常危险的。

## 二、商业风险

商业风险是商业、法律和经济环境变化引发的企业风险,主要包括以下四个方面:

(1) 信用风险。信用风险是指在商业活动当中,由于合同的另一方(简称对方)不能按照相关的合约、协议去履行相关的义务,从而可能给企业造成损失的风险。最简单的一个例子是银行贷款。根据贷款协议,企业必须按时给银行付利息和本金,如果企业不能及时做到这一点,银行就会面临损失,对银行来说这就是信用风险。对一般企业来说,一种典型的情况是自己的应收账款不能按时收回,甚至收不回来,这对企业来说是一个很重要的风险。

(2) 市场(价格)风险。市场风险不是对方失约造成的,而是由于市场价格的波动,对企业造成的各种各样的风险。比如股价下跌,股票投资者会蒙受损失;企业的原材料采购成本会因为价格变化而受影响;企业的销售收入和利润则会因价格变动而起伏,这些不确定性就叫作市场风险。

(3) 信誉风险。信誉风险和信用风险是两个不同的概念。信用风险是因为对方失信对企业造成的损失,而信誉风险则与企业自身的信誉和品牌有关系。因为企业自身的失误或经营意外,引起公众形象或者公司品牌受损就是信誉风险。

(4) 法律风险。法律风险也包括两个层面的含义:第一层含义是指公司在经营过程当中,因为违反了法律所面临的风险;另外一层含义则是指企业没有违法,但却面临着法律纠纷的风险。企业只要和对方发生业务关系,就难免会发生一些纠纷,这些纠纷不管责任在哪一方,都会对企业的利益产生影响,这就是法律风险。

## 三、管理风险

管理风险是指管理制度欠缺、管理决策失误或管理信息失真等因素引发的风险,可以分为以下五类:

(1) 财务和经营信息不足。这对企业来说是非常重要的一个方面。企业做财务报表、进行审计工作的目的就是为了获取比较准确的财务和经营信息。环境在变,市场在变,而有关变化的各种信息应该是企业决策的重要基础。很多时候,财务信息上的问题会给企业带来致命的打击。像安然公司当时错误的决策,与其高层对企业的财务信息掌握不足是有关系的。现在企业建立管理信息系统,就是为企业的经营活动等提供重要的决策基础。用可靠、充分、及时的信息作为决策的依据对所有企业来说都是一个重要的风险防范机制。

(2) 政策、计划、程序、法律和标准贯彻失败。现代企业运行的一个重要特征是有一套制度规范着企业的运行。当这些制度因为种种原因失灵时,各种非理性行为便威胁着企业。

(3) 资产流失。由于企业财产保全制度的缺陷或监管失控,导致企业财产流失。这一点对国有企业来说有特别重要的意义。

(4) 资源浪费和无效使用。资源的浪费和无效、低效率使用必然对企业的经营成果产生负面影响,降低企业的盈利能力和价值,严重时甚至会威胁企业的持续经营能力。

(5) 战略风险。战略管理是企业管理的重要方面。战略决策的失误对公司的影响很大,有时甚至是致命的。

## 四、操作风险

操作风险指企业和金融机构由于内部程序的不完善、失灵或人员、系统及运营过程中的错误与疏忽而可能引致潜在损失的风险。2004年通过的《巴塞尔新资本协议》将操作风险分成了以下四类:

(1) 人员因素引起的操作风险:包括操作失误、违法行为(员工内部欺诈、内外勾结)、关键人员流失等情况。

(2) 流程因素引起的操作风险:分为流程设计不合理和流程执行不严格两种情况。

(3) 系统因素引起的操作风险:包括系统失灵和系统漏洞两种情况。

(4) 外部事件引起的操作风险:主要是外部欺诈、突发事件以及银行经营环境的不利变化等情况。

操作风险无处不在,是企业常见的风险类型。

# 第五节　风险识别和衡量

在收益和风险的取舍之中,很多时候人们需要对风险有一个客观的评价度量。风险事件的评价一般需要符合五项基本原则。

(一) 全面性原则

我们应全面地了解各种风险事件存在和可能发生的概率以及损失的严重程度,风险因素以及因风险的出现而导致的其他问题。损失发生的概率及其结果直接影响人们对损失危害的衡量,最终决定风险管理工具的选择和管理效果的优劣。因此,必须全面了解各种风险损失的发生及可能导致后果的详细状况,及时而清晰地为决策者提供比较完备的决策信息。

(二) 综合考察原则

企业管理是一个系统工程,风险管理也不例外。企业面临的风险相当复杂,包括不同类型、不同性质、不同损失程度等各种各样的风险,涉及财务、决策、营销、人力资源管理等众多方面。复杂风险系统的存在,使独立的分析方法难以对全部风险奏效,要求企业必须进行综合考察。

### (三) 量力而行原则

如前所述,企业为了实现可持续发展必须防范风险,但是同样为了生存和发展,又必须依靠风险所带来的收益。冒风险是不可或缺的,但企业在冒险时必须有个最基本的原则,就是量力而行。如果一个决策的风险太大,超出了企业可以承担的极限,那么要么放弃,要么和其他力量合作。量力而行的原则既是风险识别和衡量的原则,也是风险管理工作的前提。因为任何一个企业的资源总是有限的,企业必须根据实际情况和自身财务能力确定承担何种风险。简而言之,量力而行原则需要考虑两个要点:一是比较风险和收益,问问值不值;二是分析企业是否可以承受这个风险可能带来的损失,问问能不能。

### (四) 科学计算原则

风险在一定程度上是可以衡量的。这里所讲的风险可以衡量是指企业可以知道可能存在哪些风险,分别有哪些内容,这些风险发生的可能性有多大,如果风险发生那么将带来的损失有多大或者损失服从什么分布。风险识别和衡量的过程是对企业的生产经营状况及其所处的环境进行量化核算的过程。风险的识别和衡量通常以数学、统计学的工具为基础,在普遍估计的基础上,进行统计和运算,以得出比较科学和合理的分析结果。识别和衡量过程中的财务状况分析、投入产出分析、分解分析以及概率分析和损失后果的测量,都有相应的数学方法。所以,风险的识别和衡量应按照比较严格的数学方法来进行,后面我们会进行介绍。

### (五) 系统化、制度化、经常化原则

风险的识别与衡量是风险管理的前提和基础,识别和衡量是否准确将决定管理效果。如果没有科学系统的方法来识别和衡量风险,就难以对风险有一个总体的、综合的认识,难以确定哪种风险是可能发生的,因此更难以较合理地选择控制和处置风险的方法。风险分析对风险管理的意义是重大的,风险识别与衡量是风险分析的基本要素。风险的识别与衡量也必须是一个连续的和动态的过程。

关于风险度量的具体方法,我们将在本书后面的相关内容中加以介绍。

## 思考与讨论

1. 什么是风险?风险有哪些主要特征?
2. 有人认为冒险是企业家的一种重要秉性,你如何看待"冒险精神"与风险防范的关系?
3. 简述风险的主要类型。
4. 风险度量的基本原则是什么?

## 案例分析
## 三鹿集团运营风险的失控

2008年12月25日,河北省石家庄市政府举行新闻发布会,通报三鹿集团股份有限公司破产案处理情况。三鹿牌婴幼儿配方奶粉重大食品安全事故发生后,三鹿集团于2008年9月12日全面停产。截止2008年10月31日财务审计和资产评估,三鹿集团资产总额为15.61亿元,总负债17.62亿元,净资产-2.01亿元。12月19日三鹿集团又借款9.02亿元付给全国奶协,用于支付患病婴幼儿的治疗和赔偿费用。目前,三鹿集团净资产为-11.03亿元(不包括2008年10月31日之后企业新发生的各种费用),已经严重资不抵债。

至此,经中国品牌资产评价中心评定,价值高达149.07亿元的三鹿品牌资产灰飞烟灭。

反思三鹿毒奶粉事件,我们不难发现,造成三鹿悲剧的三聚氰胺只是个导火索,而事件背后的运营风险管理失控才是真正的罪魁祸首。

**醉心于规模扩张,高层管理人员风险意识淡薄**

对于乳业而言,要实现产能的扩张,就要实现奶源的控制。为了不丧失对奶源的控制,三鹿在有些时候接受了质量低下的原奶。据了解,三鹿集团在石家庄收奶时对原奶的要求比其他企业低。

对于奶源质量的要求,乳制品行业一般认为巴氏奶和酸奶对奶源质量要求较高,UHT奶次之,奶粉对奶源质量要求较低,冰激淋等产品更次之。因此,三鹿集团祸起奶粉,也就不足为奇。

另外,三鹿集团大打价格战以提高销售额,以挤压没有话语权的产业链前端环节利润。尽管三鹿的销售额从2005年的74.53亿元激增到2007年的103亿元,但是三鹿从未将公司与上游环节进行有效的利益捆绑。因此,上游企业要想保住利润,就必然会牺牲奶源质量。

河北省一位退休的高层领导如此评价:"随着企业的快速扩张,管理层头脑开始发热,出事就出在管理上。"

**企业快速增长,管理存在巨大风险**

作为与人们生活饮食息息相关的乳制品企业,本应加强奶源建设,充分保证原奶质量,然而在实际执行中,三鹿仍将大部分资源聚焦到了保证原奶供应上。

三鹿集团"奶牛+农户"的饲养管理模式在执行中存在重大风险。乳业在原奶及原料的采购上主要有四种模式,分别是牧场模式(集中饲养百头以上奶牛统一采奶运送)、奶牛养殖小区模式(由小区业主提供场地,奶农在小区内各自喂养自己的奶牛,由小区统一采奶配送)、挤奶厅模式(由奶农各自散养奶牛,到挤奶厅统一采奶运送)、交叉模式(是前面三种方式的交叉模式)。三鹿的散户奶源比例占到一半,且形式多样,要实现对数百个奶站在原奶生产、收购、运输环节实时监控已是不可能的任务,只能依靠最后一关的严格检查,加强对蛋白质等指标的检测,但如此一来,反而滋生了层出不穷的作弊手段。

但是三鹿集团的反舞弊监管不力。企业负责奶源收购的工作人员往往被奶站"搞"定了,这样就形成了行业"潜规则"。不合格的奶制品通过商业腐败流向市场。

另外,三鹿集团对贴牌生产的合作企业监控不严,产品质量风险巨大。贴牌生产能迅速带来规模的扩张,可也给三鹿产品质量控制带来了风险。至少在个别贴牌企业的管理上,三鹿的管理并不严格。

**危机处理不当导致风险失控**

2007年底,三鹿已经先后接到农村偏远地区反映,称食用三鹿婴幼儿奶粉后,婴儿出现尿液中有颗粒现象。到2008年6月中旬,又收到婴幼儿患肾结石去医院治疗的信息。于是三鹿于7月24日将16个样品委托河北出入境检验检疫技术中心进行检测,并在8月1日得到了令人心惊的结果。

与此同时,三鹿并没有对奶粉问题进行公开,而其原奶事业部、销售部、传媒部各自分工,试图通过奶源检查、产品调换、加大品牌广告投放和宣传软文,将"三鹿"、"肾结石"的关联封杀于无形。

2008年7月29日,三鹿集团向各地代理商发送了《婴幼儿尿结晶和肾结石问题的解释》,要求各终端以天气过热、饮水过多、脂肪摄取过多、蛋白质过量等理由安抚消费者。

而对于经销商,三鹿集团也同样采取了糊弄的手法,对经销商隐瞒事实造成不可挽回的局面。从2008年7月10日到8月底的几轮回收过程中,三鹿集团从未向经销商公开产品质量问题,而是以更换包装和新标识进行促销为理由,导致经销商响应者寥寥。正是召回的迟缓与隐瞒真相耽搁了大量时间。大规模调货引起了部分经销商对产品质量的极大怀疑,可销售代表拍着胸脯说,质量绝对没有问题。在2008年8月18日,一份标注为"重要、精确、紧急"传达给经销商的《通知》中,三鹿严令各地终端货架与仓库在8月23日前将产品调换完毕,但仍未说明换货原因。调货效果依然不佳,毒奶粉仍在流通。

而三鹿集团的外资股东新西兰恒天然集团在2008年8月2日得知情况后,要求三鹿在最短时间内召回市场上销售的受污染奶粉,并立即向中国政府有关部门报告。三鹿以秘密方式缓慢从市场上换货的方式引起了恒天然的极大不满。恒天然将此事上报新西兰总理海伦·克拉克,克拉克于9月8日绕过河北省政府直接将消息通知中国中央政府。

另外,三鹿集团缺乏足够的协调应对危机的能力。在危机发生后,面对外界的质疑和媒体的一再质问,仍不将真实情况公布,引发了媒体的继续深挖曝光和曝光后消费者对其不可恢复的消费信心破坏。

资料来源:风控网,百度文库。

# 第二章 风险管理与企业可持续发展

- 价值创造是企业管理的核心目标
- 可持续发展能创造更高价值
- 企业可持续发展与战略管理
- 风险控制是企业可持续发展的保障

# 第一节　价值创造是企业管理的核心目标

企业存在的目的是什么？换句话说，企业究竟为谁而办？追求什么样的目标？如果我们稍加留意，便可发现各种各样的答案，比如，为客户创造价值（客户至上）、为员工谋福利（以人为本）、赚钱（利润最大化）、奉献社会（社会责任）、公司价值（股东利益）最大化等。我们不得不承认，一个企业为了生存和发展，不得不兼顾方方面面的利益，包括客户的利益、员工的利益、股东的利益、债权人的利益，以及社会责任。然而，我们也必须清醒地认识到，不同群体的利益不可能永远保持一致，同时追求各方利益最大化，既不现实，也不可能。当利益冲突不可避免的时候，我们究竟应当追求什么样的目标？答案需要从公司的归属去寻找。

企业（更准确地说，公司）的所有者是股东。股东创办公司的初衷，当然是为了自身获取更大的利益。企业所做的各种安排，包括员工的聘用与薪酬、客户服务方式、供应商的选择等，实际上都是围绕着企业的需要，或更明确地说，围绕着股东的利益需要而设计的。企业需善待员工，尊重员工，因为员工是企业的生产要素，企业必须依靠员工去创造财富。员工的能力、工作态度、创新精神直接影响着企业，也就是股东的经济利益。当然，员工也因为提供劳动而获得补偿。企业需善待客户，是因为客户乃企业经营的基础，是企业的衣食父母。所谓"皮之不存，毛将焉附"，没有客户，企业经营就无从谈起，当然也无法为股东创造利益。因此，员工也好，客户也罢，并非企业存在和经营的目的，而只是企业存在和经营的手段。企业，从根本上讲，是股东办的，也是为股东办的，因此股东的利益才是企业的最高利益和根本利益。正因为如此，无论我们如何强调关心员工的利益，企业依旧会处罚甚至解聘不称职、不负责的员工，依旧会裁减冗余的员工；无论我们如何大谈客户至上，甚至客户是上帝，企业依旧不会欢迎拖欠货款、不讲信誉的客户，不会欢迎无法给企业带来经济利益的客户。

综上所述，企业追求的目标是股东利益最大化。当然，在现代文明社会、法制社会，企业不应为股东谋利而违背国家和地方的法律法规和公共道德，这便是企业社会责任的重要方面。如果我们的企业都能在法律法规和公共道德允许的范围内追求自身利益的实现，我们的社会便能快速进步、日益富强。

那么，究竟什么才是股东利益呢？许多人简单地将其视为企业利润。这一回答甚至无法使我们就以下简单的经营条件做出有效的判断和抉择：

A. 今年牺牲 100 万元利润，换取明年 101 万元利润；

B. 今年牺牲 100 万元利润，换取明年 200 万元利润。

如果我们将股东利益视为当前利润，则无论是情形 A 还是情形 B，企业都不会以牺牲当前利润为代价换取将来的回报。这一点显然与事实不符，如果相应的市场利率为 10%，则在 A 情形之下，企业不会以牺牲当前利润为代价换取将来的回报；而在 B 情形之下，企业一定会心甘情愿地放弃现在的 100 万元来换取明年的 200 万元。这就是所谓的价值原则——价值,而不是简单的当前利润,反映了股东的利益。股东利益最大化就是最大限度地提升企业或股东权益的价值。

什么是价值呢?按照财务学的定义,价值是未来现金流按一定利率(折现率)折合成的现值,体现的是长远利益的现在度量,反映的是企业长远地创造利润或现金流的能力。

为了弄清价值评估的方法,我们不妨看个简单的例子。假设相应的市场利率为每年5%,并且在未来两年维持不变。那么,今天的100元,相当于一年以后的105元,或两年后的110.25元。换句话说,一年以后的105元,或两年后的110.25元,在年利率保持5%的情况下,等值于现在的100元。也可以说两年后的110.25元的(现在)价值为100元。

假设$CF_t$是未来某个时间段$t$产生的净现金流量或其预期值,该资产的折现率为$r$[①],那么,该金融资产在当前时点(假设为时间0)的价值即为未来各期现金流(或期望现金流)的现值之和。用公式表示:

$$PV_0 = \sum_{t=1}^{n} \frac{CF_t}{(1+r)^t}$$

其中,PV——现值,$CF_t$——$t$期现金流量,$r$——折现率,$n$——资产存续期数。

如果某金融资产(或预期经营年限还剩3年的企业)在未来三年可持续产生现金流,分别是300元、310元、320元。假设该资产适用的年折现率为10%。那么,该资产的价值PV应为:

$$PV = \frac{300}{1.1} + \frac{310}{1.1^2} + \frac{320}{1.1^3} = 769.35(元)$$

考虑一个特殊但有趣的情况,金融资产的现金流预期会以某一固定的速度逐期增长,我们将其称为增长型或成长型年金。假设本期(首期)期末的现金流金额为$C$,$g$是现金流的增长速度,对于共有$n$期的增长型年金,我们得到其现值公式如下:

$$PV = \sum_{t=1}^{n} \frac{C(1+g)^{t-1}}{(1+r)^t} = \frac{C}{r-g}\left[1 - \left(\frac{1+g}{1+r}\right)^n\right]$$

当$n$趋向于无穷大时,资产的价值为:

$$PV = \frac{C}{r-g}$$

如果一个企业的利润或现金流量可近似地表示成增长型年金的形式,则我们立即可以发现,该企业的价值高低取决于三个要素,即企业现在的盈利、企业盈利的增长性以及折现率的高低(受盈利的稳定性程度的影响)。

# 第二节 可持续发展能创造更高价值

从上节的分析我们知道,公司的价值并不单纯取决于公司当前利润,更取决于公司

---

① 一般来说,折现率$r$与金融资产的风险有关,不一定等于无风险的利率。风险越高,折现率$r$也越高。

长久的盈利能力。具体说来,公司价值是由以下三个因素决定的:

(1) 现在的盈利能力。企业现在的盈利能力尽管不是价值决定的唯一因素,但由于企业盈利的自相关性,企业现在的盈利在一定程度上可用来预测其将来的盈利能力。特别是当企业盈利增长速度一定时,企业现在的利润越高,将来盈利也会越多。

(2) 盈利的可持续性和成长性。盈利的增长性是决定公司价值的最重要因素。这一点从增长型年金的价值评估公式可以立即看出。实际上,我们常常发现,热点行业的高科技公司当前利润也许不如许多传统公司,但它们的价值一般却非常高,就是因为大家预期这些高科技公司有很好的成长性。美国Google公司、Yahoo公司和中国百度在NASDAQ股票市场的表现就是很好的例子。

(3) 盈利的稳定性(风险高低)。理性的人是厌恶风险的,因此,投资者只有能获得额外补偿才愿意承担风险。盈利越不稳定,风险越高,折现率越高。依据前述的价值评估公式,高折现率将导致金融资产价值下降。

根据以上三点,我们不难看出,盈利的持续增长是增加企业价值的重要途径,我们不妨将此称为企业可持续发展战略。可持续发展是20世纪80年代随着人们对全球环境与发展问题的广泛讨论而提出的一个新概念,指既满足现代人的需求也不损害后代人满足需求的能力。1992年在里约热内卢召开的联合国环境和发展大会(UNCED)把可持续发展作为人类迈向21世纪的共同发展战略,在人类历史上第一次将可持续发展战略由概念落实为全球的行动。其实,在微观层面上,企业的可持续发展同样值得重视。

企业的可持续发展,是指企业对当前利润的追求应不损害其将来的发展能力。也就是说,企业必须有足够的能力去应对变化迅速的经济和市场环境,兼顾当前利益和长远发展,使企业在未来依然保持良好的发展势头。可持续发展是既要考虑当前发展的需要,又要考虑未来发展的需要;不能以牺牲后期的利益为代价,来换取眼前利益。同时,可持续发展也包括在面对不可预期的环境震荡时,持续保持发展趋势的一种发展观。

企业可持续发展能力的重要性在国际上已获得广泛共识。例如,总部设在荷兰的全球报告倡议组织(Global Reporting Initiative,GRI)便强调通过持续发展能力报告帮助企业和机构评估、理解和沟通其经济、环境、社会和治理绩效,以实现企业自身可持续发展,并对社会可持续发展做出贡献。

企业可持续发展,或企业长期发展,意味着企业的质和量不断提高,其核心动力是创新和风险管控。通过创新和风险管控,培育企业持续的竞争能力,防范经济、社会和市场不确定性带来的负面影响,防止风险事件给企业造成重大损失,甚至毁灭性影响。

只有不断创新的企业,才能保证在激烈的市场竞争中保持领先,从而保证其销售和利润的持续性,即企业的可持续发展。在新的经济形势和市场形势下,制度创新、技术创新、管理创新、产品创新等已成为企业持续发展的引擎。没有创新企业就无法在竞争中取得优势,也无法保持长久发展的能力。一个企业不一定变得更大,但一定要变得更好,即有越来越强的盈利和生存能力。而创新带有很大的不确定性,本身就是一个风险过程。因此,可持续发展在强调创新的同时,必须重视风险管理。

为了实现企业的可持续发展,企业管理者必须避免两个极端。一是鼠目寸光,只把眼睛盯在当前市场和眼前利润上，缺乏长远意识。只要今天有钱赚，就不考虑明天是否有市场，更不愿意投资开拓新产品、新市场。就好比一个马车生产企业，只要今天有人买马车，就不考虑现在市场上已经开始出现汽车，待到马车无人问津时，才发现自己没有生产汽车的技术和能力。这样的企业自然难以摆脱最终被淘汰的命运。二是好高骛远，脱离企业发展的阶段和资源状况，盲目标新立异，盲目追求增长速度，结果是欲速则不达。

当然，需要指出的是，按照现代行为金融学的研究结果，资本市场并不总是充分有效，市场参与者也不会足够理性。在此情况下，企业的市场价值(market value)与其真实价值(fundamental value)可能会发生背离。如果企业管理者为了迎合短期投资者的偏好，追求短期市场价值的最大化，就有可能牺牲长远利益，偏离企业可持续发展的轨道。对此，追求企业长远发展和利益的企业家必须给予高度关注。

## 第三节　企业可持续发展与战略管理[①]

企业要想实现可持续发展，必须牢牢把握正确的发展方向，即进行有效的战略管理。战略一词本是军事术语，现在已被广泛运用于企业管理的理论和实践中。商场如战场，在竞争与日俱增的今天，全球化浪潮和日新月异的技术创新，使企业稍有闪失便会招致灭顶之灾。韩国"大宇"神话的破灭，美国安然、世界通信的破产，中国"德隆系"的崩溃与"三九"集团的危机，无一不与战略失误有关。战略管理已经成为企业可持续发展的重要举措，其根本目的在于保持和不断提升企业的核心竞争力。

核心竞争力又称核心能力，是使企业实现可持续发展的核心资源以及使企业可以获得长期稳定的高于平均利润水平的关键性知识。换句话说，企业的核心竞争力是建立在企业核心资源基础之上的企业人才、知识、技术、产品、品牌、管理和文化等综合优势在市场中的反映，具有不容易被模仿和超越的特点。

核心竞争力的概念自1990年提出以来，受到了学术界与企业界的广泛关注，越来越多的人认识到：未来企业的竞争，就是核心能力的竞争；企业要在未来的市场竞争中赢得优势，必须拥有自己的核心竞争力。以核心竞争力为基础的企业发展战略对企业的生存和发展具有极其重要的意义。核心竞争力一旦形成，就会成为企业的战略性资产，并能给企业带来可持续发展的竞争优势。当然，企业的核心竞争力不会从天而降，其形成过程主要有三个基本途径：

(1) 自我发展，建立内在的核心竞争力；

(2) 与拥有互补优势的企业结合形成战略联盟；

(3) 兼并收购拥有某种企业所需的专门知识或核心资源的企业。

企业可持续发展常用的战略分析框架是所谓的 BCG 矩阵，又称波士顿矩阵或市场增

---

[①] 本节及下一节部分内容参考或引用了作者的另一部著作《融资、并购与公司控制》，北京大学出版社2005年版。特此说明。

长率-相对市场份额矩阵。该方法是由波士顿集团(Boston Consulting Group,BCG)在20世纪70年代初开发的。

如图2-1所示,BCG矩阵依据不同业务市场占有率和增长率的不同,区分出4种业务组合。

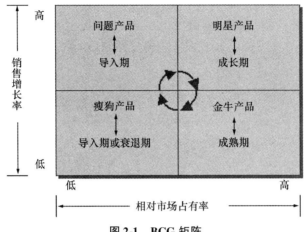

**图2-1 BCG矩阵**

1. 问题型业务(question marks,指高增长、低市场份额)

处在这个领域中的是一些投机性产品,具有较大的风险。这些产品可能利润率很高,但占有的市场份额很小,往往是一个公司的新业务。为发展问题业务,公司必须建立工厂,增加设备和人员,以便跟上迅速发展的市场,并超过竞争对手,这些意味着大量的资金投入。

"问题"一词非常贴切地描述了公司对待这类业务应有的态度,因为这时公司必须慎重回答"是否有必要通过收购或扩大投资,发展该业务"这个问题。只有那些符合企业发展长远目标、企业具有资源优势、能够增强企业核心竞争力的业务才能得到肯定的回答;得到否定回答的问题型业务则适合采用收缩战略。

如何选择问题型业务是用BCG矩阵制定战略的重中之重,同时也是难点,这关乎企业未来的发展。对于为增长战略中各种业务增长方案确定优先次序,BCG也提供了一种简单的方法。

2. 明星型业务(stars,指高增长、高市场份额)

这个领域中的产品处于快速增长的市场中并且占有支配地位的市场份额,但能否产生正现金流量,则取决于新工厂、设备和产品开发对投资的需要量。明星型业务是由问题型业务继续投资发展起来的,可以视为高速成长市场中的领导者,它将成为公司未来的现金牛业务。但这并不意味着明星业务一定可以给企业带来源源不断的现金流,因为市场还在高速成长,企业必须继续投资,以保持与市场同步增长,并击退竞争对手。企业如果没有明星业务,就失去了希望,但群星闪烁也可能会闪花企业高层管理者的眼睛,导致其做出错误的决策。这时必须具备识别"行星"和"恒星"的能力,将企业有限的资源投入在能够发展成为现金牛的"恒星"上。对于可以发展为现金流业务的"恒星"业务,企业可投入或并购扩张,进一步扩大市场规模和竞争地位。

3. 现金牛业务(cash cows,指低增长、高市场份额)

处在这个领域中的产品产生大量的现金,但未来的增长前景是有限的。这是成熟市场中的领导者,它是企业现金的来源。由于市场已经成熟,企业不必大量投资来扩展市场规模,同时作为市场中的领导者,该业务享有规模经济和高边际利润的优势,因而给企业带来大量现金流。企业往往用现金牛业务来支付账款并支持其他业务,特别是明星业务的发展和资金需求。对这一象限内的大多数产品,市场占有率的下跌已成不可阻挡之势,因此可采用维持与收获战略:即所投入资源以达到短期收益最大化为限。

4. 瘦狗型业务(dogs,指低增长、低市场份额)

这个剩下的领域中的产品既不能产生大量的现金,也不需要投入大量现金,这些产品没有希望改进其绩效。一般情况下,这类业务常常是微利甚至是亏损的,瘦狗型业务存在的原因更多的是由于感情上的因素,虽然一直微利经营,但如养了多年的狗一样令人恋恋不舍而不忍放弃。其实,瘦狗型业务通常要占用很多资源,如资金、管理部门的时间等,多数时候是得不偿失的。瘦狗型业务适合采用收缩战略,适时且果断地进行出售、剥离、清算,以便把资源转移到更有利的领域。

和BCG矩阵相似,行业引力-业务实力矩阵,又称GE矩阵是分析企业各项业务战略地位的另一重要方法,在企业可持续发展和收购兼并决策中同样有着重要应用。不同的是,BCG矩阵从销售增长率-市场份额两个维度来分析企业的业务状况,而GE矩阵则从行业吸引力(和销售增长率是相关的)和相对竞争地位来梳理企业的各项业务。

图2-2给出了基于行业引力-业务实力二维坐标系的企业战略决策方法。简单地说,如果企业的某项业务处于具有发展潜力、吸引力较大的行业,且企业在该项业务上有较强的竞争优势,则企业应当集中资金与其他资源,优先支持该项业务的发展,即寻求行业支配地位;如果某个行业吸引力较大,但企业在该行业竞争力较弱,则企业应视具体情况,或者增加投资争取各种关键资源以增强竞争力,或选择退出;如果某个行业吸引力有限,发展空间不大,且企业在该行业竞争力也较弱,则企业应该退出该行业,回收资金,实行战略转移。

业务实力(企业在该行业的竞争地位)

| 行业引力 | | 强 | 中 | 弱 |
|---|---|---|---|---|
| | 大 | Ⅰ:优先投资。即大力投资发展,寻求行业支配地位。 | Ⅱ:择优投资。增强竞争能力,力争行业领先地位。 | Ⅲ:投资发展以增强竞争力,或退出。 |
| | 中 | Ⅱ:择优投资。保持行业领先地位。 | Ⅲ:识别有前途的业务进行投资。 | Ⅳ:减少投资,逐步退出。 |
| | 小 | Ⅲ:尽量回收现金,适度投资以维持竞争地位。 | Ⅳ:减少投资,逐步退出。 | Ⅴ:回收投资,及时退出。 |

图2-2 行业引力-业务实力矩阵(GE矩阵)

从经营范围来讲,多元化经营是当今中国许多企业,特别是民营企业的普遍做法。

这一方面是因为转型时期的中国市场发育尚不成熟与规范,市场机会,特别是寻租机会较多;另一方面则是由于中国相当数量的企业缺乏必要的核心竞争力,只能走到哪儿算哪儿,别人做什么赚钱,其就做什么。

客观上看,多元化经营作为企业发展的一种思路和模式本身并无对错之分,但多元化战略可能成功,也可能失败。其关键在于企业能否培育自己的核心竞争力。如果企业有意进行多元化经营,经营方向也应围绕企业的核心能力而展开,以更好地发挥企业核心优势的作用,或进一步强化企业的核心能力。如果企业的多元化经营适时适度,使企业的核心竞争力孕育出多个领域的竞争优势,则多元化很可能取得成功。我们把这种多元化战略称为"专业化基础上的多元化"。全球闻名的超级大企业 GE 是实施这种多元化战略的榜样。

战略管理的另一重要内容在于正确安排企业扩张速度。增长太慢当然不利于企业价值创造,但脱离企业现实条件和客观市场环境一味追求增长速度更不是什么好事。可持续发展是均衡发展,企业就不能求一时之快,而过度扩张。"过犹不及",以牺牲企业发展稳定性和发展后劲为代价的过度扩张是不健康的。为了实现企业可持续发展,经营理念必须稳健,不急不躁,稳扎稳打。否则,只会在市场上搅浑水,既不能营造良好的市场环境,也不能真正使自己做大做强。

# 第四节 风险控制是企业可持续发展的保障

企业可持续发展的两个关键词:一是持续,二是发展。持续当然需要长寿,是个生存问题,风险控制的重要性自不待言。否则,企业就可能成为下一个世界通信或下一个德隆。发展离不开创新,对此,我们已经有专门讨论。然而,创新意味着变革,变革又不可避免地带来不确定性,即风险。如果只强调创新,却缺乏相应的风险管理意识和手段,企业迟早会出事。美国安然公司20世纪80年代成立,经过十多年的发展,很快成为企业界的明星,然而好景不长,2000年还被誉为最富有创新精神的公司,2001年即宣告破产。

根据美国创新经济学会统计,90%的企业创新归于失败,失败率始终居高不下。归根结底,造成创新失败率居高不下的原因不外乎两条:第一,创新过程是一个不确定性很强的过程——因为新,所以不确定。第二,相当多的企业忽视了一个十分重要的事实——创新过程是最复杂的商业过程,从产生一个想法到实现创新,有很大距离。从创新构思产生到创新实现,涉及设计、研发、制造、营销、资金安排、商业战略等一系列复杂活动。

(一) 创新活动中的风险

一般而言,由于创新过程本身的不确定性,创新通常会面临如下风险:

1. 开发风险

创新过程是投入创新和研发资源以换取不稳定回报的过程。研发投资的成效,既取决于研发人员的能力和创造力,还取决于研发项目本身的可行性以及研发资金的保障。因此,研发投入不一定总能成功,并产生预期的技术成果与产品。例如,一向以创新引领潮流而著称的英特尔公司开发 Anypoint 的尝试,最后不得不以失败告终。

2. 市场风险

创新带来的市场风险包括市场接受能力的不确定性和市场接受时间的不确定性两个方面。一方面,新产品和新服务在推出后,客户可能因对此不熟悉而持怀疑态度甚至做出错误的判断,使得企业对市场能否接受以及能接受多少难以进行准确估计。同时,新产品、新服务的价格和市场定位可能不够准确,或者产品性能与品质缺乏稳定性,从而导致消费者拒绝接受新产品和新服务。这些不确定因素构成了所谓的市场接受风险。另一方面,新产品和新服务诱导出有效需求的时间不好掌控,如果时间拖得过长,将导致企业开发新产品的资金难以收回,即市场时滞风险。总而言之,创新性技术和产品被市场认可的程度和速度,以及相应的投资回报是非常不确定的,对此,创新投入者也必须做好事前评估和失败的心理准备。20 世纪曾经轰动一时的"铱星计划",在经历了 12 年的研发后,最终没有获得市场青睐而失败了。从技术创新的角度来看,铱星计划无疑是移动通信系统的一次重大的技术创新,但即使像摩托罗拉公司这种跨国巨人在高技术带来的高风险面前也显得那样无能为力。因为任何创新产品最终都要接受市场的检验。

3. 机制转化风险

制度和机制创新是企业创新的重要组成部分。创新当然会有破有立,破旧立新。这一过程可能因触动部分人的利益而遭到反对,也可能因不被大家理解而遭到抵制。更重要的是,在旧的制度废除以后,新的体制未必能立即奏效,或者说未必能产生预期的效果,从而导致企业运营管理方面的紊乱。

4. 决策风险

创新,顾名思义,是一个创造新事物的过程,同时也是关乎企业发展战略的重要决策。由于决策者在制定创新战略时,遇到的是新问题,面对的是新环境,没有可供利用的现成方案,因此创新决策具有很大的不确定性。由此可见,创新战略决策如果处理不慎,可能会带来很大风险。

(二) 创新风险防范机制

创新是现代企业发展的灵魂,为了防止因创新失败对企业造成的危害,企业有必要建立完善的创新风险防范机制。其主要内容为:

(1) 决策支撑体系。尽管创新决策的不确定性无法从根本上彻底消除,但深入细致的可行性研究和事前的市场调研和分析仍旧能在相当程度上帮助企业克服创新决策的盲目性。创新规划必须具有明确的战略意图,服从企业的战略目标。

(2) 资金保障体系。创新过程就是投入企业资源以换取不确定的回报的过程。为了避免创新过程因资金供应不足而中止,企业必须预备与创新规模相适应的足够财力去支持创新活动。此外,企业还必须谨防因创新失败导致企业资金链条断裂。

(3) 组织保障体系。创新过程是一项复杂的系统工程,需要多种资源、多个部门的密切配合,组织保障因而至关重要。创新项目在执行过程中,还要注意加强信息沟通,建立有效的信息反馈渠道,使企业内部各部门协调配合,提高创新活动的针对性。

(三) 警惕多元化陷阱

"男怕入错行,女怕嫁错郎。"从战略角度来看,可持续发展还必须有效防范企业战略决策风险,防止企业入错行。在目前中国的市场状况下,企业尤其需警惕多元化陷阱。

我们在上节介绍过多元化战略的意义和应当关注的问题。尽管多元化战略有可能强化企业核心竞争能力的市场作用范围并提升公司价值和影响力,大量的数据和案例还是告诉我们,多元化战略常常不能产生令人满意的结果。国内外学者对多元化的价值影响作了大量研究,研究结果表明,多元化对不同企业价值的影响大相径庭,但平均而言,多元化经营损害了公司的价值。例如,Berger 和 Ofek(1995)发现多元化经营的公司的市场价值比其各组成部门的价值之和大约要低 13%—15%,而 Rajan、Servaes 和 Zingales(2000)则发现约有 40% 的公司因多元化而获得了市场溢价,但平均来看多元化公司的股票在进行折价交易。① 在我国,试图通过多元化战略发展壮大的企业不胜枚举,但其中的相当一部分,如三九、爱多、飞龙等皆因多元化战略而导致了失败。从这些失败企业可以看出,它们成长的速度是惊人的,但是倒下的速度更惊人。

是什么原因导致了多元化经营常常损害而非提升公司价值呢?比较流行的一种解释是所谓的无效内部资本市场假说,即多元化经营激化了公司内部的利益争夺,从而降低了企业内部的资源配置和资金使用效率。

由于新业务领域的进入壁垒、管理冲突及分散企业资源等原因,企业在进入多元化经营时,其股东要支付一定的代价:一方面由于企业资源分散在多个业务领域,分散了企业在具体业务领域的资源实力,使单位项目上的资源过少,这尤其影响了需要大量资源保证的核心业务领域的竞争实力。另一方面,由于各业务领域高度分散,不同领域的管理模式各不相同,这不仅对企业的管理者提出了更高的要求,还使企业内部集权和分权的矛盾加剧。有关的研究结果显示,与同行业兼并相比,对其他行业特别是无关联行业的企业进行兼并的成功率很低。进入 20 世纪 90 年代后,绝大多数企业中的大规模并购主要集中于本行业内进行。

客观上看,多元化经营作为企业发展的一种思路和模式,本身并无对错之分,但多元化战略可能成功,也可能失败。因此,我们既不应该把多元化发展看成是企业发展的灵丹妙药,也无须谈多元化色变。多元化也好,专业化也罢,没有绝对的最好或最坏,只有是否适宜。

多元化常常遭遇失败的原因中还包括决策者忽略了多元化时企业核心竞争力的整合、培育和发展,盲目地贪大求全,为扩大规模而扩大规模,"战线"拉得过长,以至于顾此失彼,甚至导致企业负债累累,背上了沉重的包袱,进入了"为多元化而多元化"的怪圈。21 世纪初期,联想为追求高成长而进行的多元化未能取得理想的效果便是一例。因此,对于企业来说,问题不是"是否应当多元化经营",而是适不适合搞多元化,如何进行多元化,如何防范多元化带来的相关风险。

---

① 一种观点认为,多元化与价值下降并无因果关系。例如,低价值公司可能更倾向于采取多元化策略,使得多元化与公司价值之间存在某种负相关关系。但是,Lamont 和 Polk(2000)的研究结果不完全支持此种观点。

多元化经营的企业面临的最大瓶颈是围绕资源配置这一中心问题而产生的"管理瓶颈"。由于多元化经营导致的企业管理高层与各业务部门经理之间的信息不对称，企业的经营范围越广，资源配置越复杂，管理的难度也就越大。在多元化经营战略中失败的企业往往是因为其在资源配置中的能力较低；相反，通用电气公司这类大型企业的多元化之所以非常成功，其完善的内部管理系统功不可没。多元化的公司必须拥有具有强势凝聚力和控制力的企业文化，以使公司能够通过共同的理念减少管理成本。为了成功地实行多元化经营，企业必须建立一个有效的内部资源配置机制，依照效率最大化的商业原则合理分配内部资源，特别是资金资源，防止平均主义。

风险管理除了能有效延长企业寿命，促进企业持续发展，从而增加企业价值之外，还能提高企业盈利的稳定性，降低企业风险，从而使企业更受投资者青睐，降低企业资本成本，即价值评估模式中的折现率，从另一个角度进一步提高企业价值。

# 思考与讨论

1. 为什么"利润"一般不宜作为企业管理的主要目标？
2. 什么是企业的可持续发展？企业可持续发展的重要性何在？
3. 简述战略风险管理的目标和意义。

## 案例分析
## 摩托罗拉的衰落

摩托罗拉在中国的市场占有率由1995年的60%以上跌至2007年的12%！

10年前，摩托罗拉还一直是引领尖端技术和卓越典范的代表，享有着全球最受尊敬公司之一的尊崇地位。它一度前无古人地每隔10年便开创一个工业领域，有时甚至在10年中开创两个。成立80年来，摩托罗拉发明过车载收音机、彩电显像管、全晶体管彩色电视机、半导体微处理器、对讲机、寻呼机、大哥大(蜂窝电话)以及"六西格玛"质量管理体系认证。它先后开创了汽车电子、晶体管彩电、集群通信、半导体、移动通信、手机等多个产业，并长时间在各个领域中找不到对手。

但是这样一家有着显赫历史的企业，在2003年手机的品牌竞争力排在第一位，2004年被诺基亚超过排在了第二位，而到了2005年，则又被三星超过，排到了第三位。

而在2008年5月，市场调研厂商IDC和战略分析公司StrategyAnalytics表示，摩托罗拉可能在2008年底之前失去北美市场占有率第一的位置。摩托罗拉的当季季报也显示，2008年第一季度全球手机销量下降39%，手机部门亏损4.18亿美元，与上年同期相比亏损额增加了80%。

**败于"铱星计划"**

为了夺得对世界移动通信市场的主动权，并实现在世界任何地方使用无线手机通信，以摩托罗拉为首的美国一些公司在政府的帮助下，于1987年提出新一代卫星移动通信星座系统——铱星。

铱星系统技术上的先进性在目前的卫星通信系统中处于领先地位。铱星系统卫星之间可通过星际链路直接传送信息,这使得铱星系统用户可以不依赖地面网而直接通信,但这也恰恰使得系统风险大、成本过高、维护成本相对于地面也高出许多。整个卫星系统的维护费一年就需几亿美元之巨。

谁也不能否认铱星的高科技含量,但用66颗高技术卫星编织起来的世纪末科技童话在商用之初却将自己定位在了"贵族科技"。铱星手机价格每部高达3 000美元,加上高昂的通话费用,它发布的前两个季度,在全球只发展了1万用户,这使得铱星公司前两个季度的亏损即达10亿美元。尽管铱星手机后来降低了收费,但仍未能扭转颓势。

**营销战略失误**

(1) 迷失了产品开发方向。不考虑手机的细分发展,3年时间仅依赖V3一个机型。没有人会否认V3作为一款经典手机的地位,正是依靠V3,摩托罗拉2005年全年利润提高了102%,手机发货量增长40%,摩托罗拉品牌也重焕生机。尽管V3让摩托罗拉重新复苏,更让摩托罗拉看到了夺回市场老大的希望。然而,摩托罗拉过分陶醉于V3带来的市场成功。赛迪顾问研究显示,2005年以前是明星机型的天下,一款明星手机平均可以畅销2—3年。而过了2005年,手机市场已成了细分市场的天下,手机行业已经朝着智能化、专业拍照、娱乐等方向极度细分,而摩托罗拉似乎对此视而不见。在中国市场,2007年摩托罗拉仅仅推出13款新机型,而其竞争对手三星推出了54款新机型,诺基亚也有37款。

(2) 价格跳水快,自毁品牌形象。在新品跟不上的情况下,降价成了摩托罗拉提高销量不得不采取的手段。许多摩托罗拉的忠实用户把摩托罗拉的手机称为"(价格)跳水冠军"。以V3为例,从刚上市时的6 000多元的高端时尚消费群跌入4 000多元的白领消费群,再到2 000多元的普通时尚消费群,直到停产前的1 200多元。短期的大幅降价让不少高端用户无法接受,同时也对V3的定位产生了质疑,后果就是对摩托罗拉品牌彻底失去信任。

(3) 推广没有突出卖点的产品。手机消费者在手机厂商的培育和自发发展下,需求变化日益飘忽不定。消费者对手机的要求已经不仅仅局限在外观方面,苛刻的消费者更多地开始关注手机的配置、功能特色等内在技术因素。以技术见长的摩托罗拉本不应在技术方面让消费者失望,但是现实还是让消费者失望了。从手机零售卖场那些列出来的一目了然的参数中,摩托罗拉的像素、屏幕分辨率、内存几乎都落后于诺基亚等竞争对手的同类机型。自从推出V3之后,摩托罗拉发布的绝大部分手机新品无论是U系还是L系,甚至K系都再也抹不去V3的影子,尤其是其金属激光蚀刻键盘设计。V3的键盘设计的确是经典,但再经典的东西被反反复复无数次拿出来用,也会引起消费者的视觉疲劳,甚至产生抵触情绪,尤其是对于那些换机用户。

**组织结构不能支持战略的发展需要**

摩托罗拉是一个很重视产品规划的公司,此前摩托罗拉每开发一款新产品,通常先提前数月预测消费趋势。但在快速升级换代的手机行业中,制造商们试图提前数月预测消费者需求是非常困难的。

再加上摩托罗拉是一家技术主导型的公司,工程师文化非常浓厚,这种公司通常以自我为中心，唯"技术论"，从而导致摩托罗拉虽然有市场部门专门负责收集消费者需求的信息，但在技术导向型的企业文化里，消费者的需求很难被研发部门真正倾听。研发部门更愿意花费大量精力在那些复杂系统的开发上，从而导致研发与市场需求的脱节。

另外，摩托罗拉内部产品规划战略上的不统一、不稳定，还使得上游的元器件采购成本一直降不下来。摩托罗拉每一个型号都有一个全新的平台，平台之间大多不通用，这就为其带来了生产、采购、规划上的难度。对于全球顶级通信设备商而言，同时运营好系统设备和手机终端两块业务，似乎是一项"不可能完成的任务"。

摩托罗拉资深副总裁吉尔莫曾说："摩托罗拉内部有一种亟须改变的'孤岛传统'，外界环境的变化如此迅速，用户的需求越来越苛刻，现在你需要成为整个反应系统的一个环节。"

**滥用福利**

当外部环境使得摩托罗拉进入战略收缩期，赢利空间不再，高福利的企业传统便有些不合时宜。

据了解，美国摩托罗拉公司在每年的薪资福利调整前，都对市场价格因素及相关的、有代表性企业的薪资福利状况进行比较调查，以便使公司在制定薪资福利政策时，与其他企业相比能保持优势和具有竞争力。摩托罗拉员工享受政府规定的医疗、养老、失业等保障。在中国，为员工提供免费午餐、班车，并成为向员工提供住房的外资企业之一。

资料来源：百度文库。

# 第三章 企业风险管理纲要

- 风险管理的历史起源和现状
- 风险管理的意义和焦点
- 风险管理的体系与流程
- 风险管理的基本方法
- 风险管理的目标

# 第一节　风险管理的历史起源和现状

## 一、风险管理的历史起源与发展

风险来自于未来的不确定性。人类认识风险的历史几乎与人类的文明一样久远。虽然人类真正提出"风险"并对之进行研究不过始于18世纪,但是当人类的第一个成员开始思考明天的生存问题的时候,人类对风险的认识就已经开始了。而人类对风险的认识同时也成就了人类文明的进步。诚如当代史学家伯恩斯坦在论述人类文明史时所断言:"确定现代与过去之分野的革命性理念是对风险的掌握……"[①]

然而,对风险的掌握是一个极其漫长的过程。人类活动的扩展使得风险日趋复杂,其种类不断增加。同时,风险的发展刺激了风险管理的发展,而风险管理的发展又推动人们向更高的目标攀登。

现代风险管理起源于德国。第一次世界大战之后,战败的德国发生了严重的通货膨胀,经济严重衰退。当时的德国企业面临的困难非常多。如何使企业摆脱困难、恢复正常的生产秩序,使工人们恢复正常生活秩序,成为当时德国许多企业面临的非常重要的问题。在解决这个问题的过程中,人们提出了包括风险管理在内的企业经营管理的一些新问题。具体来说,就是如果企业遇上重大事件,或者是企业财务状况出现波动的时候,应该如何处理好这些问题,渡过难关。如果渡不过去企业就会毁掉,如果渡过去了企业又会有新的机会,实现新的增长。因此企业界就提出了包括风险管理在内的企业经营管理问题。

美国在1929—1933年发生的经济危机,更使风险管理问题成为许多经济学家研究的重点。1929—1933年,美国经济出现了大萧条,随后罗斯福总统开始实行新政。这次大萧条尽管给当时的美国经济带来了几乎灾难性的打击,但从长远来看却对美国后来的发展起到了一定的推动作用。真可谓"塞翁失马,焉知非福"。美国今天很多的法律制度,尤其是关于经济运作的诸多法律,如《证券法》《证券交易法》等,都是在那个期间产生的。

风险管理问题真正在工商企业中引起足够的重视并得到推广则始于20世纪50年代的美国。当时,美国企业界发生了两件大事,其一为美国通用汽车公司的自动变速器装置引发火灾,造成巨额经济损失;其二为美国钢铁行业因团体人身保险福利问题及退休金问题诱发长达半年的工人罢工,给国民经济造成了难以估量的损失。这两件大事促进了风险管理在企业界的推广,风险管理从此得到了蓬勃发展。各种危机、突发事件、偶然和不确定性因素造成的损失促使管理者注意采取某种措施来消除风险、控制风险、处置

---

[①] 参见伯恩斯坦:《与天为敌》,机械工业出版社2010年版。

风险,以减少风险给企业生产带来的负面影响。

1950年,美国学者拉塞尔·B.加拉格尔(Russell B. Gallagher)首次使用"风险管理"一词,风险管理的概念开始广为传播。在此期间,保险成为企业处理风险的主要方法。1955年,美国全国国家保险经纪人协会(NAIB)更名为美国危险和保险管理协会,表明保险开始得到实业界的重视。20世纪60年代,企业风险管理的方法进一步扩大,很多学者开始系统研究风险管理的方法,开始寻求风险管理方法的多样化,并取得了丰硕的成果。1962年,美国管理协会(AMA)出版了一本有关风险管理的专著《风险管理的兴起》。1963年和1964年,罗伯特·梅尔(Robert I. Mehr)和鲍勃·A.赫奇斯(Bob A. Hedges)、威廉姆斯·C.亚瑟(Williams C. Arthur Jr.)和理查德·M.赫汉斯(Richard M. Heins)分别出版了《企业风险管理》(*Risk Management in the Business Enterprise*)和《风险管理与保险》(*Risk Management and Insurance*)。这两本著作的出版引起了欧美各国的广泛重视,标志着风险管理研究系统化、专业化的开始,风险管理由此成为企业管理领域的一门独立学科[①]。

20世纪70年代后,风险管理在欧洲、亚洲、拉丁美洲等一些国家和地区获得了广泛的传播,被公认为企业管理领域内的一项重要内容,控制企业环境中的风险和不确定性已成为企业管理的核心问题。同时,风险管理逐步规范化、标准化和程序化,管理方法不断丰富,管理领域不断扩大。在这一阶段,风险管理从企业管理领域逐渐扩大到了社会管理领域,成为政府管理和制定政策的重要方面。

随着科技、生产和贸易的迅猛发展,企业面临更多新的不确定性因素,经济活动的竞争性加强,经济关系日趋复杂。现代企业面临一系列风险,诸如生产风险、环境风险、技术风险、人员风险、财务风险、经营风险等。任何项目的重要风险处理失当都可能导致企业经营的失败,造成巨大的经济损失。

科技进步给企业带来的风险还表现在风险程度的加大上,像飞机失事、海轮沉没、化学药品泄露、核辐射污染等。其后果为一般风险事故所难比拟。

除此之外,政治因素干扰也是风险产生和发展的原因。企业必须对此有一定的认识和相关的应对措施。

以下是我们简单总结的风险及风险管理的若干个"第一",以帮助大家更好地了解它的历史与发展。

(1) 第一个准确、科学地描述风险的科学家。瑞士数学家贝努利1705年发现了大数定律。大数定律后来成为一切保险的计价基础。

(2) 第一家保险公司。世界上第一家保险公司于1720年在伦敦成立。当时英国人已经在定价时使用了抽样的统计方法。标志着风险管理在实际应用中的重大进展。

(3) 第一个权威性的"内部控制"定义。1949年美国审计程序委员会下属的内部控制专门委员会经过两年研究发表了题为《内部控制、协调系统诸要素及其对管理部门和注册会计师的重要性》的专题报告,对内部控制做了权威性的定义。

(4) 第一次发表"资产组合和风险分散"理论。1952年,马柯维茨发表了题为《证券

---

① 本段以及下面一段内容转引自:钟开斌:《风险管理研究:历史与现状》一文。

组合选择》的论文,他将金融资产的收益和风险进行了合理的量化。在此基础上,他通过一系列的数学模型和方法,从理论上论证了证券投资的分散化可以有效地降低非系统风险,并提出了确定最优证券组合的方法,为现代金融风险管理奠定了基础。

(5)第一个提出"风险管理"的人。1955年,在美国宾夕法尼亚大学的沃顿商学院,施耐德教授提出了"风险管理"的概念。

(6)第一个《巴塞尔协议》。20世纪80年代,随着金融市场的发展,特别是金融衍生产品的使用,银行风险的增大引起了国际上的关注。国际清算银行于1988年发表了第一个《巴塞尔协议》,提出了商业银行的经营规范。

(7)第一个"国家风险管理标准"的诞生。世界上第一个"国家风险管理标准"是1995年由澳大利亚和新西兰联合制订的《AS/NZS 4360》明确定义了风险管理的标准程序。

(8)第一个中国的全面风险管理指导性文件发布。2006年6月6日,国务院国有资产监督管理委员会发布了《中央企业全面风险管理指引》,标志着中国走上了风险管理的中心舞台,开启了中央企业风险管理历史的新篇章。

## 二、风险管理的现状

在西方发达国家,各企业中均设有风险管理机构,专门负责风险的分析和处理工作。这些风险管理机构的工作涉及人力资源管理、财务管理、市场营销、生产作业管理等企业运作的各个方面,最大限度地降低和管理企业运作的各个环节可能出现的风险。

风险管理在工商界的推行,改变了人们的观念,风险管理取代了过去的保险管理。这一观念的转化,体现了人们开始真正按照风险管理的方式来处理各种风险。风险经理除了估计单一风险发生的可能性和风险的复杂性之外,还要分析风险可能产生的后果,分析哪些是可控制的风险,对风险进行系统的安排和处理。

20世纪90年代以来,特别是2001年"9·11"事件、2001年美国安然公司倒闭、2002年世通公司财务欺诈案等事件发生后,风险管理进入了一个新的阶段,开始得到各国政府全方位的重视。各国纷纷投入大量的人力、物力和财力,强调政、研、企多方合作,开展风险管理的理论研究和实际运作。2002年7月,美国国会通过《萨班斯法案》(Sarbanes-Oxley Act),要求所有在美国上市的公司必须建立和完善内控体系。《萨班斯法案》被称为是美国自1934年以来最重要的公司法案。在其影响下,世界各国也纷纷出台类似的方案,加强公司治理和内部控制规范,严肃信息披露要求,加强企业全面风险管理。之后,在内部控制领域具有权威影响的全美反舞弊性财务报告委员会发起组织(COSO)在1992年发布的《内部控制整体框架》基础上,吸收各方面风险管理的研究成果,于2004年9月颁布了报告《全面风险管理-整合框架》(Enterprise Risk Management-Integrated Framework)。报告从内部控制的角度出发,研究了全面风险管理的过程以及实施的要点,是全美风险管理理念在运用上的重大突破,并随之成为世界各国和众多企业广为接受的标准规范。由此,"全面整合型风险管理"(integrated risk management)和"风险治理"(risk governance)开始得到理论界和实务部门的重视。

全面整合型风险管理改变了传统的头痛医头、脚痛医脚的事后分散的风险管理模式,该阶段风险管理的特征是战略性、前瞻性和整体系统控制,并考虑了环境因素。它不但注重风险的事后管理,更注重事前和事中管理。更为重要的是,它通过构建系统的风险管理框架,将企业面临的各种风险有机地结合起来,明确各风险之间的关系和互相影响,形成了即时的、立体的风险管理模式。①

总的来看,在现代西方发达国家,风险管理已成为企业中技术性强的全方位的经济管理工作,风险管理人员不仅是一个安全顾问,同时也负担其他管理职责,通过他们的工作识别风险,为企业最高领导层提供决策依据。

中国企业,尤其是大型国有企业对风险管理的重视大体始于2004年"中航油事件"。2004年12月,中航油(新加坡)公司因石油衍生产品交易,总计亏损5.5亿美元。净资产不过1.45亿美元的中航油(新加坡)公司因严重资不抵债,最终向新加坡最高法院申请破产保护。

"中航油事件"引发了有关方面对全面风险管理的高度重视。国务院国资委组成了由企业改革局为主、有关中介机构参加的专项课题组,对我国国有企业20年改革发展历史的经验进行系统总结,借鉴发达国家风险管理标准,对我国中央国有企业全面风险管理进行研究。2006年6月6日,国务院国资委以"国资发改革〔2006〕108号文件"发布了《中央企业全面风险管理指引》,要求企业开展风险管理工作,逐步建立健全全面风险管理体系。

由此,国内其他监管机构纷纷制定指导性文件要求企业对风险进行管理。例如,中国证券监督管理委员会制定的《证券公司风险控制指标管理办法》、中国保监会制定的《保险公司风险管理指引(试行)》、中国银行业监督管理委员会制定的《商业银行操作风险管理指引》等。各监管部门均出于自身的要求颁布了约束其监管对象的风险管理指引。对企业风险分散监管的格局形成,标志着我国企业风险管理的监管体系架构已具雏形。

2008年6月,财政部、证监会、审计署、银监会、保监会联合发布了《企业内部控制基本规范》,标志着中国企业内部控制规范体系建设取得重大突破。基本规范要求自2009年7月1日起先在上市公司范围内施行,鼓励非上市的其他大中型企业执行。至此,开启了对中国企业风险实施全面监管的序幕,也标志着中国企业风险管理与内部控制体系开始融合,标志着我国企业风险集中监管体制的形成。

然而,时至今日,中国大部分企业(投资银行、商业银行与中央国有企业除外)的内部决策和管理机构里,通常没有专门的风险管理委员会和相应的机构,对全面风险管理有清晰理解的却不多,已经实施了全面风险管理的企业则更少。提升企业风险防范意识,加强风险管理能力,成立专业风险管理部门将是中国企业面临的一个紧迫任务。

---

① 王晓玲:《基于风险管理的内部控制建设》,电子工业出版社2010年版,第39页。

# 第二节　风险管理的意义和焦点

## 一、风险管理的意义

在序言和前面的很多地方,我们已经谈到过风险管理的意义。下面我们对风险管理的意义做一个总结和回顾。

(1) 企业可以通过风险管理以较小的或合理的耗费把风险损失降至可以接受的低水平,以换来更大的安全保障。一般而言,企业对风险管理投入成本,直接取得的收益就是减少风险。这里的减少风险有两层意思:一是减少风险事件发生的可能性;二是即使风险发生了,通过管理减少了它带来的损失。

(2) 风险管理有利于维持企业生产经营的稳定。有效的风险管理,可以使企业充分了解自己所面临的风险及其性质和严重程度,及时采取措施避免或减少风险损失,或者当风险损失发生时能够得到及时补偿,从而保证企业生存并迅速恢复正常的生产经营活动。

(3) 风险管理能够为企业提供安全的生产经营环境,从而消除了企业及职工的后顾之忧。

(4) 风险管理能够保障企业经营目标的顺利实现,使企业获取稳定的、不断增长的盈利,即可持续发展。

(5) 风险管理能够促进企业决策的科学化、合理化,减少决策的盲目性和风险性。例如,大多数股权投资基金(PE)管理机构都设有风险控制部门,对于提高投资决策水平,防范投资失败起到了非常重要的作用。

(6) 风险管理有利于企业树立良好的社会形象。有效的风险管理有助于创造一个安全稳定的生产经营环境,激发劳动者的积极性和创造性,为企业更好地履行社会责任创造条件,帮助企业树立良好的社会形象。

风险管理是需要成本的。很多文献有这样的一种说法,风险管理的意义就是要以最小的成本获取最大的安全保障。这一说法听起来很有诱惑力,其实似是而非,既缺乏理论依据,也不切合实际。一般而言,企业对风险管理的投入越大,风险事件发生的几率越小,或风险可能带来的损失越小。举例说来,政府对公安、警察队伍的投入是为了减少公共安全领域的风险,如犯罪率。通常的情况是,对警察队伍建设投入越多,公共安全方面的隐患越小。但我们不可能希望政府以很微小(更不用说最小)的投入换取对大众很高的安全保障,也不会为了寻求绝对的公共安全(如犯罪率为零),要求政府投入无限的资源和资金。我们需要寻找的是一个平衡点,在这个平衡点上,每单位的风险管理投入与其所带来的边际收益(预期值)相当。

## 二、风险管理的焦点

风险管理有三个关键点,或称焦点。首先,风险管理是一个战略选择问题。一般而言,"高风险,高汇报"——企业承担什么样的风险,相应就会有什么样的期望收益,关键是确定企业承担风险的能力,平衡风险和收益两者之间的关系,对这二者的平衡就是一个战略选择。就这一点而言,从事风险投资的企业和从事传统信贷业务的商业银行就有截然不同的战略选择。风险投资一般青睐有着高回报的项目,即便这些项目有相对较高的投资风险。投资要么不成功,要么就是一年30%甚至50%的高额回报。风险投资型企业投资的十个项目有两三个成功可能就可以赚钱,并且是赚大钱,这就是风险投资的战略。但对商业银行而言似乎从来不能进行这样的战略选择,商业银行的战略选择是什么呢?它只能强调"三性",即安全性、流动性、收益性。所以我们讲风险管理,是跟企业战略结合在一起的,企业选择什么样的战略,就应该选择相应的风险管理措施。当然,风险管理也包含这样的含义:在不影响期望收益(即平均收益或收益的预期值)的情况下降低风险或在同等风险条件下最大化期望收益。

其次,风险管理通常需要量化风险。在从事风险管理的时候我们必须能够量化风险,量化期望收益,量化企业业绩。对这三者的量化其实就是为企业的风险管理工作制定了一个统一标准。如果说高风险、高回报,低风险、低回报都是企业的战略问题的话,风险和收益的度量工作为战略制定后的实施和企业日常风险控制提供了可能。其实很多时候企业战略管理的难点不是在于愿景使命的制定,而是在于愿景使命制定后大家对其的认识。只有对很多问题提供一个量化的标准,大家才可能达成真正的共识。

最后,风险管理的第三个焦点问题就是内部控制。内部控制的目的是使得公司的规章、规则、制度得到贯彻执行,使得公司的战略目标和经营目标得到实现,保障资产安全,特别是要保证财务信息和经营信息的完整性。因为信息完整,是科学决策的基础。企业决策者如果得到的是有偏差的信息,就很难做出一个正确的决策。有关公司内部控制的话题,我们将在后面一章加以详细讨论。

# 第三节 风险管理的体系与流程

## 一、风险管理的体系

风险管理是一种集文化、方法、模型、管理制度、组织架构于一体的综合性系统。完整的风险管理体系应当包括以下四个模块:

(1) 法人治理结构。法人治理结构无论对于企业的风险管理工作还是对于企业的发展都非常重要。一个好的法人治理结构可以减少决策的失误,防止或减少股东资产的流失,缩小或减少代理人所引发的各种成本。所以,治理结构对于企业的风险管理是至关重要的,它是企业实行有效风险管理的组织保障。

(2)风险管理组织。风险管理组织是专门为企业从事风险管理活动而成立的机构,是职业的风险管理执行者。这个组织对于企业高层风险管理决策的贯彻和实施具有决定性作用。

(3)财务运营和公司运营的政策、制度与程序。所谓的财务运营政策和程序,其实就是对于财务决策的一系列规定,这对于企业的风险管理工作也是至关重要的。就一般企业而言,随着决策涉及财务金额的增加,签字领导的级别也必须相应提高,这就是企业财务运营程序的一个简单例子。其实,对于企业而言,这里的逻辑并不是因为怀疑每个人都有可能出问题而制定制度,而是如果没有一套完善的制度,就肯定或有相当的可能性有人会出问题。

(4)内部审计系统。内部审计系统不仅包括财务报表的审计,也包括公司内部控制、公司程序的执行情况、公司战略的贯彻情况、公司依法运行的情况、公司事务的安排等的审计。审计文化是很广的概念,现在还纳入了风险统计问题、一般投资决策的科学性问题等。审计所包含的内容,在企业风险管理当中扮演着非常重要的角色。前面已经提到风险管理的步骤——风险的识别、风险的评估、风险管理、风险监控。其实就是明确风险、量化风险以后,对风险进行管理和降低,然后进行风险监控。风险管理的步骤和风险管理的体系其实是相关的,它们之间的关系可以在图3-1的风险管理形成过程示意图中得到体现。内部审计所要完成的其实就是风险监控工作。

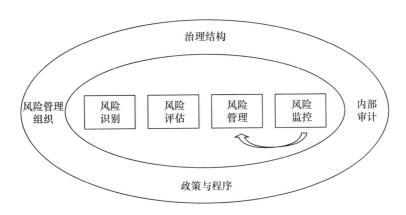

**图3-1 风险管理形成过程示意图**

风险管理体系的几个环节——治理结构、风险管理组织、政策与程序、内部审计,其实就是企业进行风险管理的几个保障。这也是企业风险管理工作的核心。在图3-1所示的圈子里面,所有内容都会对企业风险管理产生重要的影响。一个治理紊乱的公司,经营不可能规范;而一个经营不规范的公司,风险不可能避免,决策失误、资产流失更是在所难免。

## 二、风险管理的流程

完善的风险管理工作主要包含以下流程：

（1）风险管理计划。即考察各种风险，判断风险的性质和后果，对风险进行分类，选择风险处理的方案，编制风险处理的实施计划。当然，这也是风险管理工作的一个重要步骤。风险管理流程，实际上也是从另一个角度来看风险管理工作的步骤。

（2）风险管理的组织架构。即根据风险管理计划，安排风险管理的人事布局和组织体系，包括业务分工、权力安排和组织结构等。这一环节的工作有的直接是公司治理结构的安排，它的目的本身就是为了防止风险；有的则是内部控制体系的安排，比如公司对采购环节的控制和风险管理就应该考虑如何保证采购员采购的物品符合质量要求，保证采购员不会和卖方串通，这里就需要一种组织结构，使得采购员之间、采购员和公司的其他监管人员及财务人员之间相互制约、相互监督。这种组织结构的安排和人员的各种分工，或者一个专门风险管理组织的成立，就是风险处理的组织架构。我们在后面谈到内部控制的时候，会详细谈到这个问题。

（3）风险管理的考核。即按照规定，进行经营业绩和管理流程的记录、评价、分析和考核，形成制度化管理方式。这是风险管理规范化运行的一个重要环节。

# 第四节 风险管理的基本方法

风险管理的基本方法主要有两个：一个是控制法，一个是财务法。

控制法，就是在损失发生之前，通过各种管理和组织手段，力求消除各种风险隐患，减少导致风险发生的因素，将可能发生的损失减少到最低。控制法基本上是事前的风险管理。比如前面提到的企业采购问题，使用制度使采购员和财务人员之间的关系拉开，就是对采购人员采购行为进行的一种控制。

财务法一般是事后的风险管理。所谓财务法，就是如果风险事先发生了，已经造成了损失，企业如何利用各种财务工具，尽量地保障企业生产、运营能够正常进行，或者使企业能够在短时间内恢复正常的生产和经营秩序，对损失的后果给予补偿。比如说有风险自保资金、准备金、商业保险等事后风险防范措施。财务法主要是用财务工具来尽快地恢复正常的生产经营秩序。

下面我们来详细探讨这两个风险管理的基本方法。

## 一、风险管理控制法

风险控制主要包括两个方面：一个是避免风险，一个是排除风险。

### （一）避免风险

所谓避免风险，就是说放弃或者拒绝可能导致比较重大风险的经营活动或方案。其实企业经常在自觉或不自觉地使用这个方法。比如企业如果觉得某个投资项目、经营决策风险太大,就可能自然放弃,不去从事这个项目或者不去从事这个经营,这就叫避免。避免是一种被动的、消极的风险控制方法。避免风险是在风险事件发生之前,采用回避的方法完全彻底地消除某一特定风险可能造成的损失,而不是仅仅减少损失发生的可能性和影响程度,因而它的优点是比较彻底、干净利落。

避免风险的一个基本方法是终止某些现有的高风险的产品、服务的生产和新产品、新服务的引进,暂停正在进行的经营活动,挑选更合适的经营业务、经营环境。例如保险公司可采取此方法来取舍特定的保险产品。如果有的保险品种风险过高,经常有客户索赔,而且可能存在恶意欺诈,从而导致该保险产品入不敷出,那么保险公司就有可能考虑终止这种产品的销售。再如,这些年美国的烟草公司时常陷入烟民的官司纠纷,承担巨额索赔,因而许多比较小的烟草公司纷纷未雨绸缪,转向转基因产品等,这就是避免风险。

避免风险的另一个基本方法是改变生产活动的工作方法和工作地点等。例如化工厂以惰性溶剂取代易燃易爆溶剂,可以避免爆炸的风险,从而避免潜在的和现存的风险。

避免风险的方法有很大的局限性:一是人们难以对风险事件的具体状况作十分准确的估计,不能确定风险事件是否应该实施避免;二是即使有很大的风险,人们依然不愿放弃该风险事件可能包含的盈利(如前所述,危险和机会常常并存),所以,避免风险是一种消极的处理方式;三是风险避免在实践中很难完全实现。其实企业从事经营活动,风险是难免的。对于一些高风险的项目,企业可以采取避免法。但是对于绝大多数的经营决策,不能都采取避免法,因为避免风险的同时,也意味着损失了企业的利润。只要企业有经营活动,就不能完全避免风险。只是对于部分项目、部分风险、部分经营活动,因为它的风险相对较高,企业可以采取简单的避免方法,主动放弃经营,否则是过于武断的。

(二) 排除风险

排除风险指在损失发生前,尽量消除损失可能发生的根源,减少损失发生的可能性,减少损失事件发生的概率。在风险事件发生后,减少损失的程度。

排除法的基本点在于遏制风险因素和减少风险损失,是风险管理中最积极主动也是最常用的处理方法,这种方法可以克服风险避免方法的种种局限。在这个过程之中,企业并不放弃某一项特定的方案和战略等,而是把它们可能带来的风险发生的可能性降到最低,把风险发生之后可能带来的问题减少到最小。这样既不会损害企业的利润,又可以很好地规避风险。

排除风险一般要经过以下阶段:分析风险因素、选择控制工具、实施控制技术、对控制的后果进行评估等。风险因素分析是研究可能引发风险的因素,从而从源头对风险进行治理。选择控制工具是从技术层面选择风险控制的方法和手段。实施控制技术则包括在人财物各方面进行控制,是风险控制的执行阶段。对控制的后果进行评估,目的则是为了总结经验教训,进一步改善风险控制。

通常来说,排除风险的措施主要有以下几种:

（1）调查措施，是指详细了解过去风险损失和经营事故发生的原因。调查和分析是风险管理的有效措施。调查事故和损失的原因，其实就是对前车之鉴的一个总结，目的是为企业的风险控制、为企业决策提供一个科学的依据。

（2）损失防范措施，是指降低损失发生频率的措施。损失防范是一个贯穿于生产经营全过程的系统活动过程，在排除风险以至风险管理整体中有十分重要的意义。控制法是一个避免风险的方法，完全避免了风险；排除法仍然要承担一部分的风险，它是对风险进行排除、控制，以减少风险发生的概率和减少风险带来的负面影响。

（3）减少损失的措施，是指损失发生后采取各种控制措施，以减少损失的幅度和范围，尽可能保护受损财产。在企业风险管理中，减少损失还应包括为应付实际的损失而制订的应急防范计划。该计划包括抢救措施及企业在发生损失后如何继续进行各种业务活动的计划，旨在尽力减少组织的财产损失。这其实也是一种事后管理。

## 二、风险管理财务法

许多风险是不可避免且其损失是事前难以预测的。因而当相当数量的损失后果出现时，如何有效地利用各种财务工具，及时有效地提供经济补偿，是风险管理的重要方法。一旦风险事件发生，并导致相当数量的损失出现时，我们如何稳妥地处理善后或减少财务损失的影响，便成了风险管理的重要课题之一。我们通常用各种财务工具和手段来减轻或化解潜在风险事件所带来的经济损失。

风险管理的财务手段包括风险的自留、风险的转嫁、风险的对冲等。

（一）风险的自留

自留风险亦即自担风险，是一种由企业单位自行设立基金，自行承担风险损失发生后财务后果的处理方式。

运用自留风险方式须具备以下三个条件：

（1）企业的财务能力足以承担由风险可能造成的最坏后果，一旦损失发生，企业有充分的财务准备去弥补财务上的损失，不会使企业的生产活动受到很大影响。

（2）损失额可以直接预测，即风险标的致损以及可能的后果有较高的可预见性。如果企业无法预测损失可能发生的额度，那也就无法有效地行使风险财务工具，风险发生之后企业可能还是无法进行正常的生产经营活动，这就是一种盲目的冒险行为。

（3）在风险管理过程中无其他更好的处理方式可以选择。也就是说，即便企业有承担自留风险的能力，也未必是一种最好的方式。

（二）风险的转嫁

转嫁风险指企业将其损失有意识地转给与其有相互经济利益关系的另一方承担，通常是因为另一方更有承担该风险的能力和意愿。在现代市场经济中，转嫁风险并不是一种不道德的或者是违法的行为。相反，它不仅是企业防范风险的合法手段，也是企业进行风险管理工作的重要手段。购买保险是一种最为普遍的风险转嫁行为。例如汽车保险的第三者责任险,肇事者的车撞了人,保险公司却来从事赔偿工作,就是一种典型的风险转嫁。又如金融市场上的期货交易,也可以作为风险转嫁的方法。再如,生产咖啡的农民,在春天的时候事先和厂家签订一份收购协议,约定等9月份咖啡生产出来的时候厂商从他这里收购100吨,每吨3 000元钱;根据协议,农民出产咖啡的利益是可以得到保障的,这样他的风险就下降了。事实上,农民把咖啡价格可能会下降的风险转嫁给了厂商,而厂商把咖啡价格可能会上升的风险转嫁给了农民。粗略来看,这对双方是公平的,因而风险的转嫁不一定是一个贬义的概念。

风险转嫁一般有两种方式:其一是将可能遭受损失的财产转嫁出去,转嫁可能会引起风险及损失的活动;其二是将风险及其损失的财务结果转嫁出去,而不转移财产本身,在进行风险转嫁的同时必须付出一定的代价。

财产和重大风险活动的转嫁方式可谓多种多样。比如,将贵重物品交给专门机构负责保管,将高风险的生产经营活动外包等,都可起到转嫁风险的作用。

在财务结果转嫁方式中,保险是最重要也是最常见的形式。其他财务结果转嫁的方式,称为非保险型风险转嫁。这里值得一提的是银行分散风险的方式。银行投资和证券投资具有很大的区别,证券投资可以选择不同的投资工具使风险分散,并且是很大程度的分散;银行经营活动不具有这种弹性,很多银行在某个地区经营,基本上只对这个地区的客户贷款,这样风险比较集中,就违背了分散风险的原理,实际上也就增加了银行从事信贷投资的风险。一个最基本的投资理念是不要把所有的鸡蛋放在一个篮子里面,可是这对于传统的银行信贷非常困难,这样相应的金融创新就随之而生。

第一个创新叫做风险的调换,实际上就是一种转嫁的形式。比如商业银行A给IBM贷款50亿,商业银行B给微软贷款30亿。为了防止贷款资产的风险过于集中,A拿出15亿的贷款资产和B进行交换,相当于B把15亿的款贷给了IBM,并相应获得IBM归还给A全部本利的30%,而A把15亿贷给了微软,并获得微软归还给B全部本利的50%。这种交换,也可以说是风险的分散,也可以说是风险的对冲。

另外一种金融创新和保险产品原理类似,但是不够标准化。比如商业银行A针对某项贷款资产付给商业银行B一定的酬金。如果这项贷款资产安全收回,B白白获得这些酬金;相反,如果这项贷款资产成了不良资产无法收回,或者只有部分可以收回,B按照协议相应承担一定比例的损失。这也是一种常见的风险转嫁方式。

(三) 风险的对冲

对冲在资本市场和金融市场上很常见,就是用现代的金融财务工具、衍生工具等调换的手段来降低风险。

我们把股票、债券、大额存单等叫作金融工具,把期权、期货等叫作金融衍生工具。顾名思义,衍生工具就是在基本工具上衍生或派生出来的工具。期货在现代企业风险管理中的应用非常广泛。比如,石油开采公司为了保证3个月后或者5个月后石油的价格稳定,可以做石油的空头,使石油按照某个固定的价格卖出去;而炼油厂为了保证几个月后可以通过一个稳定的价格买进石油,就做石油的多头,使石油按照某个固定的价格买进来。期权的使用也很广泛,就是花钱买进某种行使权,到时候可以将手中的股票或者外汇以某种固定价格卖出去。一个典型的例子是跨国企业的收入问题。许多跨国企业的经营非常分散,在各个地方收入的货币并不相同,这使得公司的财务状况很不稳定,公司面临着各币种外汇牌价波动的风险,这时公司可以使用期货或者期权来规避牌价风险。用期货规避汇价风险的方式是,先大致预计好在国外各地各币种大致的收入,然后做相同币种外汇期货的空头;利用期权则是买进某币种在将来以某固定价格卖出的权利。这种控制风险的方式就是风险的对冲。我们在上一小节提到的生产咖啡的农民转嫁咖啡价格风险的例子中,农民利用的就是对冲方式。

# 第五节　风险管理的目标

## 一、风险管理目标

风险管理最主要的目标是控制与处置风险,以防止损失发生或减少损失发生的几率和程度,保障生产及各项活动的顺利进行。风险管理的目标通常被分为两部分:一部分是损失前的目标,另一部分则是损失后的目标。损失前的管理目标是避免或减少损失的发生几率和程度;损失后的管理目标是尽快恢复到损失前的状态,保障生产经营活动不受大的干扰。两者构成了风险管理的完整目标。

## 二、损失发生前的目标

(1) 减少损失发生的机会。风险管理,预防为上。预防的精髓在于采取有效措施减少损失发生的可能性。

(2) 减少潜在风险可能带来的损失规模。有效的风险管理,不仅可以有效降低损失发生的概率,还可降低负面风险事件一旦发生所带来的损失,如证券投资的风险分散就可在相当程度上降低投资不利时的损失幅度。

(3) 节约成本。风险管理者用最经济的手段为可能发生的风险做好准备,运用最合适的、最佳的技术手段降低管理成本。

(4) 减少忧虑心理。某些风险(主要指生产安全的隐患)给人们还带来了精神上和心理上的紧张不安的情绪,这种心理上的忧虑和恐惧会严重影响劳动生产率,造成工作效率低下。损失前的另一重要管理目标之一就是要减少人们的这种焦虑情绪,提供一种心理上的安全感和有利生产生活的宽松环境。员工心理稳定、全心全意地投入工作是组织稳定、经营高效的前提,所以减少员工的忧虑心理,也是损失发生前进行风险管理的目标。

(5) 履行有关义务。企业生存于社会之中,必然要承担社会责任和义务,实施风管理也不例外。风险管理必须满足政府的法规和各项公共准则，必须全面实施防灾、防损计划，尽可能地消除危及社区和社会安全的隐患，履行有关的义务，承担必要责任。一般来讲，企业经营的目的是为了增加自身的价值，但从大的方面来说，一个企业只有能够创造社会价值，才会更好地实现自身价值。

## 三、损失发生后的目标

（1）维持生存。这是在发生损失后最重要、最基本的一项管理目标。只有维持生存，才可能逐步恢复和发展。实际上企业主要面临的两大根本问题就是生存和发展。序言中已经谈过如何把企业做大做强，这是一个发展的问题。对企业而言，生存是第一位的，只有生存，才能谈发展。所以损失发生后的目标，首先是要保证企业的生存，保证不能因为一个事件、一个风险而对企业产生根本性的影响。

（2）保证生产服务的持续，尽快恢复正常的生产生活秩序，避免客户流失。中国有一句话叫做祸不单行，企业发生的风险，可能就是竞争对手的机会。举一个简单的案例。某一个重要的生产车间失火，生产线受到重创，库存中的一些半成品全部毁于灰烬。对企业而言，这个时候不仅要蒙受失火、重新改装生产线、重新修复厂房以及这些半成品的损失，可能还会因为无法供货，被竞争对手趁机拉走自己的客户。对企业来说，这种影响可能是根本性的。因为等企业恢复元气的时候，客户可能已经和其他企业有了一个稳定的关系，再把失去的客户拉回来不是一件轻而易举的事情。所以，如何尽快保证服务生产的持续性，尽快恢复生产生活秩序，对企业来讲也是非常重要的。

（3）实现稳定的收入。收入的稳定与生产经营的持续两者是不同的，它们是风险管理的不同目标。生产服务的持续可以通过牺牲收入来获得，而有时可以通过其他方式获得生产以外的稳定收入。

（4）实现收入的持续增长。创造价值是企业经营，当然包括风险管理的最高目标，而实现这个目标离不开收入的持续增长。

（5）处理好与各利益主体的关系，维护企业形象、品牌。这一点在发生重大风险事件和危机事件以后显得尤为重要。

## 思考与讨论

1. 简述企业风险管理的内容和意义。
2. 简述企业风险管理的基本方法。
3. 风险管理的主要目标是什么？

# 第四章　风险管理过程中的内部控制

- 内部控制的发展历史
- 内部控制的目标
- 内部控制的基本原则
- 内部控制的架构和类型
- 内部控制的内容
- 内部控制的特点和固有局限性
- 改善内部控制的关键:强化公司治理

# 第一节 内部控制的发展历史

内部控制起源于企业内部的权力的相互牵制,以账目间的相互核对为主要内容并实施岗位分离,这在早期被认为是确保所有账目正确无误的一种理想控制方法。这一思想后来的发展认为,内部控制应分为内部会计控制和内部管理控制(或称内部业务控制)两个部分,前者在于保护企业资产,检查会计数据的准确性和可靠性;后者在于提高经营效率,促使有关人员遵守既定的管理方针。由于内部会计控制和管理控制是不可分割、相互联系的,因此20世纪80年代西方学者又进一步提出了内部控制结构的概念,认为"企业的内部控制结构包括为合理保证企业特定目标的实现而建立的各种政策、规则和程序",并且明确了内部控制结构的内容为控制环境、会计制度和控制程序三个方面。从现代企业管理理念看,内部控制已经成为企业内部管理的重要环节,是企业持续稳定增长的制度保障,其目的在于规范公司治理,规范公司运营,维护单位财物安全,降低成本,防范经营、财务、法律等各种风险。

内部控制是一个过程,受企业的董事会、管理层及其他人员影响,并为实现企业目标提供合理的保证。对于上市公司来说,良好的内部控制不仅可以降低经营风险,帮助企业审慎经营,同时也是取信于投资者的重要因素。

内部控制的发展大致经过了三个阶段:萌芽期、发展期、成熟期。

## 一、萌芽期——内部牵制

在萌芽期的时候,内部控制叫作内部牵制,内部控制过程最早就是一个内部牵制的过程。顾名思义,就是企业内部的各个部门之间、人与人之间的权利相互制约,相互牵制。企业内部这种对权利的互相制约制度,减少了企业中发生经营腐败的可能性,减少了企业经营管理中的漏洞。例如,在古罗马时代,对会计账簿实施的"双人记账制"——某笔经济业务发生后,由两名记账人员同时在各自的账簿上加以登记然后定期核对双方账簿记录,以检查有无记账差错或舞弊行为,进而达到控制财物收支的目的,即是典型的内部牵制措施。

## 二、发展期——内部会计控制与内部管理控制

内部控制作为一个专用名词和完整概念,直到20世纪30年代才被人们提出、认识和接受。1934年美国《证券交易法》中首先提出了"内部会计控制"(internal accounting control system)的概念。美国审计程序委员会(Committee on Accounting Procedure,CAP)下属的内部控制专门委员会1949年对内部控制首次做出了如下权威定义:"内部控制是企业所制定的旨在保护资产、保证会计资料可靠性和准确性、提高经营效率,推动管理部门所制定的各项政策得以贯彻执行的组织计划和相互配套的各种方法及措施"。1953年10月,CAP又发布了《审计程序公告第19号》(SAP No.19),将内部控制划分为会计控制和管理控制。前者保证财务、会计、经营信息的可靠性和准确性。信息的可靠性和准确性,实际上跟企业保护资产、降低成本是关联的,是为制定正确的企业经营决策提供的一个保障。后者则保障企业的各项措施、政策、程序、规定能够得到顺利的执行。

1972年,美国审计准则委员会(Accounting Standard Board,ASB)在《审计准则公告第1号》(SAS No.1)中,对管理控制和会计控制提出今天广为人知的定义:(1)内部会计控制。会计控制由组织计划以及与保护资产和保证财务资料可靠性有关的程序和记录构成;(2)内部管理控制。管理控制包括但不限于组织计划以及与管理部门授权办理经济业务的决策过程有关的程序及其记录。这种授权活动是管理部门的职责,它直接与管理部门执行该组织的经营目标有关,是对经济业务进行会计控制的起点。

## 三、成熟期——内部控制结构和内部控制整体架构

1. 内部控制结构(internal control structure)

1988年4月美国注册会计师协会发布的《审计准则公告第55号》(SAS NO.55)规定,从1990年1月起以该公告取代1972年发布的《审计准则公告第1号》。该公告首次以内部控制结构一词取代原有的"内部控制"。

2. 内部控制整体架构(internal control-integrated framework)

1992年,美国反对虚假财务报告委员会(National Commission on Fraudulent Reporting)所属的发起机构委员会(Committee of Sponsoring Organizations of the Tread-way Commission,COSO),在进行专门研究后提出了专题报告《内部控制:整体架构》(Internal Control:Integrated Framework),也称《COSO报告》。参与《COSO报告》的主要机构包括美国注册会计师协会、内部审计师协会、财务经理协会、美国会计学会、管理会计协会。《COSO报告》指出:内部控制是一个过程,受企业董事会、管理当局和其他员工影响,旨在保证财务报告的可靠性、经营的效果和效率以及现行法规的遵循。它认为内部控制整体架构主要由五大要素构成,分别是:控制环境(control environment)、风险评估(risk assessment)、控制活动(control activities)、信息与沟通(information and communication),以及内部监督(monitoring)。

2004年10月,COSO委员会对《COSO报告》做了进一步的延伸和扩展,提出了《企业风险管理:整合框架》(Enterprise Risk Management:Integrated Framework)。

# 第二节 内部控制的目标[①]

## 一、内部控制的常见目标

内部控制目标,是企业希望通过内部控制达到的目的,是决定内部控制运行方式和方向的关键。内部控制目标通常包括如下几点内容:

(一) 保证法律法规和企业内部规章制度的贯彻执行

为了协调企业的资源和行为以实现企业目标,企业管理者须制定企业内部的政策、计划和程序,即常说的内部规章制度并以此来监督企业运行。此外,企业生存在一个社会环境中,还必须服从由社会通过政府(包括本国政府和有商业往来关系的外国政府)制定的法律法规。企业要保证这些法律法规和内部规章制度得到贯彻执行并不是容易的事。防范法律方面的风险、保证企业规章制度的贯彻执行对一个企业的健康运作非常重要。

(二) 保证企业自身发展战略和经营目标的全面实施和充分实现

企业的战略管理和战略实施是企业管理和企业发展最核心的问题。战略决定了企业未来发展方向、发展道路。为了保证企业制定的发展战略能够得到实现,企业必须要有一个强有力的并且完善的内部控制制度——内部控制是企业提高管理水平和执行力的重要环节。从经营的角度来看,企业要有效实现经营目标,就必须及时对各类资源(财产、人力、知识、信息等)进行合理的组织、整合与利用,这就意味着这些资源要处于控制之下或在一定的控制之中运营。如果一个企业未能实现其目标,那么该组织在从事自身活动时,一定是忽视了资源的整合作用,忽视了经济性和效率性的重要性。

(三) 保证企业风险管理体系的有效性

内部控制的根本目标在于维护公司的长治久安,促进企业平稳发展。因此,内部控制必须以保障企业风险管理的有效性为己任,防范公司经营运作过程当中的各种风险,保证公司的经营活动和管理活动运转正常,保证风险管理体系的正常。

(四) 保证企业业务记录、财务信息及经营信息得到及时、完整和真实的反映

管理的根本在决策,决策的根本在于选择,而信息则是选择的基础。无论对于一般企业,还是对于银行、证券公司,保证各项业务记录、财务信息及其他管理信息的及时、完整和真实对于企业堵塞各种财务漏洞具有非常重要的意义,也是企业科学决策、正确决

---

[①] 本章部分内容参考了南京审计学院网站的有关资料及其他相关材料。

策的基础。

### (五) 防范利益冲突对企业的损害与企业资产流失

组织是人构成的,组织内部的利益冲突以及个人与组织的利益冲突自然在所难免。内部控制的重要目标之一,就是要防范这些利益冲突对企业可能造成的伤害,特别是要防范个人为私利而损害企业利益的行为及由此产生的企业资产浪费和流失。

### (六) 经济且有效地利用组织资源

因为所有的组织都是在一个资源有限的环境中运作的,一个组织实现其目标的能力取决于能否充分且高效地利用现有的资源,制定和设计内部控制必须根据能否保证以最低廉的成本取得高质量的资源(经济性)和防止不必要的多余的工作和浪费(效率)。例如,一个组织能够经济地取得人力资源,但可能因缺乏必要的训练和不合适的生产计划而使得工作效率很低。管理者必须建立政策和程序来提高运作的经济性和效率,并建立运作标准来对行动进行监督。

## 二、内部控制目标的实现途径

影响内部控制目标实现的制约因素错综复杂。但通过系统研究和归纳,我们可得出有效实现内部控制目标的途径。

1. 适应外部控制环境,改善内部控制环境

控制环境包括组织的外部环境和内部环境,为实现组织的最高目标,内部控制必须谨慎设计以适应环境。

就外部控制环境而言,企业为了立足社会,必须服从于社会通过法律和法规、商业道德规则,以及外部利益相关者合理的利益诉求,尽管管理者不能轻易地对外部环境施加影响,但为使内部控制能够有效运行,管理者一定要建立一个内部控制系统来确认和满足组织的外部环境要求。例如,顾客的需求便是一个越来越重要的外部要求。人们正在寻求通过管理技术如全面质量管理不断改善整个运行过程,明确要求内部控制要包括严格的质量保证和监督方法,以满足组织外部要求。

组织的内部控制环境是指那些可由管理者自身主观努力而设计和决定的影响因素。如组织形式、组织结构、组织形象、员工行为、资源规模与结构等,这些众多的因素又影响和决定着组织的组织文化。组织文化涉及员工对组织运行方式的集体感受,对组织如何处事的共识。因为组织文化既反映又影响员工的态度与行为,如果组织文化是有益的,那么控制一定要有利于这种文化。在一个组织中,如果其文化氛围是官僚和墨守成规的,员工就倾向于遵从"本本主义"的行为方式;相反,在以顾客为导向的文化中,"什么事都有可能发生"便会盛行。以顾客需求定位的组织文化鼓励创造和革新,而前者对此是否定的。由于建立科学的内部控制目标与方法对培养主动性和革新文化又不失限制,所以,组织文化对内部控制具有重要意义。

## 2. 员工的积极性是决定内部控制运行的行为因素

了解控制对人的行为的影响,对内部控制的有效运行至关重要。为实现控制目标,我们必须认识到人们的正常需求,并尽可能减少不正常的行为发生。具体而言,就是在充分重视和尊重员工在内部控制中的作用的同时,强调员工的积极性。

与早期的等级结构相比,现代组织更富有弹性,并鼓励员工更多地参与管理。即使在最简单的组织中,相互作用的组织结构也要求有共同的目标和指导,以通过战略、战术决策和操作控制过程来实现这些目标。尽管控制的目的是调节组织行为以实现组织目标,但这不只是简单地减少那些阻碍实现目标的行为。为了防止和解决问题,内部控制系统一定要激励那些对实现组织目标有积极作用的行为。因为内部控制本来就具备"激励那些对实现组织目标有积极作用的活动;防止那些威胁组织目标实现的行为"的双重功能。

尽管"控制"一词通常与限制行动联系在一起,但是,如果要保持竞争力,现代组织一定不能僵死和缺乏弹性。面对放松管制、不断增长的竞争,生机勃勃的金融市场,飞速发展的技术创新及流动的、充满希望的劳动力,现代组织需要比以往更加敏锐和富有活力。尽管政策和程序是维持可靠的系统和保证前后一致的行动所必须的,但如果这些程序和制度过于压抑和束缚人,一旦出现问题,员工便无力解决。因此,组织应当努力培育一种奖励职员、鼓励创新、正直可靠的控制环境。

当然,控制也会因员工的不理解、马虎、疲劳而丧失效率,同时,控制也可能因员工的不理解或不认同而产生敌意并采取消极的态度,这些不测事件和行为都会对组织目标构成威胁。所以,一个健康的内部控制系统应当既能推动对实现组织目标有贡献的积极行为,同时也能防止危害行为和事件的发生。

## 3. 控制成本是衡量控制效益的关键因素

控制只有在经济上可行或处于有关健康、安全等类似的"至高无上"的观念考虑才能得以实施。任何控制行为均会产生成本,控制成本包括控制自身的有形成本、由于实施控制而造成的机会和时间的丧失以及员工对控制的反感和不满所造成的损失等。在内部控制的设计和运行中,一定要将这些成本与不实施控制而产生的不测事件、错误、低效率和舞弊使组织受到损失的风险联系在一起进行权衡。一般来说,潜在的损失是单一事件的价值、事件发生次数及事件所造成风险的函数。潜在损失将明显随着其价值或在组织中的重要性而增加;一种似乎是微不足道的错误或低效率会因为频繁出现而变得严重;某些资产(如现金)的性质使其较其他资产更容易受舞弊、滥用和破坏的损害。

对一个组织而言,需要清楚地判断潜在损失的风险,并予以量化,以便设计和实施成本效益控制程序。以控制为目的的风险评价,直接集中于风险的性质和可靠性,以及采用相应控制的可行性和成本。风险评价可以采用结构风险分析模式评价组织的整体风险或某项业务的单独风险。

遵循成本效益原则的另一个重要方面,就是将内部控制不留痕迹地融入组织管理的每个方面。我们应尽力避免将内部控制视为一种独立的、辅助的部分。其理由是将控制融入组织的整个管理体系之中,能明显地降低控制成本,并产生良好的控制效益。

## 第三节　内部控制的基本原则

为了保障内部控制的效果,顺利实现内部控制的目标,内部控制的建立和执行必须符合经过理论论证和实践检验的一系列基本原则。在此,我们对内部控制的一些常见原则进行简短的介绍和评述。

（一）全面性原则

全面性是指内部控制应当渗透到各项业务过程和各个操作环节,覆盖所有的部门、岗位和人员,包括董事会和核心管理层,不留任何空白点。当然全面性并不是说对所有的部门和人员不加区别,没有侧重。对于关键和敏感部门和人员应该有更加严格的内部控制措施,对于企业的一般部门和人员也应该有相应的控制措施。

（二）审慎性原则

内部控制应当以防范风险、审慎经营为出发点。"防范于未然"是内部控制的重中之重。为了使各种风险控制在许可的范围之内,建立内部控制必须充分考虑到业务过程中各个环节可能存在的风险,容易发生的问题,设立适当的操作程序和控制步骤来避免和减少风险,并且设定在风险发生时要采取哪些措施来进行补救。

（三）有效性原则

要使内部控制充分发挥作用,在各部门和各岗位得到贯彻实施,建立的内部控制必须具有有效性、权威性,即各种内部控制制度包括最高决策层所制定的业务规章和发布的指令,必须符合国家和监管部门的规章．必须真正落到实处,成为所有员工严格遵守的行动指南;执行内控制度不能存在任何例外,任何人(包括董事长、总经理)不得拥有超越制度或违反规章的权力。中航油(新加坡)公司2004年在原油衍生品投机中出现巨额亏损而不得不申请破产保护,主要原因之一,就是公司一把手陈久霖的违规行为没有得到应有的控制。中航油(新加坡)爆仓之后,很多人怀疑公司内部根本就没有风险控制体系。其实,体系在形式上一直存在,其《风险管理手册》由安永会计师事务所制定,与其他国际石油公司操作规定基本一致。公司内部也有风险管理委员会,共7人组成,包括4名专职人员、1名运作部主任、1名财务部主任和1名财务经理,均为新加坡公司员工。根据安永的设计,风险控制的基本结构是从交易员——风险管理委员会——内审部交叉检查——CEO(总裁)——董事会,层层上报。每名交易员亏损20万美元时,交易员要向风险管理委员会汇报;亏损达37.5万美元时,向CEO汇报;亏损50万美元时,必须斩仓。但一手遮天的陈久霖显然没把内控规定当回事。中航油(新加坡)应对衍生品交易风险的内部控制因此是无效的。

（四）及时性原则

指内部控制的建立和改善要跟上业务和形势发展的需要。开设新的业务机构或开办新的业务种类,必须树立"内控先行"的思想,首先建章立制,采取有效的控制措施。

### (五) 独立性原则

内部控制的检查、评价部门(如内部审计和外部审计)应当独立于内部控制的建立和执行部门,独立于企业的其他职能机构,免受企业内外各种因素的干扰,并有直接向董事会和高级管理层报告的渠道。直接的操作人员和直接的控制人员必须适当分开,并向不同的管理人员报告工作。在存在管理人员职责交叉的情况下,要为负责控制的人员提供可以直接向最高管理层报告的渠道。独立性是有效性和权威性的保证。

### (六) 重要性原则

内部控制应当在全面控制的基础上,关注重要业务事项和高风险领域,并采取更为严格的控制措施,确保不存在重大缺陷。重要性原则的应用需要一定的职业判断,企业应当根据所处行业环境和经营特点,从业务事项的性质和涉及金额两方面来考虑是否及如何实行重点控制。

### (七) 制衡性原则

内部控制应当在治理结构、机构设置及权责分配、业务流程等方面形成相互制约、相互监督,同时兼顾运营效率。制衡性原则要求企业在完成某项敏感或有利益冲突的工作时,必须经过互不隶属的两个或两个以上的岗位和环节,以便形成有效的制衡和监督。同时,还要求履行内部控制监督职责的机构或人员具有良好的独立性。英国巴林银行是一家具有200多年历史的老牌投资银行,因为里森这位年轻交易员的不当交易于1995年轰然倒下。从制度上看,巴林倒闭最根本的问题在于交易与清算角色的混淆。里森在1992年去新加坡后,任职巴林新加坡期货交易部兼清算部经理。作为一名交易员,里森的应有工作是代巴林客户买卖衍生性商品,并替巴林从事套利这两项工作。为防止交易员过多的风险暴露,一家银行给每个交易员的交易头寸通常定得相当有限。通过清算部门每天的结算工作,银行对其交易员和风险的情况也可予以有效了解并掌握。但不幸的是,里森却一人身兼交易与清算二职。这严重违背了内部控制中的制衡原则。

### (八) 适应性原则

内部控制应当与企业经营规模、业务范围、竞争状况和风险水平等相适应,并随着情况的变化加以调整。适应性原则要求企业建立与实施内部控制应当具有前瞻性,适时地对内部控制系统进行评估,发现可能存在的问题,并及时采取措施予以补救。

### (九) 操作性原则

企业的规章、程序、计划和内部控制要求必须具有可操作性,否则就无法满足有效性和权威性原则。中国国家层面的法制建设强调"有法可依,有法必依"。企业的规章与政策也应做到"有章可循,有章必循"。国内许多企业,规章制度定得不少,但大多是摆设,真正被严格执行的不多。一是由于管理层不够重视,二是因为许多规定不够科学,不具备可操作性。例如,如果企业规定员工不许请假,一旦有员工出现伤病或其他紧急情况,这样的规定就无法操作。

### (十) 成本效益原则

内部控制应当权衡实施成本与预期效益,以适当的成本实现有效控制。成本效益原则要求企业内部控制建设必须统筹考虑投入成本和产出效益之比。对成本效益原则的判断需要从企业整体利益出发,尽管某些控制会影响工作效率,但可能会避免整个企业面临更大的损失,此时仍应实施相应控制。按照边际原理,控制的预期边际收益和边际成本应当相等,才能实现最佳的控制效果。企业不应过于强调控制,而忽略控制带来的成本;也不应为了降低成本而牺牲控制。

## 第四节 内部控制的架构和类型

### 一、内部控制要素

COSO 在 1992 年颁布的《内部控制:整体框架》中,提出了五要素的观点,即内部环境、风险评估、控制活动、信息与沟通、内部监督。以下我们对这五个要素逐一加以介绍。

#### (一) 内部环境

控制环境就是企业的文化氛围,企业的组织制度、管理制度等构成的综合体。控制环境是推动企业发展的引擎,也是其他内部控制要素的基础。控制环境的组成要素包括管理哲学和经营风格、公司治理结构、机构设置与权责分配、企业的授权制度及人事政策等。

1. 治理结构

公司治理结构指的是内部治理结构,又称法人治理结构,是根据权力机构、决策机构、执行机构和监督机构相互独立、权责明确、相互制衡的原则实现对公司的治理。治理结构是由股东大会、董事会、监事会和管理层组成的,决定公司内部决策过程和利益相关者参与公司治理的办法,主要作用在于协调公司内部不同产权主体之间的经济利益矛盾,减少代理成本。

2. 机构设置与权责分配

公司制企业中股东大会(权力机构)、董事会(决策机构)、监事会(监督机构)、管理层(日常管理机构)这四个法定刚性机构为内部控制机构的建立、职责分工与制约提供了基本的组织框架,但并不能满足内部控制对企业组织结构的要求,内部控制机制的运作还必须在这一组织框架下设立满足企业生产经营所需要的职能机构。

3. 内部审计机制

内部审计机制是内部控制的一种特殊形式。是组织内部的一种独立客观的监督和评价活动,它通过审查和评价经营活动及内部控制的适当性、合法性和有效性来促进组织目标的实现。内部审计的范围主要包括财务审计、会计核算和内部控制检查。内部审计机制的设立包括内部审计机构设置、人员配备、工作开展及其独立性的保证等。

4. 人力资源政策

人力资源政策是影响企业内部环境的关键因素,它所包括的雇用、培训、评价、考核、晋升、奖惩等业务,向员工传达着有关诚信、道德行为和胜任能力的期望水平方面的信息,这些业务都与公司员工密切相关,而员工正是公司中执行内部控制的主体。

一个良好的人力资源政策,能够有效地促进内部控制在企业中的顺利实施,并保证其实施的质量。

5. 企业文化

企业文化体现为人本管理理论的最高层次。企业文化重视人的因素,强调精神文化的力量,希望用一种无形的文化力量形成一种行为准则、价值观念和道德规范,凝聚企业员工的归属感、积极性和创造性,引导企业员工为企业和社会的发展而努力,并通过各种渠道对社会文化的大环境产生作用。

(二) 风险评估

风险评估是企业及时识别、科学分析经营活动中与实现控制目标相关的风险,合理确定风险应对策略,是实施内部控制的重要环节。风险评估主要包括目标设定、风险识别、风险分析和风险应对。

1. 目标设定

风险是指一个潜在事项的发生对目标实现产生的影响。风险与可能被影响的控制目标相关联。企业必须制定与生产、销售、财务等业务相关的目标,设立可辨认、分析和管理相关风险的机制,以了解企业所面临的来自内部和外部的各种不同风险。

企业开展风险评估,应当准确识别与实现控制目标相关的内部风险与外部风险,确定相应的风险承受度。风险承受度是企业能够承担的风险限度,包括整体风险承受能力和业务层面的可接受风险水平。

2. 风险识别

风险识别实际上是收集有关损失原因、危险因素及其损失暴露等方面信息的过程。风险识别作为风险评估过程的重要环节,主要回答的问题是:存在哪些风险,哪些风险应予以考虑,引起风险的主要因素是什么,这些风险所引起的后果及严重程度如何,风险识别的方法有哪些等。而其中企业在风险评估过程中,更应当关注引起风险的主要因素,应当准确识别与实现控制目标有关的内部风险和外部风险。

3. 风险分析

风险分析是在风险识别的基础上对风险发生的可能性、影响程度等进行描述、分析、判断,并确定风险重要性水平的过程。企业应当在充分识别各种潜在风险因素的基础上,对固有风险,即不采取任何防范措施可能造成的损失程度进行分析,同时,重点分析剩余风险,即采取了相应应对措施之后仍可能造成的损失程度。企业应当采用定性与定量相结合的方法,按照风险发生的可能性及其影响程度等,对识别的风险进行分析和排序,确定重点关注和优先控制的风险。

4. 风险应对

企业应当在分析相关风险的可能性和影响程度基础上,结合风险承受度,权衡风险与收益,确定风险应对策略。企业应合理分析、准确掌握董事、经理及其他高级管理人员、关键岗位员工的风险偏好,采取适当的控制措施,避免因个人风险偏好给企业经营带来重大损失。

### (三) 控制活动

控制活动是指企业根据风险应对策略,采用相应的控制措施,将风险控制在可承受度之内,是实施内部控制的具体方式。常见的控制措施有：不相容职务分离控制、授权审批控制、会计系统控制、财产保护控制、预算控制、运营分析控制和绩效考评控制等。企业应当结合风险评估结果,通过手工控制与自动控制、预防性控制与检查性控制相结合的方法,运用相应的控制措施,将风险控制在可承受度之内。有关各种控制活动的详细讨论,我们将在本章下一节展开。

### (四) 信息与沟通

信息与沟通是企业及时、准确地收集、传递与内部控制相关的信息,确保信息在企业内部、企业与外部之间进行有效沟通,是实施内部控制的重要条件。企业应当建立信息与沟通制度,明确内部控制相关信息的收集、处理和传递程序,确保信息及时沟通,促进内部控制有效运行。信息与沟通的要件主要包括：信息质量、沟通制度、信息系统、反舞弊机制。

1. 信息质量

信息是企业各类业务事项属性的标识,是确保企业经营管理活动顺利开展的基础。企业日常生产经营需要收集各种内部信息和外部信息,并对这些信息进行合理筛选、核对、整合,提高信息的有用性。企业可以通过财务会计资料、经营管理资料、调研报告、专项信息、内部刊物、办公网络等渠道,获取内部信息；还可以通过行业协会组织、社会中介机构、业务往来企业、市场调查、来信来访、网络媒体以及有关监管部门等渠道,获取外部信息。

2. 沟通制度

信息的价值必须通过传递和使用才能体现。企业应当建立信息沟通制度,将内部控制相关信息在企业内部各管理级次、责任企业、业务环节之间,以及企业与外部投资者、债权人、客户、供应商、中介机构和监管部门等有关方面之间进行沟通和反馈。信息沟通过程中发现的问题,应当及时报告并加以解决。重要信息须及时传递给董事会、监事会和经理层。

3. 信息系统

为提高控制效率,企业可以运用信息技术加强内部控制,建立与经营管理相适应的信息系统,促进内部控制流程与信息系统的有机结合,实现对业务和事项的自动控制,减少或消除人为操纵因素。企业利用信息技术对信息进行集成和共享的同时,还应加强对信息系统开发与维护、访问与变更、数据输入与输出、文件储存与保管、网络安全等方面的控制,保证信息系统安全稳定运行。

4. 反舞弊机制

舞弊是指企业董事、监事、经理、其他高级管理人员、员工或第三方使用欺骗手段获取不当或非法利益的故意行为,它是需要企业重点加以控制的领域之一。企业应当建立反舞弊机制,坚持惩防并举、重在预防的原则,明确反舞弊工作的重点领域、关键环节和有关机构在反舞弊工作中的职责权限,规范舞弊案件的举报、调查、处理、报告和补救程序。

反舞弊工作的重点包括:

(1) 未经授权或者采取其他不法方式侵占、挪用企业资产,牟取不当利益;

(2) 在财务会计报告和信息披露等方面存在的虚假记载、误导性陈述或者重大遗漏等;

(3) 董事、监事、经理及其他高级管理人员滥用职权;

(4) 相关机构或人员串通舞弊。

为确保反舞弊工作落到实处,企业应当建立举报投诉制度和举报人保护制度,设置举报专线,明确举报投诉处理程序、办理时限和办理要求,确保举报、投诉成为企业有效掌握信息的重要途径。举报投诉制度和举报人保护制度应当及时传达至全体员工。

信息与沟通的方式是灵活多样的,但无论哪种方式,都应当保证信息的真实性、及时性和有用性。

(五) 内部监督

内部监督是企业对内部控制建立与实施情况进行监督检查,评价内部控制的有效性,对于发现的内部控制缺陷及时加以改进,是实施内部控制的重要保证。从定义出发,内部监督主要有两个方面的意义:第一,发现内控缺陷,改善内部控制体系,促进企业内部控制的健全性、合理性;第二,提高企业内部控制施行的有效性。除此之外,内部监督也是外部监管的有力支撑。最后,内部监督机制可以减少代理成本,保障股东的利益。

(1) 企业应当制定内部控制监督制度,明确内部审计机构(或经授权的其他监督机构)和其他内部机构在内部监督中的职责权限,规范内部监督的程序、方法和要求。

(2) 内部监督包括日常监督和专项监督。日常监督是指企业对建立与实施内部控制的情况进行常规、持续的监督检查。日常监督的常见方式包括:在日常生产经营活动中获得能够判断内部控制设计与运行情况的信息;在与外部有关方面沟通过程中获得有关内部控制设计与运行情况的验证信息;在与员工沟通过程中获得内部控制是否有效执行的证据;通过账面记录与实物资产的检查比较对资产的安全性进行持续监督;通过内部审计活动对内部控制的有效性进行持续监督。

专项监督是指在企业发展战略、组织结构、经营活动、业务流程、关键岗位员工等发生较大调整或变化的情况下,对内部控制的某一或某些方面进行有针对性的监督检查。专项监督的范围和频率根据风险评估结果以及日常监督的有效性等予以确定。

专项监督应当与日常监督有机结合,日常监督是专项监督的基础,专项监督是日常监督的补充,如果发现某专项监督需要经常性地进行,企业有必要将其纳入日常监督之中。

（3）日常监督和专项监督情况应当形成书面报告，并在报告中揭示存在的内部控制缺陷。内部监督形成的报告应当有畅通的报告渠道，确保发现的重要问题能及时送达至治理层和经理层；同时，应当建立内部控制缺陷纠正、改进机制，充分发挥内部监督效力。

（4）企业应当在日常监督和专项监督的基础上，定期对内部控制的有效性进行自我评价，出具自我评价报告。内部控制自我评价的方式、范围、程序和频率，除法律法规有特别规定的，一般由企业根据经营业务调整、经营环境变化、业务发展状况、实际风险水平等自行确定。

## 二、内部控制的类型

依据内部控制的功能和性质，我们可以将内部控制分为预防性控制、检查性控制、纠正性控制、指导性控制和补偿性控制等类型。

### （一）预防性控制

预防性控制是指为了防止错误和舞弊的发生而采取的控制措施，即"事前"控制。例如，对客户的信用进行审核以减少坏账的发生，对机器设备的报废和清理要进行审批以保护资产的安全，将存在利益冲突的职务进行分离以防止舞弊等，都是预防性控制。

预防性控制是操作性的，是由不同的人员或职能部门在履行各自职责的过程中实施的。预防性控制措施包括职责分离、监督性检查、双重检查、合理性校验、完整性校验以及正确性校验等。这种控制既是对企业部门和个人行为的一种制约，以防止弊端和错误的发生，也是出于对企业部门和员工的一种保护，减少其犯错误的机会。

### （二）检查性控制

检查性控制是把已经发生和存在的错误检查出来的控制，属于"事中"或"事后"控制的范畴。例如，核对银行对账单就是关于现金收支的一项关键的检查性控制手段。考虑这样一种情形：某组织规定，超过一万元的支付必须经由两名指定的审核人员同意签字，方能进行。有一次，其中一名审核人员因故外出，另一名审核人员认为时间紧迫，便单独签发了一张金额过万的付款支票。这样就只能通过事后核对的检查性控制手段来找出这笔违规的付款，并进一步查明是否存在问题。如果没有检查性控制加以监督，在场的那名审核人员很可能会滥用职权或草率行事，批准可能存在问题的支付行为。可见，如果缺乏检查性控制，当预防性的实施存在困难时，有关人员就会为所欲为，使控制制度遭受严重损坏；更为严重的是，组织难以及时发现存在的问题及其影响范围，从而不能及时采取措施加以解决，结果只能任由问题发展下去，导致巨额损失。从这个意义上讲，检查性控制是对预防性控制的重要补充。

### （三）纠正性控制

纠正性控制是指对那些由检查性控制查出来的问题进行纠正的控制。预防是事前的，检查通常是事中（或事后）的，在内部控制当中把问题找出来进行纠正则是事后的。

对于一个完善的内部控制系统来说,这三点缺一不可。例如,在前述的由一名审核人员违背预防性控制的规定违规支付大额款项的案例中,如果企业通过检查性控制及时发现审核人员批准了存在问题的支付行为,而银行尚未兑付付款支票,则企业可以立即通知银行撤销该支票。

### (四) 指导性控制

指导性控制是指为了引导或促使期望发生的有利结果的实现而采取的控制。而前述预防性控制、检查性控制和纠正控制则是为了预防、检查和纠正不利的结果。例如,宾馆、饭店要求员工微笑服务,目的在于赢得顾客的好感,从而有利于树立公司的良好形象,提高公司的声誉。

### (五) 补偿性控制

补偿性控制是指针对某些控制环节的不足和缺陷而采取的控制措施或补救措施。例如,许多小公司由于人手有限,从成本节约的角度出发,往往缺乏充分的职责分离,此时,由股东直接对经营进行监督,不失为一种良好的补偿性控制方法。

# 第五节 内部控制的内容

## 一、预算控制

预算控制要求企业加强预算编制、执行、分析、考核等环节的管理,明确预算项目、建立预算标准,规范预算的编制、审定、下达和执行程序,及时分析和控制预算差异,采取改进措施,完善预算的执行。

预算控制是企业内部控制的最重要方面之一,预算控制必须有足够的科学性和权威性。科学性体现在预算安排应当符合公司的战略和经营需要,权威性则体现在不能随意突破甚至破坏预算。

对于公司的各项开支,预算内资金一般实行责任人限额审批,限额以上资金则应实行集体审批,以严格审查、控制无预算的资金支出。当然预算并不是一成不变的,企业必须始终掌握原则性和灵活性相结合的原则。

### (一) 预算和预测

预算与预测不完全是一回事。许多人往往会混淆预算与预测,认为预算就是预测企业未来一年中将会发生的销售、成本、费用。预测是预算的信息基础,但预算与预测之间是有区别的,这一点从预算的目的可以看出。

预算的目的主要有五个方面:

(1) 帮助实施企业的战略规划;

(2) 统一企业各部门、各关键人员对公司未来发展方向与发展目标的认识,协调企业各组成部门的运作；

(3) 将责任分配到各部门和岗位；

(4) 作为绩效评价和管理层激励的依据；

(5) 作为计划、监督、预警和控制的工具。

预算的这些目标都不是单纯的预测所具有的，预测只是对未来可能发生之事的估计与判断。

### (二) 预算控制要求

预算控制的一个重要要求是全面预算。它是由一系列预算构成的体系，各项预算之间相互联系，关系比较复杂，很难用一个简单的办法准确描述。比如生产部门的预算与销售部门的预算一定是有关联的，它们必须和财务预算一起协调。

全面预算包括四个方面：

(1) 营运预算，包括销售收入、管理费用、生产费用、营销费用的预算等；

(2) 资本预算，包括已获批准的大型资本项目预算以及固定资产购置和处置、小型投资项目的计划与安排等；

(3) 资产负债预算，即营运预算和资本预算在资产负债表中的体现；

(4) 现金流量预算，即对现金的流入与流出情况有一个事前的安排和计划，保证公司的资金正常周转。

### (三) 预算控制目标

预算一经确定，就进入了实施阶段，管理工作的重心转入控制，即设法使经济活动按计划和预算进行。预算控制和预算是两个不同的概念。预算是企业的战略实施工具和管理工具。预算控制则是通过一系列的程序和控制措施使得预算能够发挥其效果。预算控制的目标主要可以归纳为三个方面：

(1) 预算符合公司的总体战略规划及经营目标；

(2) 预算基于公司的实际情况，切实可行；

(3) 确保预算得以有效执行。

预算控制当中，经常会出现这样一些问题，影响预算的执行效果：

#### 1. 预算流于形式，没有与企业战略目标和工作计划紧密结合

也就是说，预算具有相当的主观随意性，脱离了企业发展需要。预算必须配合企业的战略目标和企业的经营目标的实施。如果做不到这一点，预算就失去了意义，失去了可执行性。发生这个问题的关键原因是预算的编制部门跟企业的战略规划部门工作脱节。所以，预算的制定不能完全由财务人员去做，必须有企业高层与其他关键部门的积极参与，才能编制一个相对比较科学的预算。

#### 2. 缺乏与时俱进的动态管理，企业预算不能有效应对企业实际情况的变化

预算控制是一个动态的管理过程，随着企业面临的经济环境、市场环境、销售环境、竞争环境的不断变化而变化。因为不断变化的环境会对预算不断提出新的要求。比如市场竞争激烈，从一个卖方市场走向买方市场，营销费用就会提升，这种情况必须根据企业的实际情况，对企业的预算及时更新。

3. 缺乏预算和实际的比较分析,以及对此种差异的跟进与监控

如果实际执行情况和预算安排之间有较大差异,在预算控制中必须加以关注和分析:到底是什么原因引发原来的预算不能被有效执行?预算必须是一个上下互动的过程,公司高层必须让下级各单位明白企业的战略目标,下级单位的预算应该以公司的战略目标为核心,而公司最后的预算应该以各部门根据历史数据和公司战略制定的部门预算为基础。如果给下级单位批的预算总是不够用,后者又必须不断找上级去审批,这样的预算就在很大程度上失去了意义。

这里特别值得一提的是,在中国,有许多企业,特别是企业下属部门对预算管理的严肃性、重要性认识不足,认为反正预算在执行过程中还需要随经济、市场情况的变化而变化,编制时过于较真又有何用?这种想法是非常错误的。打个简单比方,我们知道,时间使用效率高的人,大多重视时间管理(也可称为时间预算),对未来一个月、半年,甚至一年的日程,特别是重要活动都有详细的事先规划,决不会因为日程在将来可能发生变化而对日程安排漫不经心。同样,对于一个企业而言,周到的预算安排可以提高管理效率,减少管理错漏,因此也不应因预算可能会发生调整而轻视预算。

## 二、信息系统控制

现代企业都越来越重视管理信息系统的应用,通过管理信息系统企业可以在第一时间获取经营、市场、价格、销售、库存、财务、人员、公共关系方面的信息。这样一方面可以在很大程度上提高工作效率、降低成本;另一方面可以提高决策的科学性,因为信息的完整性、可靠性、准确性、及时性、集成性是管理层决策的基础。

随之而来的是信息系统的安全性问题,现代信息安全直接影响企业的经营、研发、竞争,甚至生存。对企业而言,财务信息、研发资料、客户资料都是竞争对手最想要的东西。企业必须在这些核心信息资源方面有着严格的控制措施,并根据信息的机密程度不同制定不同的保密措施和控制系统,确保企业信息资源的安全性。信息安全包含两个层面的内容:一个层面是信息系统自身的安全,关注如何防范黑客和病毒,如何保障数据资料不会因为意外事故、操作失误而受到影响;另一个层面则关注企业如何保障这些信息不会经过非正常的渠道流传出去,泄露企业的商业机密。

近年来,由于美国实施了严格控制上市公司信息披露质量的《公众公司会计改革与投资者保护法案》(简称《SOX法案》),信息技术在公司内部控制和信息披露过程中的作用越发得到了大量企业的重视,IT治理(利用信息技术实施的公司治理手段)受到了国际上众多知名企业的广泛重视和热烈追捧。

企业信息系统控制的目标主要有以下十个方面:

(1) 保持数据资料和各种经营、管理、财务信息的完整性、准确性及保密性;
(2) 维护企业资产安全和信息安全;
(3) 通过有效的资源管理手段(ERP)提高资源使用效率,如提高资产周转速度等;
(4) 提高审批、决策的效率和精确度;

（5）为企业各个部门的协调、配合提供信息支持；
（6）提高上市公司信息披露质量；
（7）符合相关的法律、法规和政策；
（8）为企业决策提供及时、准确、充分的信息支持，为企业目标服务；
（9）更好地对企业经营状况和财务状况进行实时监控；
（10）提高公司治理的水平。

## 三、职务分离控制

职务分离控制，又称不相容职务分离控制，和内部控制的原意密切相关。前面已经提到过，内部控制在萌芽期的时候叫作内部牵制，其中一个重要方面就是将不相容职务相互分离。一个人不能兼任两项有利益冲突的角色，就好像掌管金库钥匙的不能知道金库密码一样。这是一种预防性控制，由不同人员或职能部门在履行各自职责的过程中实施，目的就是为了防范因为权力过于集中而导致的利益冲突甚至腐败，保障企业的资产安全和规范经营。高级管理层应该解释清楚什么是有效的职责分离并让员工理解其各自的控制责任。

投资银行一般都会设立防火墙，把不同部门及其之间的职责分离开，比如研发部门和投资部门之间就应该有防火墙；一般企业比较典型的职务分离控制是出纳和会计应该职责分离，采购人员和最后的签约人员应该职责分离，入货人员和验货人员要职责分离等。

## 四、授权控制

授权控制是一种预防性控制。严格地讲，组织开展的任何活动都应有相应的授权。授权以后，为了避免滥用权力，还要经常对各组织活动的程序进行审查。

授权按性质的不同可以分为综合授权和特别授权。综合授权也被称作一般授权，是对办理常规业务所确定的权利及职责。企业中不属于常规业务的重大业务决策和特殊事件处理，则需特别授权。如规定限额的采购项目，采购员可自行决定采购，即为一般授权；对于超过限额的采购项目，需由主管人员另行审批才可采购，即为特别授权。例如，某汽车零部件企业采购业务的授权审批制度规定：采购预算内采购金额在 0.5 万元以内的，采购经理审批；采购金额在 0.5—5.0 万元的，由财务总监审批；采购金额在 5 万元以上的，由财务总监审核，总经理审批。授权要有相应记录，并提供证明文件。在授权批准控制中要避免两个极端：一个是层层审批，使得企业工作缺乏效率；另一个就是要避免"一支笔"，防止权利过分集中。总之在授权控制的过程中，关键是要做到科学性和方便性相结合。

## 五、资产保全控制

资产保全,也称资产保护。这里所说的资产既包括企业的实物资产,如机器设备、办公用品、存货,也包括企业的金融资产,如现金、银行存款等,还应包括企业的某些无形资产,如企业的技术机密、产品设计方案、配方等,再有就是企业的信息资产,如企业的经营财务信息,各种空白单据和发票等文件资料。保护资产安全的最好办法是限制对资产的接触,保证只有获取相应权限的人员才有接触资产的资格。保护资产安全的其他措施包括资产盘点、财产记录、账实核对、财产保险等。

## 六、信息披露控制

从保护投资者利益的角度出发,各证券市场都强制性地要求公众(上市)公司及时、准确、完整地披露各种重要信息。近年来,由于公众公司的信息披露造假丑闻时有发生,导致证券监管部门对公众公司的信息披露的要求也变得越来越严苛。保证公司的信息披露符合监管的要求和法律规定,已经成为公众公司内部控制的重要内容。

## 七、会计系统控制

会计系统控制是指通过会计的核算和监督系统所进行的控制,主要包括会计凭证控制、复式记账控制、会计账簿控制、会计报表控制及其财务成果控制。企业应当按照会计法和国家统一的会计控制规范,对会计主体发生的各项经济业务进行记录、归集、分类和编报,完善会计业务的处理流程,充分发挥会计系统的控制职能。会计系统控制主要内容包括:(1)建立健全内部会计管理规范和监督制度,明确权责,相互制约;(2)统一企业内部会计政策;(3)统一企业内部会计科目;(4)规范会计凭证、账簿和财务报告的处理程序和方法。

## 八、法规、制度执行控制

合法、合规经营是企业防范法律风险和管理风险,实现可持续发展的重要保障。企业的一切经营活动都必须遵守国家的法律、法规、政策、制度和企业内部的规章制度,这些法规制度是检查单位业务经营活动合法性和合规性的标准。因此,单位应当制定出确保有关法律法规得到有效遵守的内部政策和具体程序,通过教育、示范、监督和技术控制,防止一切违法违规的业务活动发生。

## 九、营运分析控制

管理层可综合运用生产、销售、投融资、财务等方面信息，通过不同种类的方法，如对比分析、趋势分析等方法，对营运情况（如企业目标所实现的成果）进行分析，发现存在的问题，及时查明及跟进。

## 十、绩效考评控制

绩效考评控制是指企业通过考核评价的形式规范企业各级管理者及员工的经济目标和经济行为。它强调的是控制目标而不是控制过程，只要各级管理目标实现，则企业战略目标就得以实现。绩效考评系统主要包括考评指标和考评程序的制定、考评方法的选择、考评结果的分析、纠正偏差与奖励惩罚措施等关键环节。

绩效考评控制系统从考评对象来分，应分为经营者绩效考评控制和员工绩效考评控制两大系统。经营者绩效考评包括企业绩效考评和经营者个人绩效考评。在这个评价系统中，考评的主体是董事会，评价客体是经营者，一般是指董事长和总经理或CEO。由于经营者特殊的工作性质，决定了企业本身的业绩是其工作业绩的重要反映，故经营者评价系统有两个评价内容，即企业业绩和经营者个人业绩。员工绩效考评控制是由各级管理者按照一定的标准和方法对其下属及员工的工作完成情况进行考评。无论考评对象是谁，这些将会影响绩效考评控制系统运作的质量。绩效考评控制对企业内部环境具有支持作用。

# 第六节 内部控制的特点和固有局限性

## 一、内部控制的特点

内部控制既然是一个组织内部的牵制和平衡，那么设计问题自然就变得非常重要。比如职责分离的设计、控制制度的设计、组织架构的设计等，都是企业内部控制制度设计的关键所在。良好的内部控制系统离不开良好的组织设计和制度安排。

此外，内部控制也是一个企业文化问题。任何一个企业内部控制是不是完善，是不是得到有力的执行，很大程度上取决于企业的文化氛围，取决于企业的控制环境，取决于高层的态度和认识。这就要求高层首先应该对内部控制有足够的认识、认同和支持，另外高层也应该按照自身内部控制的要求去行使自己的职权。

## 二、内部控制的固有局限性

内部控制有一些固有的局限性,这就像是测量工作中的系统误差,只能尽量减少和避免,但难以完全消除。另外,内部控制是有成本的,在很多时候还会影响企业运作和决策的效率。若想内部控制能够做到万无一失,内控成本可能会变得无比高昂。因此,从成本效益角度看,企业也不得不在内控成本和内控效果之间选择适当的平衡。因此,那种认为有了内部控制就可使公司经营高枕无忧的想法是不切实际的。

（一）影响内部控制的系统因素

1. 人为因素使内部控制失效。员工对控制责任的误解,执行时的麻痹大意、玩忽职守、心存侥幸等均可使内部控制效力下降。这就要求高层加强和员工的沟通,采取必要的奖惩措施,使员工认识内部控制的重要性,尊重内部控制的规定。高层管理者同时应该给员工做出尊重内部控制措施的榜样。

2. 时间推移使控制措施逐渐失效。公司的内部经营环境,外部法律和市场环境会随时间发生变化,使得原有内部控制措施不能永远有效,不能永远适应公司的经营和战略需要,所以内部控制也应与时俱进,不断更新。

3. 外部力量的干扰也会影响到内控措施的效力。举例来说,行政力量的干预和不可抗力均可影响一个企业内控措施的执行。

4. 成本效益原则的限制。成本效益原则通常表现为理性的经济人总是以较小的成本去获得更大的效益,一般也被认为是经济活动中的普遍性原则和约束条件,因此也同样适用于企业的内部控制。成本效益原则要求在实行内部控制方面花费的成本和由此而产生的经济效益之间要保持适当的比例。当企业采用一项内部控制措施时,必须保证实施此控制所引起的成本增加小于其所带来的效益的增加。也就是说,实行内部控制所花费的代价不能超过由此而获得的效益,否则应舍弃该项控制措施。

5. 内部控制一般都是针对经常而重复发生的业务而设置的,如果出现不经常发生或未预计到的业务,原有控制就可能不适用。

（二）影响内部控制的其他因素

除了内部控制工作的系统缺陷以外,还有一些因素或者行为也会造成内部控制措施的失效。

1. 管理层违规。任何人都不能凌驾于法律之上,企业中任何人都不可能不受内部控制措施的约束。当然内部控制的具体措施针对不同的人要求应该不一样,比如对一般工人要求九点钟上班、五点下班,上班期间严禁外出;对董事长、总经理等高层人士不可能完全是这种要求。但在一些关键问题上,比如总经理想支取现金就支取现金,想干什么就干什么是不可能的。组织强调制度面前人人平等,防止任意违反或利用职权践踏内部控制的制度,并对废除内部控制措施的行为进行严格监控。对管理层而言这一点尤为重要,因为上梁不正下梁歪,高层决定基调。

2. 失控的资产和信息接触。组织应通过对直接接触资产本身的控制、对资产取得和发运合法性的控制以及对接触信息的控制来确保内部控制的有效性,防止资产流失和信息外泄。

3. 形式主义。内部控制贵在执行。很多时候,控制制度表面上看起来非常完善,但是没有被有效执行或实际执行的效果并不理想。内部控制制度一定要切实可行,形式主义反而会适得其反,不能切实予以执行的内部控制制度的作用是微乎其微的。

4. 利益冲突。员工与组织的利益冲突是对内部控制的一大威胁,如果员工利益与组织利益是不一致的,员工很可能会做出损害组织利益的事。仅仅提出企业利益至上的口号并不解决实际问题,关键是在一种大家都可以接受的制度之下,寻求一种企业利益和员工利益的平衡。

5. 控制可能由于两个或更多的人员串通或管理层不当地凌驾于内部控制之上而被规避。例如,管理层可能与客户签订"背后协议",修改标准的销售合同条款和条件,从而导致不适当的收入确认。再如,软件中的编辑控制旨在识别和报告超过赊销信用额度的交易,但这一控制可能被凌驾或不能得到执行。

# 第七节 改善内部控制的关键:强化公司治理

良好的公司治理或称法人治理结构是改善内部控制的关键,也是公司进行风险管理的关键。公司治理主要包括董事会的监督和决策功能、管理层重要决策的董事会审批制度和内部审计三方面的内容。

## 一、董事会的独立监督

公司治理的关键在于董事会能够切实代表股东的利益并有效监督公司的运营和公司管理层的行为,但是这一点并不容易做到。现在我国证监会规定,上市公司必须要有1/3 的独立董事,而且审计委员会的召集人必须是独立董事。但是在现实中独立董事并不一定就能保证董事会的独立监督职责。

证监会的规定一般只能从法律意义上要求独立董事的独立性,比如独立董事不能在公司持有较多股份,其本人、家属和亲戚不能在公司中担任主要职务,独立董事不能在公司中有太多的利益等,但是这些都不能保证独立董事能真正独立行使其职责。企业聘请独立董事,往往请来的是管理层或大股东的朋友。这样独立董事在大部分的决策上,尤其是那些个人风险不太明显的决策上,很可能倾向于照顾管理层的面子和情谊,而不是维护中小股东的利益,使得独立董事的作用失效。

## 二、管理层在内部控制中的作用

内部控制的主体和核心是管理层,管理层承担的职责是计划、组织、领导、保障其组织的活动,并对组织的内部控制负责。但是管理层在制定战略、政策及工作流程的时候,需要获得董事会的批准和授权,以形成对管理层的制约;内部审计对管理层组织的内部控制进行监督,以协助董事会发挥其监督作用,帮助管理层有效地履行他们的职责。

在内部控制的过程中管理层必须承担责任,对重大问题负责。管理层的职责是保障公司运作的正常与安全,如果出了安全问题或者重大的责任事故,管理层一定要承担责任,即使不是直接责任,也是领导责任。这其实也是为了防止管理层推卸责任,导致股东利益遭受损失。高层决定基调,高层既然拥有相应权力,就必须承担相应责任。高层承担问题的责任是现代公司治理、现代企业内部控制的一个基本原则。

## 三、内部审计

### (一)什么是内部审计

内部审计是由组织内设的审计机构从内部对其经营管理和财务收支等的合法性、效益性和真实性进行的审计监督。内部审计具有不同于外部审计的特征,其目的在于促进本单位经营安全性和经济效益的提高,因而内部审计既是本单位的审计监督者,也是根据单位的管理要求提供专门咨询的服务者。内部审计非常重要,人们称其为董事会的眼睛和耳朵,它是高层决策的依据,也是内部控制的重要环节。

内部审计是企业内部设立的独立评价体系,它服务于企业,检查、监督和评价企业的内部控制制度以及执行情况。内部审计是为内部控制服务的,它对管理层组织的内部控制进行监督,以协调管理层有效地履行他们的职责,准确、真实、及时地了解企业的财务经营信息。

### (二)内部审计的作用

(1)监督内部控制的执行和效果,避免和减少风险,以达到控制目标。现代内部审计已经从一般的查错纠弊,发展到对内部控制和经营管理情况的审计,涉及生产、经营和管理的各个环节。内部审计的一项重要作用就是帮助企业确定组织内部的各项制度与计划是否得到落实,是否已达到预期的目标和要求,内部控制是否有效。

(2)揭示经营管理中的薄弱环节、弊端和风险,促进企业健全自我约束机制。内部审计的职责是独立地对企业内部控制和经营管理情况进行监督和检查,客观地反映实际情况,揭示企业管理中存在的问题和风险,并通过这种自我约束性的检查,促使企业改善内部控制。

(3)为改善公司治理质量服务。作为重要的检查监控体系,内部审计可以为董事会的监督和决策提供信息保证,对经营管理人员的违规行为和其他损害组织利益的行为进行检查和纠正。

(4) 促进组织改进管理和经营,提高经济效益。内部审计通过对企业经营活动全过程的审查,对有关经营、财务指标的对比分析,揭示经营活动中存在的问题,发现操作流程及成本节约过程中低效率的方面及形成的原因,从中揭示未被充分利用的人财物的内部潜力,并提出改进措施,可以防止资源的浪费,促进经济效益的提高。

(5) 监督受托经济责任的履行情况。同外部审计一样,所有权与经营权的分离是内部审计产生的前提,确定各个受托责任者的经济责任履行情况也是内部审计的主要任务。内部审计通过查明各受托人是否完成了其应负经济责任的各项指标(诸如利润、产值、质量等),既可以对受托人的工作进行正确评价,从而为对受托人进行奖惩提供决策依据,也有利于维护企业的合法权益,防止舞弊和侵害企业整体利益之行为的发生。

(6) 监控资产和信息的安全。内部审计通过对公司资产和信息管理的经常性监督、检查,可以有效、及时地发现问题,指出资产和信息管理中的漏洞,并提出意见和建议,防止资产流失和信息外泄。

### (三) 内部审计的内容

(1) 经营审计:检查和评价内部控制系统以及所分配的职责的完成情况。

(2) 绩效审计:关注企业管理层和核心员工的考核方式,通常将重点集中在效率和效果方面,并需要建立绩效标准。

(3) 成本效益审计:在内部控制活动中是否贯彻成本效益原则,经营活动是否符合企业效益最大化原则。

(4) 遵循性审计:也称合规性审计,检查组织对政策、程序、标准、法律和政府法规的遵守程度,企业内部控制是否合法合规。

(5) 质量审计:关注企业产品和服务的质量,看看是否达到预先制定的标准。

(6) 财务控制审计:是指对资金流动和会计功能进行具体控制的审计。

(7) 内部牵制及不相容审计:部门与部门、员工与员工以及各岗位之间所建立的互相验证、互相制约的关系是否科学有效。

(8) 离职审计:对管理人员、核心工作岗位人员离职时进行的审计,其目的在于敦促这些人员在位时能忠于职守。

(9) 财务报表审计:对资金流动和会计功能进行具体控制的审计,上市公司因为财务报表要定期向外公布,因而不能完全由内部审计来做,必须接受外部审计人员的审计。

### (四) 内部审计部门

内部审计部门在企业中的定位是个重要的问题。一般来讲,绝大多数公司的内部审计部门、审计委员会隶属于董事会,是董事会下属的专门机构。所以从机构设置可以看出来,一般公司的内部审计部门都由董事会直接管理,可以对管理层有一个直接的监督。内部审计部门的独立性对其有效地行使职能有至关重要的作用。

其他各部门应与内部审计部门合作,而内部审计部门也不宜介入和干涉其他部门的运营和管理。内部审计部门的权限是审计和监督,不能参与到具体部门的具体决策中。

## （五）审计委员会

审计委员会是隶属于董事会的专门委员会，一般由 3—5 人担任。审计委员会的绝大部分成员应是独立董事。审计委员会对组织财务报告系统和内部控制系统的有效性提供独立的意见，对董事会负责。但是在中国，独立董事制度要充分发挥作用，还有一条漫长的路要走。就像前面在独立董事部分提到的，即使法律和经济上独立，感情上也难以完全独立。所以，独立董事制度真正发挥作用的关键是需要建立一种独立董事责权到位的文化。

# 思考与讨论

1. 什么是内部控制？其基本原则是什么？
2. 简述内部控制在企业管理和发展过程中的作用。
3. 内部控制主要包括哪几个方面的内容？
4. 内部控制的目标是什么？
5. 什么是授权控制？什么是职务分离控制？
6. 简述内部审计在风险管理中的作用。

# 第五章 企业重大活动的风险评估和管理

- 重大活动风险度量与决策
- 评价企业风险管理系统的完善程度
- 评估重大活动的复合型风险

# 第一节　重大活动风险度量与决策

## 一、重大活动的风险度量

企业和金融机构在业务运营、投资和发展过程中,为了抓住机遇,有时会从事一些涉及金额巨大或有重要财务影响的重大商务活动。所谓重大活动,从理论上讲,是一个相对概念,并没有量上的严格界限。比如,1亿元人民币的投资,对于总资产只有数亿的中小企业而言,显然是十分重大的商业活动,而对于中石油、中国移动这些航母级的巨型企业而言,只能算是日常活动。因此,我们将重大活动简单界定为对一家企业的财务和经营状况会发生重大实质性影响的活动,比如大型项目的投资、涉及金额较大的收购兼并等。

针对一个具体的重大活动,我们可以把它涉及的风险(市场风险,法律风险等),依照轻重程度,分为高、中、低三个档次。

所谓高风险,就是活动相对于企业的资源而言规模很大,或交易数目巨大,或活动性质本身异常复杂等。这种活动,一旦失败或出现闪失,能够给企业造成巨大的损失。当然这里强调的失败和闪失只是一种可能性。

2008年9月,很多食用三鹿集团生产的婴幼儿奶粉的婴儿被发现患有肾结石的消息被公诸于众,并引起轩然大波。根据我国官方公布的数字,截至2008年9月21日,因使用婴幼儿奶粉而接受门诊治疗咨询且已康复的婴幼儿累计39 965人,正在住院的有12 892人,此前已治愈出院1 579人,死亡4人。截至2008年9月25日,香港有5人,澳门有1人确诊患病。中国国家质检总局公布对国内的乳制品厂家生产的婴幼儿奶粉的三聚氰胺检验报告后,事件迅速恶化,包括伊利、蒙牛、光明、圣元及雅士利在内的22个厂家69批次产品中都检出三聚氰胺。该事件亦重创了中国制造商品信誉,多个国家禁止了中国乳制品进口。从财务的角度看,是否销售"三聚氰胺"乳制品并不涉及大量投资和资金支出,但由于此类活动会危害客户健康,并可能引发严重的声誉危机,因而应被视为企业重大经营活动。这种活动一旦出现问题,会对企业形象、品牌和商业运营造成严重负面后果,因此是高风险的。

因投机石油衍生品而于2004年倒闭的中航油(新加坡)公司,出事之前公司的净资产只有区区1.35亿美元,2004年10月,公司在石油衍生品上的交易盘口却高达5 200万桶。每桶油价区区几美元的波动,就有可能耗尽公司的所有财力。中航油(新加坡)公司的此项投机活动,与其资产规模相比无疑是巨大的,再加上石油衍生品本身具有的高风险特征,中航油(新加坡)公司的投机活动毫无疑问属于高风险的重大活动。由于此项活动,2004年12月1日,在亏损5.5亿美元后,中航油(新加坡)公司宣布申请破产保护。

一般性风险，也就是中度风险，是说活动的地位相对于企业资源或其同组群体比较一般，交易数量一般，活动本身也属于比较典型或传统的情况。因此，尽管活动有可能对企业造成损失，但损失可以通过企业正常的商业运作而得到消化。一般性风险就是说有可能造成损失，但是这个损失企业承担得起，不至于对企业造成重创的风险。例如，一家有50亿元净资产的成熟的房地产公司花费10亿元从事新的土地开发项目可被视为一项重大活动。但由于公司对此类活动有丰富的运作经验，加之土地和地产本身比较容易转让，即便出现损失，公司也有能力承受，这一活动可被视为一般性风险的重大活动。

低风险指活动的数量、规模和性质使得即使内部控制有缺陷，损失的可能性仍然是微不足道的，即使损失发生了，也不会对企业的总体财务和经营状况产生重大影响。举例来说，许多公司在股票市场IPO或增发后会募集大量资金，这些资金不大可能被瞬间充分使用。公司利用暂时闲置的资金购买保本型或收益比较稳定的理财产品以获取投资收益，就是一种典型的低风险活动。

金融机构的监管者由于担心金融机构的风险失控会波及其他单位或个人，因而对这些机构的风险控制通常有严格的规定和检查措施。对于一般企业来说，监管者可能对公司的风险控制没有太多的具体规定或检查措施，但是企业如果希望自身可持续发展，希望越做越大、越做越强、越做越稳，就必须对自己有一套完善的风险管理体系。

## 二、重大活动的风险决策

量力而行是企业重大活动风险管理的基本原则。企业决策者必须首先知道所在企业的能量究竟有多大，即自身的实力与承担风险的能力，包括动用自身所有的资源能达到的投资极限、经营过程（包括原材料进量、库存、财务成本）各个环节的资源占用，以及一旦活动失败，企业能维持持续经营的把握。企业发展得慢固然不好，但太快也未必是好事，德隆集团、三九集团的困境就充分说明了这一点。稳定发展必须对投资、资金占用、客户信用、生产速度与效率有明确的上下限，在限度以内作为日常工作内容，超过限度即为非日常工作内容。

在本节稍后介绍的巨人集团案例中，史玉柱在规划建设"巨人大厦"这一重大活动时，明显违背了量力而行的基本法则。巨人大厦的最初预算本已远远超出巨人集团的财务实力，在资金没有充分落实的情况下，史玉柱却好大喜功，不断加码大厦的规划，把原来计划的18层建筑增加至70层。最终导致公司财务资源枯竭，巨人集团走到了尽头。

管理企业风险和买股票在很大程度上有些类似。拿美国的股市投资为例，很多时候散户的回报要远远超过投资银行。1997—1998年，一些大胆的散户买了网络股，1年回报200%—300%。但是高盛或者摩根斯坦利却不会这么做。在多数情况下，它们追求的是10%—20%的投资回报。其中的原因很简单，因为散户的投资很大程度上有投机的嫌疑，来得快去得也很快，200%—300%的回报不是一种长期行为。

## 案例分析
### "巨人大厦"梦幻的破灭

1992年,史玉柱领导下的巨人集团决定建设一座18层的巨人大厦,用作集团的办公场所。当时巨人集团可用于大厦建设的资金只有几百万元。由于公司错误地估计了形势,竟然没有去银行申请贷款。而当1993年下半年公司想去贷款时,全国宏观调控开始了。由于1994年底到1995年上半年是巨人效益最好的时候,史玉柱认为没有银行贷款也可以顺利建成大厦。与此同时,在房地产业中大展宏图的欲望使得资金紧张的巨人集团竟一改初衷,不断调整大厦设计,楼层节节拔高,从18层涨到38层,最后一直跃升到70层,投资也从2亿元涨到12亿元。尽管房地产是史玉柱完全陌生的一个领域,尽管巨人大厦已超过他的资金实力十几倍,但他想以小搏大,盖一幢珠海市的标志性建筑,盖一幢当时全国最高的楼。除此之外,史玉柱还计划投资4.8亿元在黄山兴建绿谷旅游工程,投资5 400万元装修巨人总部大楼。在上海浦东史玉柱买下了3万平方米土地,准备兴建上海巨人集团总部。在保健品方面,史玉柱准备斥资5个亿,在一年内推出上百个产品。产值总目标是:1995年达到10个亿,1996年达到50亿,1997年达到100亿。

对于巨人大厦的筹资,史玉柱想"三分天下",1/3靠卖楼花,1/3靠贷款,1/3靠自有资金。然而实际上令无数人惊奇的是,大厦从1994年2月破土动工到1996年7月未申请过一分钱的银行贷款。幸好巨人大厦的楼花在初期卖得很火,从香港融资8 000万港币,从国内融资4 000万元,短短数月就获得约1.2亿元人民币的现款。

1996年5月,在巨人集团资金捉襟见肘的情况下,史玉柱依然在做着建造第一高楼的美梦。他把各子公司交来的毛利2 570万人民币净留下的850万资金全部投入了巨人大厦。进入1996年7月份,全国保健品市场普遍下滑,巨人保健品的销量也急剧下滑,维持生物工程正常运作的基本费用和广告费不足,生物产业的发展受到了极大的影响。1996年9月11日,巨人大厦完成了地下室工程;同年11月,相当于三层楼高的首层大堂完成。此后,大厦将以每五天一层的速度进入建设的快速增长期。但是,此时的史玉柱已经没钱了。按照原合同,大厦1996年底需盖到20层,但由于施工不顺利,巨人集团无法兑现合同中的此项约定。大厦动工时为了筹措资金巨人集团在香港卖楼花拿到了6 000万港币,国内卖了4 000万元。其中在国内签订的楼花买卖协议规定,1996年大楼一期工程(盖20层)完工后履约,如未能如期完工,应退还定金并给予经济补偿。而当1996年底大楼一期工程未能完成时,建大厦时卖给国内的4 000万楼花就成了导致巨人集团财务危机的真正导火索。债主上门了,此时的巨人集团因财务状况不良,无法退赔而陷入破产的危机。

# 第二节 评价企业风险管理系统的完善程度

一项重大活动能取得什么样的结果,会否导致重大风险事故的发生,除了和活动本身的规模、复杂性、风险高低有关,还与企业自身驾驭风险的能力有关。或者说,和企业风险管理系统的质量有关。

# 一、完善的风险管理系统需要具备的条件

一个健全的风险管理体系应具备以下几个要素：

1. 积极的董事会和高层管理者的监督

董事会对机构承担的风险水平具有最终的责任。因此，他们应该批准整体业务战略和组织的重大政策，包括那些与管理和承担风险相关的政策，并应该确保高层管理者完全有能力管理组织从事的业务活动。尽管董事会的所有成员有责任理解对组织有重要意义的风险的性质，并确保管理层采取必要的措施确认、衡量、监督和控制这些风险，但是他们所需要的技术知识水平可能由于组织所在的特定环境不同而有所不同。

例如，管理一系列技术上复杂的业务的大型企业和金融机构的董事不大可能理解组织业务的全部细节或风险衡量和控制的确切方法。然而，他们应该清楚地理解组织所面对的风险类型并得到对他们有意义的、能够确认风险规模和重要性的报告。为了完成这个责任，董事必须采取措施，通常是通过组织外部的审计师和专家的报告，对组织面对的风险进行正确的理解。根据这种知识和信息，董事应根据组织可以承受的风险水平提供明确的指导，并有责任保证高层管理者执行符合所采用的政策的程序和控制。

高层管理者负责监督战略执行和公司运营中的相关风险。因此，管理层应当具有所有主要业务的重要知识，确保适当的政策、控制和风险监督系统起作用。

高效的董事会和高层管理监督一般具有以下特征：

• 董事会和高层管理充分理解组织业务活动中的风险类型并做出正确的努力确保随着市场、风险管理实践和组织业务的发展变化，了解这些风险。

• 董事会讨论并通过了适当的政策，限制组织各项重要业务或经营活动的风险。

• 董事会定期讨论并批准符合组织战略变化的风险承担界限，并对市场环境的变化做出反应。

• 管理层确保有足够的人力资源来有效管理组织的各项业务。

• 每一级管理层都要对管理者和员工的日常活动提供适当的监管，包括对高级管理者或业务主管的监管。

• 管理层有能力对产生于竞争环境或组织所在市场创新中的风险做出反应。

• 在从事新的业务或把新产品引入到组织中时，管理层应确认并讨论与业务或产品相关的所有风险并确保控制相关风险必须的基础结构和内部控制有效。

2. 完善的政策、程序与规定

组织的董事和高层管理者应根据组织从事的业务所产生的风险类型制定风险管理政策和程序。一旦风险被准确地辨认，组织的政策和表述清晰的程序就为广泛的业务战略的日常执行提供了详细的指导。尽管许多企业组织都有针对它们的重要业务和风险的政策和程序，其覆盖面和详细程度却各有不同。在大型企业组织中，高层管理者必须依靠许多员工在广泛的复杂业务中执行战略，因此需要详细得多的政策和相关程序。然

而,无论如何,管理层必须确保政策和程序是针对组织风险的具体领域,并且会在必要时根据组织业务或业务条件的重要变化加以调整。

下面的指导原则将帮助企业评价其政策、程序和规定的正确性:

- 组织的政策、程序和规定能够正确地确认、衡量、监督和控制各项重要业务中产生的风险。
- 政策、程序和规定符合管理层的经验水平,符合组织的目标,以及组织整体的资金能力。
- 政策清楚地表明了组织活动中的责任和权力关系。

3. 完善的风险管理、监控与管理信息系统

有效的风险监督要求组织确认并衡量面临的各项具体风险。因此,风险监督活动必须得到为高层管理者和董事提供有关资金状况、运营表现等情况及时报告的信息系统的支持。此外,企业还应当有能力为从事日常管理活动的一线管理者提供定期和详细的报告。

风险监督和管理信息系统的复杂性应与组织运营的复杂性和广泛性相一致。因此,小型和不太复杂的企业组织可能只需要有限的管理层和董事的报告来支持风险监督活动。大型的、更复杂的组织则需要具有更复杂的报告和监督系统,以提供帮助企业董事会和高层管理团队全面了解公司运营和风险状况的相关信息。

4. 全面的内部控制

如第四章所说,组织的内部控制结构对组织总体的安全和健全运营,特别是它的风险管理系统是非常关键的。建立和保持一种有效的控制系统,正确的责任分离是保证风险管理和内部控制系统健全的一个基础因素。不能执行和保持正确的责任分离将导致不安全和不健全的实践,并可能造成严重的损失。

如果结构正确,内部控制系统能促进有效运营、维护资产安全,并有助于企业活动与相关法律、规章和组织政策保持一致。从理论上来说,内部控制是由独立的内部审计师检验的,直接向组织的董事或它的委任机构(通常是审计委员会)报告。

在评价金融机构的内部控制和审计程序的正确性时,评价者应考虑是否符合下列情况:

- 内部控制系统对组织面临的风险类型和水平,以及组织的业务范围来说是适当的。
- 机构的组织结构符合企业政策、程序和规定所厘定的权利和责任范围的划分。
- 存在准确的程序以使其确保符合现行法律和规章制度。
- 内部审计或其他控制检查实践是独立和客观的。
- 内部控制和信息系统受到准确的检验;审计和检查测试的覆盖面、程序、结果及反应以适当的书面形式表现出来;被确认出的具体弱点及时受到高层管理者的重视。
- 组织的审计委员会或董事会定期检查内部审计和其他控制活动的有效性。

## 二、风险管理系统完善程度的刻画

依据上面谈到的几个指标,我们可以将一个企业的风险管理系统的完善程度分为三类①:即强风险管理、可接受风险管理和弱风险管理。

强风险管理要求董事会、高层管理者有非常强的风险管理意识,能有效地确认和控制组织面临的所有主要的风险类型。董事会和管理层积极参与风险管理并确保存在正确的政策和规定。这些政策和规定受到管理信息系统的支持,能及时对公司内外环境的变化做出反应。同时,内部控制和审计程序对组织的规模和业务来说是适当的。管理层能根据安全和健全的标准,并根据监管政策及实践,有效、准确地监督组织情况。风险管理的实践被认为对确认、监督和控制组织风险是非常有效的。内部控制和审计程序对组织的规模和业务来说是复杂和适当的。对组织建立的政策和程序几乎没有例外情况,即使有也不是具体的。

可接受的风险管理是指某些风险管理实践存在一定缺陷,因此,需要引起管理层额外的重视。上一小节所述完善风险管理系统所应具备的四个因素大多数是有效的,可使组织在运营中避免重大的风险。某些风险管理实践需要改进,以确保管理层和董事会能够准确辨认、监督和控制组织面临的所有重大风险。风险管理的现有弱点包括可能对组织产生负面影响的连续性的控制例外,或未能遵守书面政策和程序的失败。如果管理层不采取改进措施,与内部控制系统有关的风险就会对组织的安全性和健全性产生负面影响。

弱风险管理是指企业明显缺少有效的风险管理实践来辨认、监督或控制重大风险,且健全风险管理的四个因素中的一个或多个被认为是有较大缺陷的,且管理层和董事会没有表现出改进这些缺陷的能力。另外,内部控制存在严重缺陷,严重破坏了组织的持续生存能力。企业需要立即重视会计记录和定期报告的可靠性,以及如果不马上采取改进措施所造成的潜在损失。对于组织的风险管理程序和内部控制的缺陷,管理层要及时并高度重视。

# 第三节 评估重大活动的复合型风险

一项重大活动会带来多大风险、造成何种结果,除了和活动本身的风险特征有关,还与企业管理、控制风险的能力有关。因此,我们可以用一个风险矩阵来评估重大活动给企业带来的综合风险(或叫复合风险),如表5-1所示。在表5-1中,我们考虑的是两大因

---

① 美国联邦储备理事会对银行风险管理系统做了更细致的五级评价分类,依次是非常满意、满意、一般、较不满意、不满意。详见本章附录。

素对重大活动的综合风险的影响。一是风险管理系统的状况或完善程度。依据上一节的介绍,企业的风险管理系统可以分为三个档次,分别是强、可接受和弱。二是活动本身的复杂性和风险,即活动的内在风险,可以相应地分为高、中(一般)、低三个等级。

表 5-1 重大活动的复合型风险矩阵

| 风险管理系统 | 活动的内在风险 | | |
| --- | --- | --- | --- |
| | 低 | 中 | 高 |
| | 复合风险评估 | | |
| 弱 | 低或中等 | 中等或高 | 高 |
| 可接受 | 低 | 中等 | 高 |
| 强 | 低 | 低或中等 | 中等或高 |

表 5-1 告诉我们,企业风险管理系统的好坏,可以帮助缓解或恶化重大活动带来的风险。例如,如果企业管理风险的能力非常强,活动本身具有中等的风险,复合风险可能是低。相反,如果企业的风险管理能力很弱,内在风险低的活动也可能变成一个中度复合风险的活动。当然,我们也必须意识到,如果一项活动的内在风险过高,严重超越企业的承受能力,则再好的风险管理系统也难以应对。这就好比一个好的大夫能够降低医疗风险,提升病患的存活率,但如果病患的病情太严重,已无可救治,则再好的医生也会无计可施。例如,前面谈到的巨人大厦的案例。当时巨人集团的财务能力根本不可能支撑建设 70 层的大厦,因此,即便巨人集团有良好的风险管理系统(事实是当时巨人集团的风险管理存在很大的问题),也难以逃避因资金链断裂而倒闭的命运。

表 5-1 同时也告诉我们,为什么规模相当的企业从事同类活动,给一家企业造成的后果会很严重,而对另一家企业(风险管理系统完善的企业)带来的冲击则相对较轻。理论上讲,风险管理能力越弱的企业,在从事重大投资、经营活动时应该越保守。然而,事实往往相反。越是风险控制系统不佳的企业,往往越冒进。这导致这些企业更易发生危机,或更短命。

企业评价某项重大活动复合风险的高低程度时,可以参照下面的定义:

高复合风险:对于一个重大活动,当风险管理系统不能极大地减轻其风险时,将被认为是高复合风险的。因而这个活动有可能导致重大的财务损失,对组织的总体环境造成重大的不利影响。

中等复合风险:一个活动本身风险低,但风险管理系统有重大缺陷会使得活动的复合风险被评为中等。此外,一个强的风险管理系统能够降低原本自身风险很高的活动的风险,从而使得这个活动可能产生的损失对企业的财务状况只产生一般的影响。

低复合风险:通常用来评价一个自身风险低的活动。如果一个活动本身是中等风险的,但如果风险管理系统强并能够有效减轻风险,则这个活动可以被认为是低复合风险的。

# 思考与讨论

1. 如何判断企业重大活动的复合风险?
2. 企业在进行重大活动风险决策时需要关注哪些问题?
3. 什么样的风险控制系统算得上是可接受的?

## 附录
## (美国)州立银行及银行持股公司的风险评价管理的联邦储备条例(节选)(1995.11.4)

### 风险管理评级定义

风险管理评级是一个从 1 到 5 级,需要管理层对风险重视程度呈上升趋势的评级结构。评价者应使这个评级反映在下面描述的健全风险管理的四个因素中。风险管理评级应该反映在组织整体"管理"评级中并应符合下面的原则:

**1 级(非常满意)**。1 级指管理层能有效地确认和控制组织活动面临的所有主要的风险类型,包括那些产生于新产品和变化的市场条件的风险。董事会和管理层积极参与风险管理并确保存在正确的政策和规制,同时董事会理解、讨论,并批准它们。政策和规制受到风险监督程序、报告和为管理层及董事会提供必要的信息和分析,使之对变化的条件做出及时、准确反应的管理信息系统的支持。

内部控制和审计程序对组织的规模和业务来说是复杂和适当的。对组织建立的政策和程序几乎没有例外情况,即使有也不是具体的。管理层根据安全和健全的标准,并根据内部和监管政策及实践,有效和准确地监督组织情况。风险管理被认为对确认、监督和控制组织风险是完全有效的。

**2 级(满意)**。2 级表明组织的风险管理总的来说是有效的,但是有一定的不足。它反映了成功处理现有和可预见的由于执行组织的商业计划而产生的风险的敏捷性和能力。尽管组织会有一些不重要的风险管理上的弱点,但这些问题已经被认识到并正在处理。总之,董事会和高级管理层的监督、政策和限制,风险监督程序、报告,以及管理信息系统被认为在确保组织安全和健全方面是令人满意和有效的。通常,风险不需要额外或一般情况之外的管理层的重视。

内部控制可能表现出一定的缺点或不足,但是它们可以在正常的商业活动中得到改止。评价者可能提出改进建议,但是所指出的缺点对组织的安全性和健全性没有重大影响。

**3 级(一般)**。3 级表示风险管理实践在某些重要方面有缺陷,因此,需要引起管理层额外的重视。健全风险管理的四个因素中的一个或多个是有效的,使组织在运营中避免了重大的风险。而某些风险管理实践还需要改进,以确保管理层和董事会能够准确辨认、监督和控制组织面临的所有重大风险。薄弱环节包括可能对组织产生负面影响的连续性的控制例外,或未能遵守书面政策和程序的失败。

内部控制系统在某些重要方面有缺陷,特别是连续性的控制例外或未能遵守书面政策和程序的失败。如果管理层不采取改进措施,与内部控制系统有关的风险对组织的安全性和健全性会产生负面影响。

**4级(较不满意)**。4级表示差强人意的、未能辨认、监督和控制许多具体方面的重大风险的风险管理实践。通常,这种情况反映缺少管理层和董事会的指导和监督。健全风险管理的四个因素中的一个或多个被认为是乏力的,需要董事会和管理层立即采取改进措施。组织面临的许多重大风险未能被正确指出,同时风险管理的不足要求管理层的高度重视。

组织具有严重的可辨认的缺点,例如责任的不正确分离,需要在内部控制或会计过程或遵守管理标准/要求方面有重大的提高。除非得到正确的改进,否则这些情况将导致严重影响组织安全性和健全性的不可靠的资金记录/报告或运营损失。

**5级(不满意)**。5级表明严重缺少有效的风险管理实践来辨认、监督或控制重大风险。健全风险管理的四个因素中的一个或多个被认为有重大缺陷,并且管理层和董事会没有表现出改进这些缺陷的能力。

内部控制存在严重缺陷,严重破坏了组织的持续生存能力。如果仍不是非常明显,则需要立即重视会计纪录和定期报告的可靠性以及如果不马上采取改进措施所造成的潜在损失。组织的风险管理程序和内部控制的缺陷要求管理层及时和高度的重视。

# 第六章 市场风险度量与控制

- 市场风险模型 VaR 简介
- 市场风险管理的其他方法

市场风险指市场价格(包括利率,汇率等)的波动带来的风险。市场的全球化整合和商业信息的传播速度的加快,使得现代市场经济中金融资产和商品的价格瞬息万变。股票、外汇、期货、黄金、钢铁、石油、煤炭等的价格波动之剧烈,实在是历史罕见。石油等大宗商品年价格上下波动30%—50%已不再是什么新鲜事。价格的大幅波动给金融机构和普通企业的投资规划、成本管理、生产安排和财务运营带来的巨大影响,大大提高了金融机构和企业的经营风险。举个简单的例子,假设某家具生产企业的毛利率为10%,其直接成本中木材消耗占七成。如果木材价格上涨20%而家具价格无法相应上调,那么该企业的毛利率变成 $-4\%(10\% - 0.7 \times 20\% = -4\%)$ 。也就是说即便不考虑固定成本,这家企业也会因木材价格上涨而亏损。对于银行和证券公司来说,市场风险更不容忽视。因此,科学度量、管理市场风险已成为企业风险管理的当务之急。

# 第一节 市场风险模型 VaR 简介

为了使得风险管理更加精确化、科学化,企业(特别是金融机构)必须重视量化所面临的市场风险,量化风险是风险管理的一个重要环节,是风险管理精细化的前提。

20世纪90年代,随着国际金融市场的日趋规范、壮大,各金融机构之间的竞争也发生了根本性变化。发达国家的各大银行、证券公司和其他金融机构都在积极参与金融产品(工具)的创新和交易,使金融风险管理问题成为现代金融机构的基础和核心。

传统的资产负债管理(asset-liability management)过分依赖于金融机构的报表分析,缺乏时效性,资产定价模型(CAPM)无法揉合新的金融衍生品种,而用方差和 β 系数来度量风险只反映了市场(或资产)的波动幅度。这些传统方法很难准确定义和系统度量金融机构面临的各类金融风险。1993年,G30集团在研究衍生品种基础上发表了《衍生产品的实践和规则》的报告,提出了度量市场风险的 VaR(Value-at-Risk)模型("处于风险状态的价值"或简称"风险价值"模型)。其具体含义是,价值在持有期间在给定的置信区间内由于市场价格正常波动所导致的最大预期损失的数值。

定义风险价值需要三个要素:一是给定度量单位;二是选定时间期限;三是设定置信水平。度量单位确定了数额的实际意义;时间期限考虑了损失的时间跨度;置信水平则明确了这个损失在所给范围之内的概率是多大。比如说,某项投资在未来一个月中损失小于100万元人民币的概率是95%(度量单位为万元人民币),时间期限1个月,置信水平则为95%。损失大小的估计(VaR值)和置信水平呈同方向变化关系。VaR越大,置信水平越高。比如说对一项并不是很大的投资而言,企业可以以100%的概率保证损失不会超过1亿元,当然这种说法本身并没有什么意义。关键是在估计损失额度 VaR 和置信水平之间寻求一种平衡。实际中设定的置信水平一般比较高,多在95%到99%之间。目前,基于 VaR 度量市场风险已成为国外大多数金融机构广泛采用的衡量金融风险大小的方法。这一度量工具同样可以适用于金融活动较多、对风险管理要求较高的其他企业。

VaR 模型提供了衡量市场风险的尺度,不仅有利于金融机构进行风险管理,而且有助于监管部门有效监管。

(1) 1995 年巴塞尔委员会同意具备条件的银行可以内部模型为基础,计算市场风险的资本金需求,并规定将银行利用得到批准和认可的内部模型计算出来的 VaR 值乘以 3,可得到适应市场风险要求的资本数额的大小。这主要是考虑到标准 VaR 方法难以捕捉到极端市场运动情形下风险损失的可能性,乘以 3 的做法是提供了一个必要的资本缓冲。

(2) 1993 年,G30 集团建议以风险资本(capital-at-risk)即风险价值法作为合适的风险衡量手段,特别是用来衡量场外衍生工具的市场风险。

(3) 1995 年,美国证券交易委员会(SEC)也发布建议,要求美国公司采用 VaR 模型作为三种可行的披露其衍生交易活动信息的方法之一。

这些机构的动向使得 VaR 模型在金融机构进行风险管理和监督的作用日益突出。

VaR 之所以具有吸引力是因为它把风险概括为一个简单的数字:这个数字可以用来简单明了地表示市场风险的大小,没有任何技术色彩,没有任何专业背景的投资者和管理者都可以通过 VaR 值对市场风险进行评判和事前计算。这个数字不仅能计算单一资产的风险,还能估算由多个资产组成的资产组合的风险。

但 VaR 方法也有其局限性。首先,VaR 方法衡量的主要是市场风险,对于其他类型的风险,如操作风险、声誉风险,VaR 难以有所作为。其次,VaR 值表明的是一定置信度内的最大损失,但并不能绝对排除高于 VaR 值的损失发生的可能性。例如,假设一天的 99% 置信度下的 VaR = 1 000 万美元,仍会有 1% 的可能性使损失超过 1 000 万美元。这种情况一旦发生,给经营单位带来的后果就是灾难性的。再次,估算 VaR 并非那么轻而易举,尤其是在市场环境、政策法律变幻莫测的情况下,准确估计 VaR 更是难上加难。VaR 模型一般假设资产收益率服从正态分布,尤其对组合 VaR 的计算,通常由于数学上的困难假设组合收益率服从多变量联合正态分布。但实际收益率却存在厚尾(fat tail)的问题,厚尾现象对 VaR 模型有效性的影响不可低估。

# 一、VaR 的计算方法

在讨论计算方法之前,我们首先给出 VaR 的一个数学表达:

$$P[(\Delta V/\Delta t) < -VaR] = 1 - \alpha$$

其中各字母的含义如下:

P——资产价值损失小于可能损失上限的概率。

$\Delta V/\Delta t$——资产在一定持有期 $\Delta t$ 的价值变动额,其中 V 表示资产价值。

VaR——给定置信水平 $\alpha$ 下的风险价值,即可能的损失上限。

$\alpha$——给定的置信水平,通常为 95% 或 99%。

依据上述公式,确定资产价值 V 随时间变化的统计规律,或 $\Delta V$ 的概率分布,无疑是计算 VaR 的核心步骤。

计算 VaR 的一种方法是用给定历史时期上所观测到的市场因子的变化来表示市场因子的未来变化,并依此直接估算 ΔV 的未来各种取值的频度(假设历史会重演),此谓"历史模拟法"。例如,某企业现在持有 300 万元的 X 股票,想估算这一投资在置信水平为 95%,时间期限为一星期的 VaR。企业可以获得的资料是该股票过去 200 个星期每星期的回报数据。将此回报数据由高到低进行排序,发现排在第 190 名(95%分位数)的回报率是 -9.3%。由此,企业推算该股票一个星期内回报低于 -9.3%(或下跌超过 9.3%)的概率为 100% - 95% = 5%。因此,VaR = 9.3% × 300 = 27.9 万元。

另一种计算 VaR 的方法假设影响 ΔV 的市场因子服从数学上的正态分布,通过推断市场因子的统计分布(方差-协方差矩阵),来进行 VaR 的计算。例如,一笔价值 1000 万的投资,每天的波动率 1%,确定其在 N = 100 个交易日,置信水平为 99% 时的 VaR。利用基本的概率统计知识,我们知道 100 个交易日资产价格的波动率(标准差)应该为 $\sqrt{100} \times 1\%$,而正态分布 99% 的置信区间的边界为标准差的 2.33 倍,由此可知:

$$VaR = 1\,000 \times \sqrt{100} \times 1\% \times 99\% (置信区间的边界)$$
$$= 1\,000 \times 10 \times 1\% \times 2.33 = 233(万元)$$

企业管理层根据这个数字就可以知道在 100 天之内有 99% 的把握把损失控制在 233 万元(与期望回报相比)。也就是说,这笔投资在 100 个交易日内只有 1% 的概率比投资的期望价值低 233 万元。

Monte Carlo 模拟方法也是计算 VaR 的常用方法之一,这一方法的基本步骤是:(1) 选择市场因子变化的随机过程和分布,估计其中相应的参数;(2) 模拟市场因子的变化路径,建立市场因子未来变化的情景;(3) 对市场因子的每个情景,利用定价公式或其他方法计算组合的价值及其变化;(4) 根据组合价值变化分布的模拟结果,计算出特定置信度下的 VaR。

## 二、VaR 的应用及其演变

自 VaR 概念提出以来,特别是 1990 年代以后,VaR 在金融监管和金融机构的风险管理中得到了非常广泛的运用。许多金融监管当局将 VaR 作为衡量金融中介风险的统一标准和资本充足的一个准绳和依据。普通企业利用 VaR 模型管理风险的情况也越来越多。

总的来看,VaR 的应用主要体现在以下几个方面:

### (一) 报告与披露风险

这是 VaR 的一种被动运用。VaR 可以作为企业(金融机构)各部门承担的风险量化指标向企业高级管理人员报告,也可以用一种通俗的形式将公司的市场风险披露给董事会和公司股东。因此,在信息披露越来越重要的今天,VaR 可以顺应以盯市报告为基础的信息充分披露这一现代趋势。现在,美国大多数银行或证券机构都在其年度报告中给出了 VaR 值,而在 1993 年则只有 4 家。

### (二) 用于风险控制

这是 VaR 的一种防御性运用。目前已有超过 1000 家的银行、保险公司、投资基金、养老金基金及非金融公司采用 VaR 方法作为金融衍生工具风险管理的手段。利用 VaR 方法进行风险控制，可以使每个交易员或交易单位都能确切地明了他们在进行有多大风险的金融交易，并可以为每个交易员或交易单位设置 VaR 限额，以防止过度投机行为的出现。如果执行严格的 VaR 管理，一些金融交易的重大亏损也许就可以完全避免。

### (三) 估算风险性资本(risk-based capital)

风险资本的要求是《巴塞尔协议》对于金融监管的基本要求。以 VaR 来估算机构面临市场风险时所需的适量资本，已经成为金融界的一种普遍实践。

### (四) 用于业绩评估

这是 VaR 的一种主动运用。在金融投资中，高收益总是伴随着高风险，交易员可能不惜冒巨大的风险去追逐巨额利润。公司出于稳健经营的需要，必须对交易员可能的过度投机行为进行限制。所以，有必要引入考虑风险因素的业绩评价指标。

1. 风险修正业绩的测量(risk adjusted performance measurement, RAPM)

RAPM 的计算公式是用营利除以经济资本，也就是 VaR。这个指标的优点是把盈利和风险结合起来考虑，这样在鼓励盈利的基础上强调了防范风险的重要性，使得项目的盈利结果能够得到正确的评价。下面是一个计算 RAPM 的例子：

**表 6-1  RAPM 的应用**

| | 名义值(百万美元) | 利润(百万美元) | 波动率(%) | VaR(百万美元) | RAPM(%) |
|---|---|---|---|---|---|
| 外汇交易 | 200 | 20 | 12 | 56 | 36 |
| 债券交易 | 200 | 10 | 4 | 19 | 53 |

在表 6-1 中，外汇交易员用同样的投资获得了债券交易员两倍的回报，表面上看，业绩似乎好很多。但由于外汇交易的风险很高，其风险修正的业绩 RAPM 反而比债券交易低。

2. 风险修正的资本回报率(risk-adjusted return on capital, RAROC)

与 RAPM 指标相似，RAROC 也是通过消除风险因素的影响来衡量业绩。两者的主要区别在于计算方法。RAROC 的计算是用利润减去用来修正风险的 VaR，再除以项目所使用的资本。当管理者或投资经理所冒的风险增加的时候，必须同样增加利润，才能保证业绩不变。在利润相当的时候，如果能够减少风险，也可以提高业绩。

### (五) 调节资源配置

VaR 不仅可以成为企业和机构发布信息报告的依据，发挥信息汇报工具的作用，还可以发挥决策工具的作用，帮助使用者一方面控制风险，另一方面合理分配有限的资源。在进行投资决策时，尽量选择收益大、风险小的投资决策，这样在实现效益最大化的同时，最大化地规避风险。

综上所述，VaR 应用的演变大体经历了被动应用、防御性应用和主动应用三个过程。

为了向股东披露信息,向管理层汇报,或者是满足监管的要求而计算 VaR,是被动使用。为了控制风险,建立所谓风险控制体系而计算 VaR,是防御性使用。为了评估业绩、分配资本而使用 VaR,是主动应用。

## 案例分析
### VaR 在银行业的应用及监管要求

1995 年国际清算银行(BIS)在要求金融机构的资本充足率和安全性指标中包含了用 VaR 的方法计算风险指标。而且,国际清算银行正式提出各会员国从 2004 年起正式实施基于风险值,也就是 VaR 的方法来确定资本充足率。在考虑资本充足率的时候不仅要考虑市场的风险,还要考虑信用风险和营运风险。

稍后,巴塞尔委员会又于 1996 年颁布了《市场风险修正案》,并在 1998 年再次对其进行了补充,要求银行将信用风险和市场风险均纳入资本量的决定因素中。修正案对银行的交易性账簿(trading book)和银行业务账簿(banking book)进行了区分。银行业务账簿主要由贷款构成,通常并不要求对其进行经常性的、出于管理和会计核算目的的再估值。交易性账簿则由银行所交易的无数种不同的金融工具(股票、债券、衍生产品等)构成,要求每日都对其进行再估值。

《市场风险修正案》使用时间区间长为 10 天和置信度为 99% 的 VaR 指标计算因交易性账簿而需持有的资本量。这意味着它所关注的是在 10 天内发生的、仅有 1% 的可能性超过的再估值损失。它要求银行持有的资本量为这一 VaR 指标的 3 倍或更高。

市场风险所导致的损失,可能会引发企业的流动性危机。所以,尽管市场风险跟流动性风险(将在第七章讨论)是两种不同的风险,但是两者有关联——市场风险导致财富的缩水,财富缩水导致流动性危机。流动性不仅会扰乱企业的生产、经营、投资计划,而且严重的甚至会导致企业停产或破产。在国外有很多因为流动性问题使企业破产的案例。

市场风险的评估、计划也应当通盘考虑企业流动性的需要。例如,企业有 6 000 万元的流动资金,同时有 5 000 万元的债务需要在近期偿还,企业就不能冒太大风险。再比如某项投资或经营活动的 VaR 是 2 500 万元,出了状况后 6 000 万元亏掉 2 500 万元,就无法满足企业的流动性需要。但如果 VaR 是 500 万元就可以考虑。所以,流动性和市场风险是要通盘考虑的。

# 第二节　市场风险管理的其他方法

尽管 VaR 在市场风险的度量和管理中得到了广泛应用,但 VaR 揭示的只是市场"正常波动"时,损益的分布状况。对于极端事件的管理,或小概率事件一旦发生造成的后果,VaR 并没有太大的作用。压力测试(包括情景模拟,敏感性测试)等市场风险分析方法也就应运而生了。

所谓压力测试(stress testing)是指将企业或金融机构或资产组合置于某一罕见但仍有可能发生的极端市场情况下,如利率骤升100个基本点、房价下跌超过30%、股价暴跌20%等异常的市场变化,然后测试该企业或金融机构或资产组合在这些关键市场变量突变的压力下的表现状况,看是否能经受得起这种市场的突变。

2000年开始,国际清算银行全球金融体系委员会便每年从全世界选择约70家大银行进行压力测试调查并将结果公告。同时还有国际货币基金组织和世界银行共同推动的"金融部门评估计划(FASP)"采用了压力测试这一方法。2001年的《巴塞尔新资本协议》中规定,在评估资本充足率时,采用内部评级法(IRB)的银行必须要建立合理的压力测试过程。2008年爆发的次贷危机更是使监管部门意识到了压力测试的重要性,在2009年5月正式发布的《稳健的压力测试实践和监管原则》中,巴塞尔银行监管委员会强调压力测试应独立于其他风险管理工具,并形成对风险价值与经济资本模型等其他风险管理工具的补充。这使其成为验证计量风险模型准确性的重要工具和内部资本充足评估程序的组成部分,在银行内部交流风险状况方面发挥重要作用。

压力测试是作为一个通俗的术语用来描述金融机构测量其对于异常但是可发生的事件的潜在脆弱性的各种技术。这一术语涵盖了许多不同的技术,下面我们将详细讨论情景测试和敏感性测试。

压力测试是作为一个通俗的术语用来描述金融机构测量其对于异常但是可能发生的事件的潜在脆弱性的各种技术。这一术语涵盖了许多不同的技术,包括情景测试和敏感性测试等。

1. 情景测试

情景又划分为历史情景和假定情景两种。历史情景依赖于过去经历过的重大市场事件,而假定情景是假设的还没有发生的重大市场事件。

历史情景运用在特定历史事件中所发生的冲击结构。进行历史情景压力测试的通常方法就是观察在特定历史事件发生时期,市场风险因素在某一天或者某一阶段的历史变化将导致机构目前拥有的资产市场价值的变化。这项技术的一个优点是测试结果的可信度高,并且易于理解和沟通,因为市场风险因素结构的改变是历史事实而不是武断的假定。运用历史情景的缺点之一是机构可能(有意识或无意识地)在构建其风险头寸时尽力避免历史事件重演时遭受损失,而不是避免预期的未来风险(并非历史的精确复制)可能带来的损失。历史情景的第二个缺点是难以将测试运用于该历史事件发生时还不存在的创新风险资产,或者将测试应用于自从该事件发生后其行为特性已经发生改变的风险因素。

而假定情景则使用某种可预知的、发生概率极小的压力事件所引发的冲击结构。由于这样的压力事件在最近没有发生过,因此必须运用历史经验来创造这些假定的情景。

两种测试情景的选择取决于一系列因素,如历史事件对于当前资产状况的适用性,机构所拥有的资源特别是时间和人力。历史情景比较容易被公式化地表达进而让人理解,且较少涉及人为判断,但是它可能不能反映出当前的政治经济背景和新开发的金融工具中所隐藏的金融风险。而假定情景与机构独特的风险特性更加相匹配,并能够让风险管理者避免给予历史事件比未来风险更多关注的误区,但是它需要大量资源投入并涉及相当多的人为判断。基于以上考虑，一些机构邀请资深经理、营销人员和经济学家等来共同讨论假定情景设置以确保其客观有效性。

2. 敏感性压力测试

敏感性压力测试旨在测量单个重要风险因素或少数几项关系密切的因素由于假设变动对机构风险暴露和承受风险能力的影响。敏感性测试仅需指定风险参数变化，而无需确定冲击的来源，因此运行相对简单快速，而且经常是即时的测试，这与情景测试不同。敏感性压力测试因其快速简单的特点而被广泛运用于交易前台和业务部门层面，一些机构风险管理者也用它来计算市场环境变化对机构冲击的最初近似值。

为了强化国内银行和金融机构的风险管理能力，2007年12月，中国银监会颁布了《商业银行压力测试指引》（后文简称《指引》），明确要求商业银行相关金融机构按照《指引》要求开展压力测试工作。2011年3月，中国证券业协会发布《证券公司压力测试指引》，并要求自发布之日起施行。可以说，压力测试这一风险管理手段在中国金融机构已经得到广泛的应用。举例来说，为了应对房地产政策的变化，防止地产泡沫破灭对银行产生冲击，2010年4月20日，银监会在当年度第二次经济金融形势分析通报会议上，明确要求各大中型银行按季度开展房地产贷款压力测试工作，而且要求银行房贷压力测试更重视对系统性风险的防范，在测试模型中加入加息、房产税、地方融资平台风险等新因素。从当时的测试结果看，银行对房价下跌的容忍度一般在30%—40%之间。容忍度最高的是民生银行，假如房价下跌40%，不会严重影响该行资产质量；农行的容忍度则较低，如果房价下跌20%，之后房价每下跌1个百分点，就会多形成1个百分点的不良贷款。

前面谈到各种市场风险模型和方法，尽管主要针对的是金融机构，但对一般性企业的市场风险管理同样具有重要参考意义。一旦公司确认了自身面临的市场风险，并且通过风险度量方法对这些风险有了某种程度的定量把握，公司就可以运用多种手段和工具，包括金融手段和非金融手段来对它们所面临的市场加以管理和控制了。

需要明确的是，风险管理与控制的根本目的并非完全消除风险，因为没有风险的经济活动即便存在，也不可能产生高额回报。市场风险管理的目的是要将企业面临的风险控制在企业可以承受的范围之内，或在不影响收益的情况下将风险尽可能降低。此外，我们还必须明确，市场风险管理在使企业利润或投资收益变得更加平稳时，往往也会使企业的盈利空间变窄。举例来说，如果你只买一只股票，一年翻番的概率要比你投资股指一年翻番的概率大很多。当然，只投资一只股票出现巨额亏损，甚至血本无归的概率也会更大。又例如，一家石油开采公司如果利用原油期货的空头头寸来防范油价下跌的风险，则将无法充分享有油价上升的好处。

# 思考与讨论

1. 什么是市场风险？
2. 简述VaR的定义和经济含义。
3. 什么是压力测试？请比较这一风险管理工具和VaR的优劣。
4. 市场风险管理的主要目标是什么？对投资收益或企业利润有何潜在影响？

# 第七章　企业流动性风险管理

- 流动性风险介绍
- 流动性风险的识别与评估
- 流动性风险的影响
- 流动性风险的管理

公司的日常运营和操作离不开流动性的支持,当面临突如其来的债务时,日常运转需要资金时,流动性都充当着重要的角色。对任何企业的财务管理而言,流动性都是重要的组成部分。

# 第一节 流动性风险介绍

企业和金融机构的运作需要流动性支持。简而言之,流动性体现的是经济主体获取现金和现金等价物的能力。在证券投资者看来,流动性就是市场的深度(能否在低交易成本下迅速交易),或资产变现、清算、套现的难易程度。

流动性通常被分为两类,即融资流动性和市场流动性。融资流动性指企业及时筹集资金以有效满足资金需求的能力,而市场流动性则指企业以合理的市场价格快速出售资产以获得资金的能力。与此类似,也有学者将流动性分为资产的流动性和负债的流动性。流动性"由资产的流动性和负债的流动性两个方面构成,即所谓广义的流动性"。[1] 资产的流动性指现实资产在基本不发生或很少发生损失的情况下迅速变现的能力。负债的流动性指需要资金的主体能以较低风险和较低成本的负债迅速得到资金的能力。对企业来说,流动性非常重要,其管理被认为是企业财务风险管理的重中之重。

流动性风险是企业因为流动性不足而造成的风险。依据上面流动性的定义,流动性风险是指企业由于缺乏获取现金及现金等价物的手段而招致损失的风险,更明确地讲,是由于不能在经济上比较合理地进行筹资,或者不能以合理价格变卖或抵押资产,以便获取企业运转所需的资金,或偿还意料之中或意料之外的债务,因此而招致损失的风险。[2] 从根本上讲,流动性风险是无法顺利得到现金保障而可能带来经济损失的风险,而现金保障对企业的持续经营是生死攸关的。

流动性风险无论是对普通企业,还是对银行等金融机构,都是非常重要的风险类型。2009年银监会印发的《商业银行流动性风险管理指引》中将(商业银行的)流动性风险定义为:虽然有清偿能力,但无法及时获得充足资金或无法以合理成本及时获得充足资金以应对资产增长或支付到期债务的风险。该指引同时指出,流动性风险如不能有效控制,将有可能损害商业银行的清偿能力。流动性风险可以分为融资流动性风险和市场流动性风险。融资流动性风险是指商业银行在不影响日常经营或财务状况的情况下,无法及时有效满足资金需求的风险。市场流动性风险是指由于市场深度不足或市场动荡,商业银行无法以合理的市场价格出售资产以获得资金的风险。

---

[1] 参见宋清华、李志辉主编:《金融风险管理》,中国金融出版社2004年版,第279页。
[2] 参见〔美〕埃里克·班克斯著,褚韵译:《流动性风险——企业资产管理和筹资风险》,经济管理出版社2005年版,第4页。

我们在本书前面相关章节中已经提到，企业作为市场经济的微观主体，面临的风险多种多样，包括市场风险、操作风险、流动性风险和信用风险等。不同种类的风险对应公司运营管理中面临的各种不确定性，这些不确定性往往相互影响，互为关联。因此，企业对某特定种类风险管理的水平也会影响其对其他种类风险管理的有效性。比如，一个公司信用风险管理有效，意味着该公司能够按照预期履行合约的安全程度高，现金流量预期稳定，资金流动性有一定保证，也就相应降低了公司的流动性风险。此外，如果企业市场风险、操作风险和信用风险高，则其面对的流动性风险通常也会高，因为市场风险和信用风险带来的负面影响可能会导致公司现金流的入不敷出，并引发流动性危机。

不同公司、不同行业的公司运营特征和财务特征不同，对资产负债的流动性需求也不相同，即使在同一企业内部，不同的部门流动性也有明显差异。下面将针对企业共同的财务报表要素，从财务管理角度探讨流动性指标和管理。

# 第二节　流动性风险的识别与评估

在财务主管的日常工作中，流动性、风险性和收益性是需要其重点权衡的问题。总体来说，货币资金是企业流动性最强、最没有风险的资产，是企业生存与发展的基础。一旦货币资金匮乏，公司的管理层就丧失了进行独立决策的权力，外部债权人和银行就可能干预公司的持续经营，打破公司发展的路径，甚至使公司遭遇破产、强制性重组、接管等其他命运。企业的正常运转必须保持一定量现金储备和营运资本①，同时必须有适当的现金循环。

我们曾将企业的流动性分为资产的流动性和负债的流动性两个方面，企业的流动性风险的识别也可从这两个方面展开：一是企业是否有充足的资产变现能力，比如可变现的有价证券、存货、应收票据等，一旦有需要，可以通过变卖或抵押来获取资金；二是企业是否有适当的负债（筹资）能力，一旦有需要，企业是否可以获得足额的未担保债务。

对于企业流动性风险的评估，我们主要考虑三类指标，即现金流量指标、短期流动性指标和长期偿债能力指标。

## 一、企业现金流量评价指标

现金的健康周转是维持企业流动性健康的重要保障。正常情况下，企业经营活动的净现金流量应该是正数，企业经营和融资活动获取的净现金流量也应当能覆盖企业投资对现金的需求。如果企业现金周转无法满足这些条件，其流动性风险就必须得到高度关注。

---

① 营运资本指企业流动资产和流动负债的差额。

(1) 经营活动的现金流量：如果经营活动产生的现金流量小于零，一般意味着经营过程的现金流转存在问题，即经营性现金流入不敷出。这种情况如果长时间不能转变，则企业必将出现流动性危机，甚至走向破产。

(2) 投资活动产生的现金流量：投资是资金的运用，因此投资活动产生的现金流量一般小于零，问题的关键在于投资支出（包括投资规模和投资方向）的合理性和投资收益分布情况。短期来看，企业投资活动的现金流出量可以通过动用库存现金、变现短期资产，以及经营活动和筹资活动带来的现金流入量来满足。长期来看，企业投资活动的现金流出量则主要靠经营活动的现金流入量来补偿。为了防止企业投资活动带来的现金流出无法获得补偿的情况发生，企业的投资规模必须和企业的财力与融资能力相匹配。在第五章讨论的巨人大厦的案例中，巨人集团当时的投资规划显然超出了其自身的财力和融资能力。

(3) 筹资活动产生的现金流量：筹资活动应当与投资及经营规划密切配合，对于扩张中的企业而言，由于资金需求旺盛，筹资活动产生的现金流量一般大于零。如果筹资活动产生的现金流量小于零，则需要警惕企业是否面临偿债压力而又缺乏新的筹资能力（负债流动性风险）或者企业是否缺乏新的投资发展机会。

## 二、短期流动性评价指标

### （一）流动比率

流动比率是评价公司短期流动性的最重要的指标，是流动资产总额与流动负债总额之间的比率。流动资产是指企业资产中在短期内（一般为一年）可以变现的资产，例如，现金、现金等价物、应收账款及公司的其他流动性资产。流动负债代表即将到期的现金支付。流动比率高一般表明企业偿还短期债务的能力强。但该指标并非越高越好，企业的流动资产在清偿流动负债后，能基本满足日常生产经营中的资金需要即可。比率越大，表明企业流动资产占用越多，会影响企业经营资金周转效率和获利能力；比率过低，说明企业偿债能力较差。一般而言，流动比率的高低与营业周期有关；营业周期越短，流动比率就越低；反之，则越高。传统上流动比率一般要求在 2∶1 左右，到 20 世纪 90 年代之后，平均值已降为 1.5∶1 左右。需要指出的是，在利用流动比率分析一家公司的流动风险和财务状况时，有必要参考其他一些重要信息和数据，比如企业流动比率的历史数据、行业平均数据等。各企业、各行业生产经营方式不同，生产周期不同，对资产流动性的要求并不一致，所以，要根据具体情况来确定标准比率，行业平均水平多被采用为考核标准。

### （二）速动比率

速动比率的计算和流动比率类似，是从流动资产中扣除存货（有时也扣除其他流动性低的资产）后的速动资产与流动负债的比率，计算表达为：

$$速动比率 = \frac{流动资产 - 存货}{流动负债} \quad (公式7\text{-}1)$$

平均而言,企业速动比率的经验值为1∶1,但20世纪90年代以来已降为约0.8∶1。如果以更保守的观点估计,还可以考虑扣除预付款及待摊费用等,以超速动资产(货币资金、短期有价证券、应收账款净额)来反映和衡量企业变现能力的强弱,评价企业短期偿债能力的大小,形成更为保守的速动比率(亦称超速动比率):

$$超速动比率 = \frac{现金及现金等价物 + 有价证券 + 应收账款净额}{流动负债} \quad (公式7-2)$$

速动比率很早就被用来作为流动比率的辅助比率,又称为酸性试验率。有些公司流动比率高,速动比率却相对较低。结合公式,可以说明该公司由于存在大量存货,应收账款和现金相对水平较低,比如有些行业很少有赊销业务,故很少有应收账款。因此,速动比率低于一般水平,并不意味着缺乏流动性。

### (三) 营运资本与销售收入比率

流动比率和速动比率是评价短期流动性广泛使用的指标,二者存在共同的问题,即都是静态的,反映了某个时点的状况。营运资本与销售收入比率指标则反映了企业在一段时间的支付能力,在一定程度上弥补了上述两个指标的不足。营运资本可表达为流动资产和流动负债的差值,因此,营运资本与销售收入比率可表述为:

$$营运资本与销售收入比率 = \frac{流动资产 - 流动负债}{销售收入} \quad (公式7-3)$$

当销售收入增加快速而营运资本保持不变时,说明公司业务增长迅速,表明企业可能会出现资金供应不足的情况。此时需要区分营运资本不足和管理水平提高带来资金效率提高两种情况,前者是流动性问题出现的前兆。

## 三、长期流动性评价指标

公司是持续经营的实体,所以在财务和资金安排上,不仅要顾及眼前的资金周转,还必须同时兼顾长期资金需求和偿债能力。这就是所谓的长期流动性问题。在分析一个企业的长期财务稳定性方面,以下指标较为常见:

### (一) 利息保障倍数

利息保障倍数是采用息税前的收益除以利息费用得出的,常用于评价公司利用所赚取收益支付利息费用的能力和债权人在公司投资的安全性,也称为利息赚得倍数。具体表达式为:

$$利息保障倍数 = \frac{税前利润 + 利息费用}{利息费用} \quad (公式7-4)$$

这一倍数越高,企业有越充足的能力偿付利息,按时按量支付利息就越有保障;这一倍数越低,则公司的偿债(偿还利息)压力越大。如果倍数低于1,便意味这家公司赚取的利润根本不足以满足支付利息的需求,因此在信用评级上,这家公司可能会被视为具有高信用风险的对象。比较理想的倍数则是1.5以上。当然,如果利息保障倍数太高,则说明该公司可能没有活用财务杠杆原理。

如果企业在偿付利息费用方面有良好信用表现,企业很可能永不需要偿还债务本金(如一些公用事业公司)或者意味着当债务本金到期时,企业有能力重新筹集到资金。为了考察企业偿付利息能力的稳定性,一般应计算 5 年或 5 年以上的利息保障倍数。因为,无论是好年景还是坏年景,利息都必须支付。为保守起见,应选择 5 年中最低的利息保障倍数值作为基本的利息偿付能力指标。

### (二) 资产负债率

资产负债率(企业负债与其总资产的比率)是公司财务状况和偿债能力的最基本的评价指标,刻画了资产负债表中的资金结构。负债代表了第三方对公司的合法的求偿权,是公司对未来现金流出的承诺。但公司现金流入不确定,因此,债务越高,风险越大。

上市公司定期公布财务报表,投资者掌握了报表分析方法,就可以根据公开的财务报表分析各种流动性指标,对公司的流动性风险以及其他风险状况做出评价和预测。举例来说,蓝田股份就是采用公开报表信息成功预测公司流动性危机的成功案例(见下面的案例分析)。

## 案例分析
## 蓝田失败案例研究

"蓝田"的全称为沈阳蓝田股份有限公司,股票代码 600709,其前身为沈阳市三家企业。蓝田的经营范围主要有农副水产品和医药制品两大类,其产品主要销往洪湖、武汉、荆沙、宜昌、岳阳等地区,产品市场覆盖华东、中南、华北、东北和西北五大区域。1996 年 6 月 18 日,蓝田在上海证券交易所上市;1999 年 10 月,证监会处罚公司数项上市违规行为;2001 年 10 月 26 日,中央财大教授刘姝威在《金融内参》上发表 600 字短文揭露了蓝田的造假丑闻,此后蓝田贷款资金链条断裂;2002 年 1 月,因涉嫌提供虚假财务信息,董事长等 10 名中高层管理人员被拘传接受调查;同年 3 月,公司被实行特别处理,股票变更为"ST 生态";同年 5 月 13 日,"ST 生态"因连续 3 年亏损,暂停上市;2003 年 1 月 8 日,"ST 生态"复牌上市。

1992 年蓝田成立之初,其主业为制药业与酒店业。根据市场形势的变化,董事会经过反复研究,决定选择农业作为公司的发展方向,开拓新的生产力增长点。1993—1995 年,蓝田显示出喜人的经营业绩。1996 年 5 月,蓝田增发新股 3 000 万股,每股发行价 8.38 元,扣除发行费用后,共募集股金 24 155 万元。1996—2000 年,蓝田在财务数据上一直保持着神奇的增长速度。总资产规模从上市前的 2.66 亿元发展到 2000 年末的 28.38 亿元,增长了 10 倍,历年年报的业绩都在每股 0.60 元以上,最高达到 1.15 元。即使遭遇了 1998 年特大洪灾以后,每股收益也达到了不可思议的 0.81 元,创造了中国农业企业罕见的"蓝田神话",被称作是"中国农业第一股"。

2001 年 10 月 26 日,刘姝威在《金融内参》上发表文章《应立即停止对蓝田股份发放贷款》,对蓝田造假行为进行了揭露。她在对蓝田的资产结构、现金流情况和偿债能力作了详尽分析后,得出的结论是蓝田业绩有惊人的虚假成分,公司已经无力归还20亿元贷款。

截止到2002年8月,向蓝田提供贷款的银行包括工、农、中、建、民生、交通、中信、浦发等中国各大专业银行,贷款总规模达30多亿元人民币。蓝田存在造假嫌疑的消息一经公开,便引起了轩然大波,各个专业银行纷纷停止了对其的贷款支持,蓝田由此深陷泥潭。

如何从蓝田股份的财务报表中得出预测信息呢?参照该公司2000年和2001年主要会计数据表格,可以计算出各种流动性指标,得出对其财务判断的如下结论:

表7-1 蓝田股份2000—2001年主要会计数据和财务指标　　　　　　　　单位:元

| 项目 | 2001年 | 2000年 | |
|---|---|---|---|
| | | 追溯调整前 | 追溯调整后 |
| 主营业务收入 | 55 683 712.48 | 1 840 909 605.20 | 38 094 774.28 |
| 净利润 | -80 349 607.10 | 431 628 612.17 | -10 686 569.22 |
| 总资产 | 1 518 676 162.60 | 2 837 651 897.83 | 1 155 472 867.85 |
| 股东权益 | -46 775 415.82 | 2 178 418 146.29 | 129 253 932.45 |
| 每股收益(摊薄) | -0.1801 | 0.97 | -0.0239 |
| 每股净资产 | -0.1048 | 4.88 | 0.2897 |
| 每股经营活动产生的现金流量净额 | -0.3285 | 1.76 | 0.0005 |
| 总资产 | 1 518 676 162.60 | | 1 155 472 867.85 |
| 长期负债 | 205 400 000.00 | | 83 298 800.00 |
| 流动资产 | 844 695 316.25 | | 473 633 705.41 |
| 流动负债 | 1 387 972 384.33 | | 560 713 384.09 |

(1)蓝田已无力还债。2000年蓝田的流动比率是0.77,说明短期可转换成现金的流动资产,不足以偿还到期流动负债;速动比率是0.35,说明扣除存货后,流动资产只能偿还35%的到期流动负债;净营运资金-1.3亿元,说明蓝田将不能按时偿还1.3亿元的到期流动负债;虽然债务资本比率为0.30,小于预警值1.5,但其他三项指标明显超过预警,应引起投资者警觉。

"ST生态"发表2001年年报,公司对2000年、1999年的财务报表进行了追溯调整,纠正了以前年度财务报告中的虚假成分。根据2001年年报,经过追溯调整的2000年财务数据计算的流动比率已经由0.77下降到0.45,净营运资金由-1亿元下降到-5亿元,而债务资本比率由0.3上升到8。2000年,蓝田股份已经至少不能按时偿还5亿元短期债务,债务负担已经到了崩溃的极限。

根据"ST生态"2001年年报,计算它的2001年财务指标,进行2001年的静态分析。"ST生态"流动比率和速动比率上升到1以上,净营运资金上升到1.3亿元,但它的负债上升了50%,将近16亿元,而股东权益却是-4 600万元。这说明公司通过经营活动创造现金流量的能力下降,而依靠出售固定资产或外部融资等弥补经营活动产生的现金流量缺口。

（2）蓝田的资产结构是虚假的。2000年蓝田股份的流动资产占资产百分比约是同业平均值的1/3；而存货占流动资产百分比约高于同业平均值3倍；固定资产占资产百分比高于同业平均值1倍多；在产品占存货百分比高于同业平均值1倍；在产品绝对值高于同业平均值3倍；存货占流动资产百分比高于同业平均值1倍。

资料来源：刘姝威：《怎样做财务报告的静态分析？》，中国会计视野网站，2005年10月24日。

# 第三节 流动性风险的影响

常言道，巧妇难为无米之炊。流动性风险是企业面临的重要财务风险之一，其影响是全方位的，轻则影响企业的正常经营运转，阻碍企业融资和投资发展能力，重则引发财务危机，甚至导致企业破产。下面从六个方面来阐述流动性风险可能给企业带来的影响和冲击：

1. 流动性风险影响企业生产经营

企业流动性出现问题，营运资金不足，首当其冲会影响到企业原材料和生产资料的采购，从而影响企业的生产活动。情况严重时，企业甚至无力支付工资，以及工程款、材料款等应付款项，并因此引发企业与员工、企业与供应商之间的关系紧张。

2. 流动性风险影响企业产品销售

企业流动性不足，缺少资金，也会影响企业的销售策略（比如赊账销售），影响企业的广告投放和市场推广，从而对企业的产品销售产生不利影响。

3. 流动性风险影响企业融资和资金成本

企业流动性出现问题，资金紧张还可能带来其信用等级下降，增加其融资的成本和难度。越缺钱的企业越不容易借到钱，这是一个简单的商业常识。2010—2011年，受金融危机和金融政策的影响，许多资金短缺的中小企业无法获取足够的流动性以满足企业生存和发展的基本需要，不得不到民间借贷市场或小额贷款公司去筹借高利贷，资金成本因此大幅提高。最终，高利贷要了不少中小企业的命。

4. 流动性风险影响企业声誉

由于流动性短缺可能导致企业无法按时支付各类应付款项或到期的欠款，会影响企业在供应商、银行，甚至在同行中的口碑和形象，重则引发声誉危机。这种声誉上的损害对企业未来的经营和销售会产生不利影响。

5. 流动性风险影响企业投资与发展能力

把握市场不时出现的投资或并购机会，需要企业具备足够的资金实力。流动性不足的企业当然难有这样的资金实力，因此不得不放弃来之不易的投资良机。更为糟糕的是，资金紧张的企业甚至无法开展正常的研发和扩张，更不要说收购兼并了。20世纪70年代后期，李嘉诚先生之所以能成功抓住低价收购和记黄埔的机会，在一定程度上正是得益于当时长江实业较低的负债率和良好的流动性。

6. 流动性风险引发企业财务危机

人们常说的企业"资金链条断裂",就是企业流动性风险不断累积的结果,也是企业财务危机的具体表现。财务危机是指企业明显无力按时偿还利息或/和到期的无争议的债务的困难与危机。财务危机未必是在企业资不抵债时发生,企业出现巨大的流动性困难,无力偿还利息、应负款项、到期债务之本金也会产生财务危机。财务危机一旦发生,企业的厂房、办公场所、机器设备有可能会被拍卖抵债。另外,固定资产的拍卖价格一般会大大低于其账面价值或置换成本,造成企业重大的资产损失。公司金融理论一般把财务危机成本分为直接成本和间接成本两类。其中,直接成本包括履行破产程序及开展破产工作的费用,以及因破产所导致的企业无形资产的损失;间接成本则包括发生财务危机但尚未达到破产地步时的经营管理所遇到的工作障碍对企业价值的损害,以及企业债权人与企业决策者之间的矛盾与斗争造成的企业价值的损失。

对商业银行和从事存贷业务的金融机构而言,是否有足够的流动性直接影响到银行是否有足够能力在任何时候以合理的价格得到足够的资金来满足其客户随时提取资金的要求。银行的流动性出现问题,将危及银行的信誉,引发挤兑风潮,甚至导致银行破产。正因为如此,世界各地的金融监管机构对银行的流动性风险给予了高度关注。在我国,中国银监会于2009年9月颁布了《商业银行流动性风险管理指引》。在此基础上,中国银监会又于2013年10月发布了《商业银行流动性风险管理办法(试行)》并公开征求意见,计划于2014年1月1日开始施行。中国银监会强化银行流动性风险监管的意图非常明显。

流动性风险除了造成上述各种直接影响外,还会对企业的经营和财务安排带来各种间接的不利后果。主要表现为流动性紧张会大大削弱企业抵御经营风险和财务风险的能力。显而易见,在流动性不足的情况下,企业现金流量的任何非预期波动,如销售收入下降、应收款项回款放慢、投资亏损等,都可能对企业资金周转带来严重后果,甚至引发财务危机。中国德隆的崩溃、秦池的夭折,以及日本超市巨头八佰伴公司破产都与流动性风险失控有着非常重要的关联,即过渡扩张导致的流动性短缺和资金链断裂。

# 案例分析
## "秦池"为何昙花一现

### 一、背景资料

1996年11月8日下午,中央电视台传来一个令全国震惊的新闻:名不见经传的秦池酒厂以3.2亿元人民币的"天价",买下了中央电视台黄金时间段广告,从而成为令人炫目的连任两届的"标王"。1995年该厂曾以6 666万元人民币夺得"标王"。

秦池酒厂是山东省临朐县的一家生产"秦池"白酒的企业。1995年,临朐县人口88.7万,人均收入1 150元,低于山东省平均水平。1995年秦池酒厂的厂长赴京参加第一届"标王"竞标,以6 666万元的价格夺得中央电视台黄金时段广告"标王"后,引起大大出乎人们意料的轰动效应,秦池酒厂一夜成名,秦池白酒也身价倍增。中标后的一个多月时间里,秦池就签订了销售合同4亿元;两个月里秦池销售收入就达2.18亿元,实现利税 6 800 万元,相当于秦池酒厂建厂以来前 55 年的总和。至 6 月底,秦池酒厂的订货已排到了年底。1996 年秦池酒厂的销售也由 1995 年只有 7 500 万元一跃为 9.5 亿元。事实证明,巨额广告投入确实带来了"惊天动地"的效果。对此,时任厂长十分满意。

然而,新华社 1998 年 6 月 25 日的报道则犹如晴天霹雳:"秦池目前生产、经营陷入困境,今年亏损已成定局……"

**二、仔细推敲,昙花一现为哪般?**

秦池为什么在这么短的期间就风光不再而陷入困境?近年各种文章资料从多个方面将秦池作为典型案例做了多角度的分析。那么,我们能否从财务管理的角度对此进行剖析?

从现代企业理财的角度看,"秦池"在企业理财的运作上在以下几个方面值得认真推敲:

(一) 巨额广告支出使经营杠杆作用程度加大,给企业带来更大的经营风险

利润 = 销售量 × (单价 - 单位变动成本) - 固定成本总额

由利润的基本公式可以看出,产品单价由市场竞争决定,单位变动成本和固定成本总额在一定的生产能力范围内固定不变。因此,这三个要素基本属于常数性质,公式中唯一的变量实际上只有产品销售量。由此可见,企业利润的高低在很大程度上取决于产品销售量的大小。而产品销售量的大小,又在一定程度上取决于产品的市场份额。在同类产品很多而又难分上下的情况下,树立企业产品的品牌是争取市场份额的较好途径,甚至是唯一有效的捷径。在某种特定的情况下,品牌、市场份额和利润三者之间的关系可以表现为:品牌 = 市场份额 = 利润。因而在中国"泰斗"级的媒介——中央电视台展开角逐,奋力夺取"标王",在"好酒也怕巷子深"的白热化竞争环境下,不能不谓是树立产品品牌从而提高企业产品市场份额的较佳方案。问题是做广告、树品牌必须具备两个条件:第一,一流的品牌必须以一流的质量作保证;第二,做广告是一条不归路,必须有长时间承受巨额广告支出的能力。否则,企业的市场份额会很容易随风飘走。我们知道,巨额广告支出作为一项固定性期间费用,本身不受企业产品销售量变动的影响,但巨额广告支出将改变企业原有的成本结构,使固定成本在产品成本中的比例增大,由此使企业的经营杠杆作用程度也随之增大。经营杠杆对企业的作用也是双方面的:当销售量增加时,企业的利润因经营杠杆的正面作用而大幅度提高;而当销售量减少时,企业的利润也将因经营杠杆的负面作用而大幅度下降。由此可见,"标王"不仅增加了企业的巨额广告负担,更重要的是它加大了企业经营杠杆的作用程度,从而也加大了企业的经营风险。只要企业产品市场稍有风吹草动,就会使企业的经营陷入困境。

事实也正是如此。秦池以 6 666 万元的价格第一次夺得广告"标王"后,广告的轰动效应,使秦池酒厂一夜成名,"秦池"的品牌地位基本确立,市场份额也相应增加。1996 年秦池酒厂销售量的大幅度增加使经营杠杆产生积极(正面)作用,企业利润也以更大幅度增加。但这种局面并没有维持多久,1997 年秦池能否可持续发展已经成为十分突出的问题。其原因在于:(1) 4 万余家白酒生产企业使白酒的生产量远大于销售量(约有

50%的产量过剩);同时洋酒的进入使白酒在酒业消费中的比例下降。到 1997 年白酒销量"滑坡"的势头更加严重。秦池的市场份额面临着严峻的考验。(2) 一流的品牌没有一流的产品质量作保证。1996 年 12 月《××参考报》4 篇关于秦池沿川藏公路两侧收购散酒勾兑"秦池"的报道,不仅使秦池陷入巨大的媒体危机之中,而且使刚树立的"秦池"形象遭受了损害,因而在一定程度上影响了其市场份额。(3) 1997 年 3.2 亿元巨额广告费用对秦池来说是一个巨大的包袱。它一方面使秦池的现金流动产生困难,另一方面大大地放大了企业利润对销售量的依赖程度。只有稳定的市场份额,才能确保企业的可持续发展。1997 年和 1998 年的市场竞争和秦池自身问题使其市场份额产生了波动。正是波动不定的市场份额使秦池陷入了严重而难以自拔的经营风险之中。1997 年秦池在中央电视台播出的广告时间折算成货币为应付 1.5 亿元左右,而秦池实际支付仅为 4 800 万元。

(二) 资产结构的失衡,导致盈利能力与流动能力矛盾恶化

企业理财原理告诉人们,企业资产的盈利性与流动性之间存在着矛盾。企业流动资产具有变现能力强、流动性高但盈利能力低的特点;而企业的固定资产等长期性资产属于盈利性资产,可以为企业带来利润,但变现能力低,流动性差。由此,要求企业在盈利性与流动性之间加以权衡,并根据企业自身的特点,做出相应的选择,以保证企业盈利性与流动性的适度平衡,从而确保企业的健康稳定发展。

秦池成名之前作为一个县级企业,其总资产规模和生产能力有限。面对"标王"之后滚滚而来的订单,它不可能弃之不管,但仅凭其现有生产能力又难以应付。其出路只有两条:

1. 加大资金投入力度,对现有厂房设备进行更新改造或扩建新的厂房设备,以此提高企业生产能力。但这种做法受两个因素制约:(1) 资金制约。巨额广告投入已使企业现金流动能力受到较大影响,企业扩大生产能力所需大量资金的来源更成问题。企业只有依靠银行贷款解决这一问题,而贷款将使企业的资产负债比例提高,还贷压力加大。同时,生产规模的扩大,也会使企业总资产中固定资产比例提高,而流动资产比例下降,由此将使企业的流动能力和变现能力受到影响,企业资产结构失去平衡。(2) 生产周期的制约。即使企业完全有能力扩大生产规模、提高生产能力,但无论是厂房设备的购建,还是白酒的酿造,都需要一定的周期,因而难以在较短的期间内立即满足眼前的客户订单。

2. 面对上述两个因素的制约,秦池要在短时间内满足客户订单需求,其另一条可能的出路是与周边地区的白酒企业横向联合或收购其他企业的白酒进行勾兑。但无论是横向联合还是勾兑,两者都很难保证产品的质量。如果产品质量出现问题,不仅会影响其品牌和市场份额,而且还会影响其销售产品的资金回笼。因而,其品牌和市场份额的维持更需要一流的质量作保证。

上述两条出路使当时的秦池酒厂陷入了提高企业盈利能力和维持一定现金流动能力相互矛盾的进退两难的境地,但面对客户订单的它必须做出选择。不管秦池最后选择了哪条路,其结果都将使企业的经营风险不断加大。

### (三) 财务资源有限性制约企业持续发展

按照企业理财的基本原理,企业持续发展需要有持续的财务资源的支持。其基本前提是:(1) 资产结构与资本结构的有机协调;(2) 现金流动上形成良性的"造血"功能机制,即生产经营活动所产生的现金流入量与现金流出量在时间、数量和速度上保持有机协调。秦池一方面在扩大生产规模、提高生产能力,从而提高固定资产等长期性资产比例的同时,使流动资产在总资产中的比例相应下降,由此降低了企业的流动性和变现能力。另一方面,巨额广告支出和固定资产上的投资所需资金要求企业通过银行贷款解决。按照当时的银行政策,此类贷款往往为短期贷款,这就造成了银行的短期贷款被用于资金回收速度比较慢、周期较长的长期性资产上,由此使企业资产结构与资本结构在时间和数量上形成较大的不协调性,并因此形成了"短贷长投"的资金缺口压力。在此情况下,如果企业有比较健全的造血功能机制——良好的经营活动现金流动机制,此种资金缺口通过健全的现金预算安排和合理的资金调度可以部分化解其压力。但只要稍有不慎就有可能使企业资金的周转发生困难,从而使企业陷入难以自拔的财务困境。而此时秦池所面临的现实问题是:在流动资产相对不足从而使企业现金流动能力产生困难的同时,年内到期的巨额银行短期贷款又要求偿还,从而陷入了"到期债务要偿还而企业又无偿还能力"的财务困境。

### 三、该案例的启示和教训

从企业理财的角度而言,"秦池"的盛衰有三个方面的经验和教训值得总结和吸取:

第一,固定成本的存在使企业在产生经营杠杆作用的同时,也带来相应的经营风险。经营杠杆的作用并不都是积极的,只要企业销售量不能持续增长,经营杠杆所产生的作用就将是负面的。要确保销售量的持续增长,做广告、树立品牌是一种比较有效的方式。但广告投资应与企业的销售业绩保持适度的平衡,否则会给企业带来巨大的经营风险。与此同时,一流的品牌需要以一流的产品质量作保证,否则,品牌效应也只能是昙花一现。

第二,财务管理的重点在资产负债表的左边。企业资金筹措当然是企业理财的重要内容,但外来资金对企业的发展来说仅仅是一种"输血"功能,它可以解决企业一时的资金难题,但企业的长期稳定发展,必须依靠形成一种来自于企业经营活动的良性"造血"功能机制,唯有如此,企业的持续发展方有持续的财务资源支持。而"造血"功能机制的形成只能依靠企业资产的合理而有效的利用,保证现金流入与流出在时间、数量和速度上的协调一致。

第三,合理的资金调度需要以资产结构的平衡、资本结构的平衡以及资产负债表左右双方的结构性平衡为前提。这三方面的任何一方的失衡,都将导致企业资金流动发生困难,从而使企业陷入一定的财务困境。

由此可见,唯有财务资源的可持续支持,企业才能可持续发展。

资料来源:毛付根:《"秦池"为何昙花一现》,《财务与会计》,2000年第1期。

# 第四节 流动性风险的管理

上述各节的分析表明,流动性风险对企业生存发展至关重要,一旦管理不当,就会对企业财务造成严重损害,甚至使企业陷入财务危机。稳妥的流动性风险管理政策则有利于企业应对突发性的困难,抵御不稳定的市场带来的损失,从而促进企业的可持续发展。从企业操作的角度来看,流动性风险管理应当包括完善管理流程和提高管理技术两个方面。

从流程而言,流动性风险管理应该成为企业运营的一部分,企业需要建立良好的管理架构、适当的预警和报告机制、合理的风险管理程序和阶段性的实时检查制度。企业应该存在集中处理流动性风险的部门,允许此类部门直接向董事会或管理层提交报告,随时可以反映企业面临的流动性风险问题。一旦发生流动性风险事件,必须及时使用健全的流动性风险测量标准,科学评估资产负债的流动性风险,进行风险控制。同时,需要定期报告和检查公司的流动性状况,对此做出评价,及时告知管理层。

就技术层面而言,流动性风险管理又可以分为现金管理(或现金流量管理)、资产的流动性管理和负债的流动性管理等几个方面。

1. 现金管理

为了满足日常营运的需要,企业必须在任何时刻都持有适量的现金,此乃企业流动性管理的基础。除了应付日常的业务活动之外,企业也需要拥有足够的现金以防不时之需、掌握商机,以及偿还贷款。企业现金或现金流量管理必须符合企业审慎运营的需要,并满足以下基本原则:(1)企业的现金(包括现金等价物)规模需符合企业日常运营对现金的需求,并适当留有余地。(2)做好企业的现金流预算。企业的投资性现金流支出必须能够通过融资和经营性现金流入得到合理补偿,以保障企业在任何时候持有现金的数量不低于企业正常运营所需要的水平。

2. 资产的流动性管理

企业流动性资产的数量和质量要能满足企业生产运营和支付短期负债的需要。在有关资产流动性的各项具体的财务指标设计和监控中,除了前面已经介绍的流动比率和速动比率等指标外,还可包括流动性偿债能力系数(其表达式为(流动资产 − 存货)/平均日常营业费用)、应收账款平均周转率、平均应收票据回收期等指标。由于流动性风险的发生往往以具体小概率事件出现为引子,对尾部风险的处理可以采用压力测试的方式,建立一系列假设情况,以不同的参数反映极端的运动,或者重现灾难性事件,以提取影响流动性风险的关键因素,通过模拟分析预测企业的流动性。在压力测试中,重点在于参数选择和情景设定,包括市场参数、公司特殊参数、系统风险参数等。

3. 负债的流动性管理

负债管理对于满足企业运营和投资的资金需求,防范市场异常波动对企业流动性的负面影响起着非常重要的作用。负债管理的基本原则是:(1)强化融资能力,提前做好企业的融资安排，比如说提前获取银行授信，以备不时之需。(2)负债期限结构合理，并和企业的资产结构相匹配。一般而言，企业短期负债成本相对较低，长期负债成本则一般较高。但如果企业过度依赖短期负债，必然加剧企业短期内还本付息的压力，并影响企业的流动性。1997—1998 年的亚洲金融风暴对韩国企业，包括大型财团造成了严重影响，韩国原有的 30 个大财团企业中有 16 个遭到清理。其中的一个重要原因，就是这些企业负债率太高，而且短期负债占比太大，负债结构明显不合理。

## 案例分析
## 长期资本管理公司的兴衰及启示

### 小概率事件：数学计量模型的致命缺陷

长期资本管理公司(LTCM)的投资手法较为特别，在深信"不同市场的证券之间不合理的价差消长的特性"的基础上，积极倡导投资数学化，运用电脑建立数量模型分析金融工具价格，利用不同证券的市场价格差异进行短线操作，不太注重交易品种的后市方向。

诺贝尔奖得主 Myron Scholes 和 Robert Merton 将金融市场历史交易资料、已有的市场理论、学术研究报告和市场信息有机结合在一起，形成了一套较完整的电脑数学自动投资模型。他们利用计算机处理大量历史数据，通过连续而精密的计算得到两个不同金融工具间的正常历史价格差，然后结合市场信息分析它们之间的最新价格差。如果两者出现偏差，并且该偏差正在放大，电脑立即建立起庞大的债券和衍生工具组合，大举入市投资以图套利；经过市场一段时间的调节，放大的偏差会自动恢复到正常轨迹上，此时电脑指令平仓离场，获取偏差的差值。一言以蔽之，就是"通过电脑精密计算，发现不正常市场价格差，资金杠杆放大，入市图利"的投资策略。

在具体操作中，LTCM 始终遵循所谓的"市场中性"原则，即不从事任何单方面交易，仅以寻找市场或商品间效率落差而形成的套利空间为主，通过对冲机制规避风险，使市场风险最小。

对冲能够发挥作用是建立在投资组合中两种证券的价格正相关的基础上的。当一种证券价格上升时，另一种证券价格也相应上升，这时多头证券获利，空头证券亏损；反之，当两种证券价格都下降时，多头亏损而空头获利。所以可以通过两者按一定数量比例关系进行组合，对冲掉风险。在价格正相关的变化过程中，若两者价格变化相同，即价差不变，则不亏不赚；若变化不同，价差收窄，则能得到收益。但如果正相关的前提一旦发生改变，逆转为负相关，则对冲就变成了一种高风险的交易策略，或两头亏损，或盈利甚丰。

LTCM 核心资产中持有大量意大利、丹麦和希腊等国政府债券，同时沽空德国政府债券，这主要是由于当时随着欧元启动的临近，上述三国与德国的债券息差预期会收紧，可通过对冲交易从中获利。只要德债与意债价格变化方向相同，当二者息差收窄时，价差就会收窄，从而能得到巨额收益。同时在国内债券市场上，它也相应做了沽空美国 30 年期国债、持有按揭债券的对冲组合。像这样的核心交易，LTCM 在同一时间内共持有二十多种。当然，为了控制风险，LTCM 的每一笔核心交易都有着数以百计的金融衍生合约作为支持,这都要归功于电脑中复杂的数学估价模型,LTCM 正是凭着这一点战无不胜,攻无不克。

但是这样复杂的电脑模式有一个致命弱点,它的模型假设前提和计算结果都是在历史统计数据基础上得出的,德债与意债正相关性就是统计了大量历史数据的结果,因此它预期多个市场将朝着同一个方向发展。但是历史数据的统计过程往往会忽略一些概率很小的事件,这些事件随着时间的积累和环境的变化,发生的机会可能并不像统计数据反映的那样小,如果一旦发生,将会改变整个系统的风险(如相关性的改变),造成致命打击,这在统计学上称为"胖尾"现象。LTCM 万万没有料到,俄罗斯的金融风暴使这样的小概率事件真的发生了。1998 年 8 月,由于国际石油价格不断下跌,俄罗斯经济恶化,再加上政局不稳,俄罗斯不得不采取了"非常"举动。8 月 17 日,俄罗斯宣布卢布贬值,停止国债交易,将 1999 年 12 月 31 日前到期的债券转换成了 3—5 年期债券,冻结国外投资者贷款偿还期 90 天。这引起了国际金融市场的恐慌,投资者纷纷从新兴市场和较落后国家的证券市场撤出,转持风险较低的美国和德国政府债券。8 月 21 日美国 30 年期国债利率下降到 20 年最低点,8 月 31 日纽约股市大跌,全球金融市场一片"山雨欲来风满楼"的景象。对冲交易赖以存在的正相关逆转了,德债价格上涨,收益率降低,意债价格下跌,收益率上升,LTCM 两头亏损。

在 LTCM 的投资组合中,金融衍生产品占有很大的比重,但在 Black-Scholes 的期权定价公式中,暗含着这样的假设:交易是连续不断进行的,不会出现较大的价格和行市跳跃。而价格波动率作为一种非线性情况的线性近似值,在价格剧烈变动的情况下同样失去了衡量风险的意义。当系统风险改变的时候,金融衍生工具的定价是具有很大不可估量性的。当然 Myron Scholes 和 Robert Merton 作为 LTCM 的风险控制者,会对数学模型进行修正,但这只能引起我们的反思:以期权定价公式荣膺诺贝尔经济学奖的 Merton 和 Scholes、聚集了华尔街如此众多精英的 LTCM,也不能有效控制金融衍生工具的风险,那它带给我们的将是什么呢?金融衍生产品日益脱离衍生的本体,成为一个难以捉摸的庞然大物,它到底是天使,还是魔鬼?

**高杠杆比率:赌徒的双刃剑**

LTCM 利用从投资者筹得的 22 亿美元资本作抵押,买入价值 1 250 亿美元证券,然后再以证券作为抵押,进行总值 12 500 亿美元的其他金融交易,杠杆比率高达 568 倍。高杠杆比率是 LTCM 追求高回报率的必然结果。由于 LTCM 借助电脑模型分析常人难以发现的利润机会,这些交易的利润率都非常微小,如果只从事数量极少的衍生工具交易,则回报一般只能达到市场平均水平。所以需要很高的杠杆比率将其放大,进行大规模交易,才能提高权益资本回报率。

高杠杆比率在帮助其创造辉煌业绩的同时,也埋下了隐患。当市场向不利方向运动时,高杠杆比率要求 LTCM 拥有足够的现金支持保证金要求,不过"梦幻组合"这耀眼的光环帮助了他们。他们几乎可以不受限制地接近华尔街大银行的金库,在关键时刻利用雄厚的资本压倒国内外金融市场上的竞争者,这是他们成功的重要因素。正如所罗门兄弟公司的资深经纪人形容的:"他一直赌红色会赢,每次轮盘停在黑色,他就双倍提高赌注,在这样的赌博中,只有 1 000 美元的赌徒可能会输,有 10 亿美元的赌徒则能够赢得赌场,因为红色最终都会出现——但是你必须有足够的筹码一直赌到那一刻。"

但这一次 LTCM 赌不下去了,1998 年 8 月份市场形势逆转导致该基金出现巨额亏损,但管理层认为对欧元启动息差收窄的预期是正确的,只要短期内有足够的现金补足衍生合约的保证金,等到风平浪静,市场价差还会回到原有的轨道上来。LTCM 开始抛售非核心资产套现,为其衍生工具交易追补保证金以维持庞大的欧洲政府债券和美国按揭证券仓盘。但这场暴风雨来得太猛烈了,持续的时间也太长了,超出了 LTCM 的承受范围。LTCM 的经纪行 Bearsterns Companies 开始下最后通牒。9 月 18 日 Ciena 和 Tellabs 两公司合并后股价不升反跌更是雪上加霜。LTCM 已经没有足够的现金了,它面临着被赶出赌场的危险。高杠杆比率带来的流动性不足把 LTCM 推向了危机的边缘。事实证明,只要 LTCM 拥有足够的现金追缴保证金,它就能等到风雨之后出现彩虹的那一刻。因为小概率事件的发生虽然会使现实偏离轨道,但在事件结束后仍会回到正常的水平上来。

1998 年,意大利 30 年期国债收益率为 4.87%,德国为 5.07%,息差已降为 0.20% 左右。欧元的启动使息差收窄成为必然。1998 年意大利调降基准利率至 3.5%;12 月 3 日,欧元 10 国央行又减息,基准利率统一为 3%。而美国国内格林斯潘在 9 月 29 日、10 月 15 日、11 月 19 日三次减息,将联邦基金利率调整为 4.75%,到 11 月 28 日,美国 30 年期国债收益率为 5.178%,30 年期按揭证券收益率为 6.4%,息差也缩窄到 1.2% 左右。15 家国际性金融机构联手出资,一方面是要减少金融市场的震动,另一方面也心存侥幸——只要不被迫清仓,一旦市场风向反转,其所持仓盘仍能获得盈利,并归还银行贷款;若被赶出赌场,那潜在的损失就变成了实实在在的血本无归。因此不难理解 11 月中旬,大通曼哈顿银行向 LTCM 追加了 1 000 万美元贷款。LTCM 的巨额亏损再次印证了财务学上的一个基本原理"现金为王"。

资料来源:张陶伟等:《长期资本管理公司的兴衰及启示》,《国际金融研究》,1999 年第 1 期。

# 思考与讨论

1. 什么是资产的流动性?什么是流动性风险?
2. 简述流动比率、速动比率的定义和意义。
3. 流动性风险和财务危机是什么关系?

# 第八章 信用风险与应收账款管理

- 信用风险
- 信用风险度量模型
- 应收账款的信用风险管理

信用是现代市场经济运营的基石,但由于主观或客观原因,信用并非总是不被践踏。在商业契约关系中,由于对方可能违背契约(信用)给一家企业带来的负面影响,被称为信用风险。例如,许多企业为了扩大销售采取了赊销方式,并产生大量应收账款,如果购买方不能按期支付这些款项,销售方将面临经济损失。同市场风险一样,信用风险是企业,特别是金融机构面临的主要风险类型之一。

# 第一节 信用风险

## 一、信用风险的刻画指标

我们通常用三个指标来刻画信用风险的高低。一是违约比率(default rate,DR)或违约概率(probability of default,PD),指债务方违约的可能性,即概率。二是回收率(recovery rate,RR),指债务方违约的时候,每百元债权可以得到的补偿,一般用百分率表示。与回收率相对应的指标被称为违约后的损失率(loss given default,LGD),指债务方违约时,每百元债权所蒙受的损失,也用百分比表示。显而易见,$LGD = 1 - RR$。第三个指标是违约风险敞口(exposure at default,EAD),反映的是可能发生违约风险的额度。这三个指标都决定了信用风险的高低。违约率越低,回收率越高,风险敞口越小,则信用风险越低。

信用风险对于银行、金融机构的重要性是不言而喻的。因为对银行来说,它的主要资产就是贷款,受信用风险影响很大。银行其他业务,比如信用卡业务,信用风险也很高。

对于一般企业来说,企业可能会有债券投资,尽管不发放贷款,但可能借钱给关联公司,此外,许多企业都有大量应收账款,这些都是企业的债权,都面临信用风险的影响。因而信用风险关系到企业债券投资的安全性、销售策略和应收账款的管理。

## 二、信用评级

穆迪公司和标准-普尔公司是当今世界著名的两家信用评级公司。尽管它们在2008年的次贷危机和随后的金融危机中的一些做法也曾受到严厉批评,但目前很难有其他机构能取代其地位。它们的信用评级(见表8-1和表8-2)在信用市场和债券市场有着广泛的应用。

按照国际惯例,三个B(标准-普尔的BBB或穆迪的Baa)和以上级别算投资级;三个B以下是投机级。投机级债券也叫高收益债券,更多人却把它们叫做垃圾债券。垃圾债券违约率一般非常高。

表 8-1　穆迪公司的长期信用评级体系

| 投资级别 | 评定 | 说明 |
| --- | --- | --- |
| Aaa 级 | 优等 | 信用质量最高,信用风险最低;利息支付有充足保证,本金安全;为还本付息提供保证的因素即使变化,也是可预见的;发行地位稳固。 |
| Aa 级（Aa1,Aa2,Aa3） | 高级 | 信用质量很高,有较低的信用风险;本金利息安全;但利润保证不如 Aaa 级债券充足,为还本付息提供保证的因素波动比 Aaa 级债券大。 |
| A 级（A1,A2,A3） | 中上级 | 投资品质优良;本金利息安全,但有可能在未来某个时候还本付息的能力会下降。 |
| Baa 级（Baa1,Baa2,Baa3） | 中级 | 保证程度一般;利息支付和本金安全现在有保证,但在相当长远的一些时间内具有不可靠性;缺乏优良的投资品质。 |

| 投机级别 | 评定 | 说明 |
| --- | --- | --- |
| Ba 级（Ba1,Ba2,Ba2） | 具有投机性质的因素 | 不能保证将来的良好状况;还本付息的保证有限,一旦经济情况发生变化,还本付息能力将削弱。具有不稳定的特征。 |
| B 级（B1,B2,B3） | 缺少理想投资的品质 | 还本付息,或长期内履行合同中其他条款的保证极小。 |
| Caa 级（Caa1,Caa2,Caa3） | 劣质债券 | 有可能违约,或现在就存在危及本息安全的因素。 |
| Ca 级 | 高度投机性 | 经常违约,或有其他明显的缺点。 |
| C 级 | 最低等级评级 | 前途无望,不能用来做真正的投资。 |

注:前四个级别债券信誉高,履约风险小,是"投资级债券",第五级开始的债券信誉低,是"投机级债券"。

表 8-2　标准-普尔公司的长期信用评级体系

| 级别 | 评定 |
| --- | --- |
| AAA | 最高评级;偿还债务能力极强。 |
| AA | 偿还债务能力很强,与最高评级差别很小。 |
| A | 偿还债务能力较强,但相对于较高评级的债务/发债人,其偿债能力较易受外在环境及经济状况变动的不利因素的影响。 |
| BBB | 目前有足够偿债能力,但若在恶劣的经济条件或外在环境下其偿债能力可能较脆弱。 |
| BB | 相对于其他投机级评级,违约的可能性最低。但持续的重大不稳定情况或恶劣的商业、金融、经济条件可能令发债人没有足够能力偿还债务。 |
| B | 违约可能性较 BB 级高,发债人目前仍有能力偿还债务,但恶劣的商业、金融或经济情况可能削弱发债人偿还债务的能力和意愿。 |
| CCC | 目前有可能违约,发债人须倚赖良好的商业、金融或经济条件才有能力偿还债务;如果商业、金融、经济条件恶化,发债人可能会违约。 |
| CC | 目前违约的可能性较高。由于其财务状况,目前正在受监察;在受监察期内,监管机构有权审定某一债务较其他债务有优先偿付权。 |

(续表)

| 级别 | 评定 |
|---|---|
| SD/D | 当债务到期而发债人未能按期偿还债务时,纵使宽限期未满,标准普尔亦会给予D评级,除非标准-普尔相信债款可于宽限期内清还;此外,如正在申请破产或已做出类似行动以致债务的偿付受阻时,标准-普尔亦会给予D评级;当发债人有选择地对某些或某类债务违约时,标准-普尔会给予SD评级(选择性违约)。 |
| NP | 发债人未获得评级。 |

注:1. 前四个级别债券信誉高,履约风险小,是"投资级债券",第五级开始的债券信誉低,是"投机级债券"。

2. 加号(+)或减号(-):AA级至CCC级可加上加号和减号,表示评级在各主要评级分类中的相对强度。

一般说来,违约率高则信用风险大。按照标准-普尔的相关统计(表8-3),如果公司被评为A级,十年内违约的比率为2%左右;如果是BB级,十年内违约的几率有20%以上;B级债券在十年时间中累计违约比率则更高达40%以上。穆迪、标准-普尔之所以有很大的影响就是因为它们的信用评级很能说明问题。企业融资的时候,信用等级不一样融资成本差异会非常大。融资成本会因为信用评级的下降而迅速上升。

表8-3 标准-普尔公司各信用评级的累积违约比率

| 信用级别 | 年份 | | | | | | | | | |
|---|---|---|---|---|---|---|---|---|---|---|
| | 1 | 2 | 3 | 4 | 5 | 6 | 7 | 8 | 9 | 10 |
| AAA | 0.00 | 0.00 | 0.05 | 0.11 | 0.17 | 0.31 | 0.47 | 0.76 | 0.87 | 1.00 |
| AA | 0.00 | 0.02 | 0.07 | 0.15 | 0.27 | 0.43 | 0.62 | 0.77 | 0.85 | 0.96 |
| A | 0.04 | 0.12 | 0.21 | 0.36 | 0.56 | 0.76 | 1.01 | 1.34 | 1.69 | 2.06 |
| BBB | 0.24 | 0.54 | 0.85 | 1.52 | 2.19 | 2.91 | 3.52 | 4.09 | 4.55 | 5.03 |
| BB | 1.01 | 3.40 | 6.32 | 9.38 | 12.38 | 15.72 | 17.77 | 20.03 | 22.05 | 23.69 |
| B | 5.45 | 12.36 | 19.03 | 24.28 | 28.38 | 31.66 | 34.73 | 37.58 | 40.02 | 42.24 |
| CCC | 23.69 | 33.52 | 41.13 | 47.43 | 54.25 | 56.37 | 57.94 | 58.40 | 59.52 | 60.91 |

在中国,也有不少银行和其他中介机构从事信用评估,大部分机构采用的评级符号与标准-普尔相似,以AAA为最高等级。表8-4总结了中国现阶段主要的信用评级机构。

表8-4 中国主要的信用评级机构

| 公司名称 | 业务区域与公司性质 | 主要业务 |
|---|---|---|
| 联合资信评估有限公司 | 全国性、独立性、全面资信评估业务 | 各类债券与各类企业评级、公司评价与咨询、征信调查等 |
| 中诚信国际信用评级公司 | 全国性、独立性、中外合资 | 各类债券与各类企业评级 |
| 大公国际资信评估有限公司 | 全国性、独立性 | 北京地区银行机构经营状况评价、企业债券评级 |
| 上海新世纪投资者服务公司 | 上海,原归属上海财经大学 | 上海地区贷款企业评级、投资咨询 |
| 上海远东资信评估有限公司 | 上海,原归属上海社科院 | 上海地区贷款企业评级、企业债券评级 |
| 长城资信评估有限公司 | 北京,原依托人行北京分行 | 北京地区银行机构经营状况评价 |
| 鹏元资信评估有限公司 | 深圳,原依托人行深圳分行 | 深圳地区贷款企业评级 |

尽管人们对发展中国的民族评级机构抱有极大期待,但中国的信用评级机构目前大多艰难地在夹缝中求生存。评级标准不统一,评级机构权威性不够,是当今中国评级机构普遍面临的挑战。当然,中国评估机构的信用等级标准与标准-普尔等国际公司的标准并不相同,换句话说,我们暂时还不能将大公国际 AA 级和标准-普尔的 AA 评级画上等号。

# 第二节 信用风险度量模型

## 一、信用风险度量模型的适用范围

除了信用评级之外,我们也可以借助其他信息和相关信用风险度量模型来作为信用审核、信用等级的测定依据。国内外关于信用风险的研究成果非常多,已经成为金融工程和风险管理的一个很重要的组成部分。信用风险的分析,不仅可以防止风险,还可以帮助企业给资产进行定价。因为只有正确评价资产的风险因素,才可能准确确定资产的价值。信用风险度量模型主要在以下场合使用:

(1)信用审核。银行可以利用信用风险模型对贷款进行信用审核,企业则可利用信用风险模型进行授信决策。

(2)信用资产定价。适当评估债券等金融资产的信用风险是对这些资产进行准确定价的必要前提。

(3)信用风险早期预警。通过模型分析,可以帮助尽早发现重大信用风险隐患,以便及时应对。

(4)资产组合安排。利用内部信用风险模型对信用资产组合风险进行度量,计算出组合所需的经济资本量,从而为金融机构资本的合理配置提供重要依据。

## 二、古典信用风险度量方法和模型

### (一)专家制度

专家制度是一种最古老的信用风险分析方法,它是商业银行在长期的信贷活动中所形成的一种行之有效的信用风险分析和管理制度。

在专家制度下,由于各商业银行自身条件不同,因而在对贷款申请人进行信用分析时所涉及的内容上也不尽相同,但是绝大多数银行都将重点集中在贷款人的"5C"上,即品德与声望(character)、资格与能力(capacity)、资金实力(capital)、担保(collateral)、经营条件或商业周期(condition)。也有些银行将信用分析的内容归纳为"5W"或"5P"。"5W"是指借款人(who)、借款用途(why)、还款期限(when)、担保物(what)、如何还款

(how);"5P"是指个人因素(personal)、目的因素(purpose)、偿还因素(payment)、保障因素(protection)、前景因素(perspective)。专家制度有着悠久的历史,对数据的要求不高,对于银行发放贷款或者是企业授信决策等有重要的参考意义,但是很难定量地用在信用资产定价方面。

专家制度在实际操作中存在不少局限:

第一,专家制度依靠专家判断来衡量信用风险,需要相当数量的专门信用分析人员,随着银行业务量的不断增加,其所需要的相应信用分析人员就会越来越多。

第二,专家制度与银行/企业经营中的官僚主义方式紧密相连,可能降低银行/企业应对市场变化的能力。

第三,利用专家制度进行信用分析,由于难以确定要遵循的客观标准,容易造成信用评估的主观性、随意性和不一致性。

综上所述,古典信用风险度量方法——专家制度有着许多难以克服的弊病,这就不得不促使人们去寻求更加客观、更为有效的度量信用风险的方法和手段,来提高银行信用评估的准确性。

### (二) Z 评分模型和 ZETA 评分模型

Z 评分模型(Z-score model)是一个经典的定量信用分析模型,由美国金融专家阿尔特曼(Altman)等人于 1968 年首先提出。这个模型根据数理统计中的辨别分析技术,选择包括流动资本/总资产在内的 5 个能够反映借款人的财务状况,对贷款质量影响最大、最具预测或分析价值的比率,设计出一个能最大限度地区分贷款风险度的数学模型,对贷款申请人进行信贷风险及资信评估。

1977 年,阿尔特曼等对原始的 Z 评分模型进行了重大修正,推出了第二代信用评分模型——ZETA 信贷风险模型,将原先使用的 5 个财务指标换成了包括资产收益情况、收益稳定性情况、债务偿付能力指标等在内的 7 个指标,构造了如下线性模型:

$$\text{ZETA} = a \cdot X_1 + b \cdot X_2 + c \cdot X_3 + d \cdot X_4 + e \cdot X_5 + f \cdot X_6 + g \cdot X_7$$

(公式 8-1)

模型中的 7 个变量分别是:

$X_1$:资产收益。它是指公司(企业)息前、税前收益占总资产的比率,该比率在评估公司经营状况好坏方面是非常有用的一个指标。

$X_2$:收益稳定性指标。它是指公司(企业)资产收益率在 5 年或 10 年中变化的标准差,用它可以衡量工商企业所面临的风险大小。

$X_3$:债务偿付能力指标。它是由息前、税前收益占总利息支付额比率来度量的,固定收益证券分析师和债券评级机构非常喜欢用这个指标来评估债务人的利息偿付能力。

$X_4$:累计盈利能力指标。该指标由公司的留存收益与总资产之比来表示,反映公司实力的强弱。同时,该指标还反映公司的诸多信息,例如公司经营寿命的长短、分红政策以及它的盈利历史,所以它在评估公司信用状况时是一个非常重要的指标。

$X_5$:流动性指标。该指标由流动比率 = (流动资产/流动负债)来表示,说明了公司的变现能力以及当短期债务到期时借款人偿债能力的大小。

$X_6$:资本化程度的指标。该指标是借款人普通股 5 年的平均市场价值与长期资本总额之比来表示的,它反映了借款人归还债务的实力,如果普通股在总资本中所占比重较大,说明其资本实力较为巩固。

$X_7$:规模指标,该指标由企业总资产的对数来表示,并且可以针对企业财务报告的变化而做出相应的调整。

公式 8-1 中的相关参数 a,b,…,g 可以使用统计方法,从相关历史数据中估计得出。当估计出的 ZETA 值高于某事先确定的较高临界值时,我们可以认为债务人是安全的;当 ZETA 值低于较低临界值时,我们可以将债务人归于违约组;处在两个临界值之间的区域则被视为灰色或未知区域。

Z 模型和 ZETA 模型有着共同的缺点:

第一,模型依赖于财务报表的账面数据(这种数据往往有一定滞后性),而忽视日益重要的各项资本市场指标,削弱了模型预测结果的可靠性和及时性。

第二,ZETA 模型属于简约式模型(reduced-form model),缺乏对违约和违约风险的系统认识和结构性分析,理论基础比较薄弱。

第三,模型假设在解释变量中存在着线性关系,而现实的经济现象是非线性的,因而也削弱了预测结果的准确程度,使得违约模型不能精确地描述经济现实。

第四,ZETA 模型没有考虑担保条件等重要变量,更没有考虑公司及其所属行业发展前景等前瞻性因素。

第五,模型无法计量企业的表外信用风险,另外对某些特定行业的企业,如公用企业、财务公司、新公司以及资源企业也不适用,因而它们的使用范围受到较大限制。

## 三、现代信用风险度量方法和模型

现代信用风险研究者主要从概率和统计角度出发为违约事件建模,而根据模型的出发点不同,现代信用风险模型一般分为两种:结构式模型和简约式模型。

简约式和结构式的区分不是信用风险领域特有的,而是一种普遍的方法论上的划分。凡是以因果逻辑为基础描述系统结构,并以此预测系统行为的模型都可以称为结构式模型。结构式模型的优点在于它能够告诉人们经济运行的因果关系。结构模型一般更复杂。而简约式模型满足于获得关于系统的直接描述,它集中描述经济现象运行所表现出来的规律性内容。这里的关键在于描述二字,简约式模型力求有效地描述某一现象,而不追求现象发生背后的原因。显然,简约式模型的优点在于强调应用性、简洁性。但是,这种对应用的过分强调也恰恰是其相对于结构式模型的不足,比如,简约式模型不能告诉我们如果系统的结构发生了改变,那么我们该如何重新描述该系统。

(一) 简约式模型

在信用风险模型中,简约式模型直接为违约事件的概率分布建模,一般采用精算的方法估计债务人的违约概率。该模型利用公司的收益利差和信用衍生产品的市场数据,来预测公司的违约率。简约式模型在信用衍生品的定价中应用非常广泛。

简约式模型直接模型化违约发生的概率分布,把这一概率分布作为外生给定的。在这样的模型里,关键的变量是违约时间,一般的方法是把违约时间模型化为泊松(Possion)过程,该泊松过程的密度由外生的变量决定。

具体地,给定泊松过程的密度 $\lambda$,有:

(1) 在 $t$ 年内,公司继续生存的概率为 $e^{-\lambda t}$;

(2) 期望违约时间是 $1/\lambda$;

(3) 在很短的时间 $\Delta t$ 内违约的概率为 $\lambda \Delta t$。

举个例子来说,如果密度为常数 0.04,一年内的违约概率约为 4%,期望的违约时间为 25 年。一般的简约式模型的想法完全相同,只是采用较一般的随机过程来描述该密度 $\lambda$。

### (二) 结构式模型

信用风险的结构式模型试图通过假定金融产品或经济单位的微观经济特征来解释单个客户的违约或信用质量的变化,比如资产价值和负债之间的比例关系可能决定了客户的信用质量。更具体地,结构式模型外生给定公司的违约重组边界和破产清算的价值分配规则,从公司价值的随机变化过程出发来研究违约事件和债务价值,进而通过公司的资本结构信息来预测公司报表。概念上,结构式模型将公司的股票和债务看作是公司资产的期权。这类模型对股票市场的成熟度要求高,因此对于新兴市场或未上市的公司不太合适。结构式模型在美国的资本市场有广泛的应用。著名的 KMV 信用风险评级公司以及穆迪公司都以结构式模型为其理论基础,参见 Kealhofer(1995)。

关于信用风险的第一个结构式模型——BS 模型应该是在 Black-Scholes 的经典文章中提出的,随后 Merton 在他 1974 的经典文章里进行了深入的分析,称之为 BSM 模型。在 BSM 模型里,当债务人的资产的价值低于债券的面值时,违约即将发生。要计算资产价值低于债务面值的概率,关键的参数是公司资产的波动率。KMV 估计资产波动率的方法是:首先用股票的历史价格计算股票价格的波动率,然后根据 BSM 模型,股票被看成是基于公司价值的看涨期权,这样可以通过股票的波动率反推公司价值的波动率。

另外一种结构式模型被称作首次通过时间模型(BC 模型),由 Black 和 Cox(1976)提出。BSM 模型与 BC 模型的不同在于对违约的界定。在 BSM 模型中,债务的违约时间是固定的,即事先约定的偿还时间。而在 BC 中,违约被理解成:一旦公司价值低于债务票面价值,违约即将发生,所以违约发生在公司价值第一次低于债务票面值的时刻,因此该模型被称为首次通过时间模型。

总结一下以上两个结构式模型,两个模型集中于界定违约事件,并计算违约事件发生的概率。具体来说,两个模型分别关心如下的随机事件:

BSM 模型:资产价值在 T 时刻低于票面值;

BC 模型:资产价值第一次低于票面值。

除此之外,两个模型是完全相同的,剩下的只是如何计算上面事件的概率。

另外,根据模型化公司价值的方法不同,可以分为扩散模型和跳跃模型。以上的

BSM 模型和 BC 模型都是扩散模型。扩散模型把公司的资产价值模型化为一个连续的随机过程,在这样的模型中,很短的时间内,公司价值只能发生很小的变化。信用风险的跳跃模型最早由周春生于 1996 年提出,并于 2001 年正式发表。其在资产价格中加入了一个跳跃的成分,使得结构式模型取得了更为满意的经验含义。

目前金融业内流行的度量信用风险的模型很多,模型的建立方式各异,不同的模型往往得到不同的信用风险度量。《巴塞尔协议》是进行模型设定的标准之一。国际上信用风险管理方面比较流行的模型有信用度量模型(JP Morgan,1997)、组合管理系统(KMV,1993)、信用风险系统(Credit Suisse First Boston,1997)、信贷组合评估系统(McKinsey,1998)等(见表 8-5)。这些模型也是巴塞尔委员会所建议使用的信用风险管理模型,而且在《新巴塞尔协议》中,关于资本金或经济资本计算公式的设计和相关参数的确定与校定,所依据的正是这些模型所使用的思想方法。

表 8-5 信用风险模型

| 分类方法 | 信用度量模型 | 组合管理系统 | 信用风险系统 | 信贷组合评估系统 |
| --- | --- | --- | --- | --- |
| 开发公司 | JP Morgan | KMV | Credit Suisse First Boston | McKinsey |
| 结构式模型 | √ | √ | | |
| 简约式模型 | | | √ | √ |
| 离散型 | √ | | √ | √ |
| 连续型 | | √ | | √ |
| BSM 模型 | √ | √ | | |

1. 信用度量模型(credit metrics)

JP Morgan(JPM)银行于 1997 年开发的 Credit Metrics™模型,是在银行业最早使用并对外公开的信用风险管理模型。它认为风险的驱动因素是资产的价值,通过度量信用资产组合价值大小进而确定信用风险大小的模型,据此该模型是一个结构式模型。模型的输出结果是资产组合的 VaR 值。

2. 组合管理系统(portfolio managemeat system)

该系统是由美国的 KMV 公司开发的软件,其所依据的模型是它的信用监控模型(credit monitor model)。该模型的理论基础是 BSM 模型。

KMV 公司运用基于期权的公司债务定价理论计算公司的违约概率。该模型的观点是,当公司的市场价值下降到一定的水平时,公司就会对它的债务发生违约。KMV 公司根据违约概率来建立等级转移概率矩阵,这与摩根大通公司(JPM)所依据的按照等级分类建立的 S&P 的转移矩阵不同,进而这种差异对两个系统所得到的 VaR 值会有巨大的影响。

3. 信用风险 +(credit risk +)系统

瑞士信贷第一波士顿银行(CSFB)于 1996 年开发了信贷风险管理系统。它与以上两个模型不同,它不是基于 BSM 的期权定价理论,而是应用了保险业中的精算方法来得出债券或贷款组合的损失分布的简约式模型。该模型是一种违约模型,只考虑债券或贷款是否违约,并假定这种违约遵从泊松过程,与公司的资本结构无关,这与 JPM 和 KMV 模型不同。由于简约式模型的优点,该模型没有什么要估计的量,所需要的数据很少,使组合损失和边际风险贡献计算的速度大大加快。

4. 信贷组合评估系统(credit portfolio view system)

该系统是麦肯锡(McKinsey)公司于1998年开发的用于分析贷款组合风险和收益的多因素模型,它运用经济计量学和蒙特卡罗模拟来实现。虽然该模型也是简约的,但是在处理违约概率时,该模型考虑了当期的宏观经济环境,比如GDP增长率、失业率、汇率、长期利率、政府支出和储蓄等宏观经济因素。与信用度量模型的不同在于:后者以历史等级转移和违约的数据进行估计,而前者采用Markov模型的结构,以当期的经济状态为条件来计算债务人的等级转移概率和违约概率。

## 四、信用衍生工具

随着信用风险管理重要性的不断提高,信用类金融产品的创新也日益受到人们的重视,信用衍生工具开始大量涌现。信用衍生工具,顾名思义,是基于信用标的的金融衍生产品。一般由参与双方签订一项金融合约,将信用风险从标的资产中剥离出来,并进行定价,使它能够转移给最适于承担或最愿意管理该风险的投资者。信用衍生工具实质上是对传统金融衍生工具(远期、期权及互换)进行再造,赋予其管理信用风险的新功能。信用衍生产品的出现使信用风险管理方式从消极、被动的风险回避方式,转变为积极、主动的组合风险和转嫁风险方式。

1993年,银行家信托公司(Banker Trust)和瑞士银行金融产品公司(Credit Suisse Financial Products,CSFP)在市场上出售一种偿还金额与约定违约事件(specified default events)或参考资产(reference asset)相联系的票据。票据购买者即投资者定期取得类似于保险费的收入(premium),同时,一旦发生信用违约或参考资产贬值,就必须承担由此造成本金和利息的损失。信用衍生产品市场从此宣告诞生。

在此,我们简要介绍几种常用信用衍生产品。

第一种叫作全收益调换,就是把两种不同信用工具的收益,按照等价交换的原理进行交换。例如,甲银行因给中国石油发放了大量贷款而导致风险过于集中,乙银行则因向中国电信发放了大量贷款而导致风险过于集中。此时,出于分散风险的目的,甲银行可将所持有部分中国石油资产的收益与乙银行所持相同价值的中国电信资产的收益互换。

第二种叫作信用(违约)互换(credit default swap)。这是目前最常用的一种信用衍生工具。信用违约互换是一种类似于保险产品的双边合约,合约规定一方(保值者或称避险者)定期向另一方(投资者)支付一定费用。这种费用一般用名义金额(notional amount)的固定基点(BP)来表示。在规定的时间内,如果由于违约事件发生或参考资产信用等级下降,则投资者支付一定的金额给保值者作为补偿。所付金额既可事先约定,也可视事后损失程度的大小而定。通过这种方式,银行可将承担的贷款、债券或其他资产的违约风险转移出去。例如,一家银行作为保值者进入信用违约互换市场,它以AT&T的某种公司债券为参考资产。这家银行每年支付给另一投资者一定费用,比如18个基点,以便能在 AT&T 违约时获得补偿。假如 AT&T 的确违约,其债券价格跌到面额的80%,这家银行可以将债券出售,收回80%的本金,同时从互换合约的投资者手中收到另外20%的本金。

信用衍生工具市场的参与者往往根据自身的需要来决定是规避风险还是承担额外风险来获取更多收益。当一个银行风险敞口过大时,它愿意支付一定费用来减少风险;而当银行经理认为风险敞口不足时,则愿意承担风险,谋取风险收益。这其实是一种人为的资产再分配过程。

第三种是信用利差期权(credit-spread option)。所谓利差是指信用敏感类工具(credit-sensitive instruments)和参考政府债券到期收益率之间的差额。例如,假设某公司5年期债券的到期收益率为7.8%,而相应5年期国债的收益率为5.7%,则两者之间的利差为2.1%。以这种利差为标的资产的期权就是信用利差期权。假设各种期限(duration)相同、收益固定的信用工具的价格都随着市场利率的变化而同步变化,则利差变动的主要原因就是信用风险的变化。这样一来,信用利差期权使得投资者面临的信用风险和利率风险基本分离。利差缩小,则买权的持有者获利,否则卖权的持有者获利。信用利差期权可在相当程度上帮助投资者规避投资工具的信用风险。例如,公司债券或其他信用敏感资产的投资者可以通过购买信用利差卖权来防范因所投资资产信用过度恶化带来的损失。

第四种是信用等级变化期权。这种期权不以违约事件或利差作为交易对象,而是以公司信用等级的变化作为标的物。以信用等级为基础的衍生产品能帮助债券持有人防止信用状况的迁移而造成的经济损失。因为信用等级和利差并没有完全固定的关系,同一等级的证券的利差往往可能不同。所以用来保护投资者、预防企业信用等级下降的衍生工具不能用一个简单的信用利差期权来表示,信用等级变化期权也就应运而生了。由于这种期权的定价非常复杂,需要大量数据支持,其市场规模目前还很小。

# 第三节 应收账款的信用风险管理

"企业最大的、最长远的财富是客户,然而企业最大的风险也来自客户。"这里所说风险主要是指信用风险。很多公司由于客户违约导致应收账款回收不到位,轻则造成企业的流动资金紧张,重则造成公司大笔坏账损失,甚至经营困难。

在当今买方市场的氛围下,市场竞争日益白热化,企业始终面临着这样的两难困境:一方面,必须不断扩张信用以扩大市场份额;但另一方面,又必须最大限度地减少坏账以减小成本、提高盈利。

应收账款的管理,在中国已经成为一个企业管理中很重要的部分。很多公司都有大量应收账款,在信用扩张和信用风险管理之间寻求一种平衡是企业在发展过程中永恒的命题。

## 一、应收账款管理的基本原则

应收账款管理应当遵循以下几条基本原则:

第一,确定正确的信用标准。信用标准是企业决定授予客户信用所要求的最低标准,也是企业对于可接受风险提供的一个基本判别。从某种意义上说,这种管理工作类似于银行的信贷管理。

第二,采用正确的信用条件。信用条件是指导企业赊销商品时给予客户延期付款的若干条件。主要包括信用期限和现金折扣等,一般是给予提前付清款项的客户适当的价格折扣,鼓励客户尽快付款。

第三,建立恰当的信用额度。信用额度是企业根据客户的偿付能力给予客户的最大内销限额,它实际上也是企业愿意对某一客户承担的最大风险额。

## 二、应收账款管理的内部控制措施

第一,认真做好信用促销对象的资信调查。审慎性调查是了解客户信用状况、防范信用风险的重要措施。这在目前我国信用制度不健全、信用评价体系不完善的情况下显得尤其重要。

第二,建立赊销审批制度。所有的赊销业务,均需要经过有审批资格的经办人员审批后方可进行,以防止信用盲目扩张。

第三,建立销售回款一条龙责任制。为防止销售人员为了片面追求完成销售任务而盲目授信,企业应在内部明确,追讨应收账款不仅是财务人员的责任,更是销售人员的责任。同时,制定严格的资金回款考核制度,以实际收到的货款数作为销售部门的考核指标,每个销售人员必须对每一项销售业务从签订合同到回收资金全过程负责。

## 三、企业经营当中的其他信用风险

企业经营当中面临的信用风险,除应收账款的信用风险以外,还有其他类型。

比如企业外包中的信用风险,这些风险包括对方无法按合约及时交货,产品质量达不到约定标准等。企业首先要考虑对方有没有生产能力,其次要考虑对方能不能保证质量,最后应考虑对方能不能及时交货。这其实也是一个信用问题。对方可能说得非常好,但是交给企业的产品质量未必过关。丰田汽车在外包方面就做得相当成功。有一句话叫作一流企业做标准,二流企业做品牌,三流企业做产品。丰田就是制定标准方面的典型。

再如特许经营权问题,其信用风险也值得关注。举例来说,绝对不会什么人想从事餐饮业,都可以加盟麦当劳做连锁店,因为任何一家麦当劳连锁店发生产品质量和信誉问题,整个麦当劳的品牌都可能受影响。

## 思考与讨论

1. 什么是信用风险?信用风险是如何度量的?
2. 简述信用评估的意义。
3. 什么是信用风险的结构模型?
4. 简要介绍两种常见的信用衍生工具。
5. 应收账款的管理应如何防范信用风险?

# 第九章　操作风险和法律风险管理

- 操作风险：定义、类型和成因
- 操作风险管理
- 法律风险防范与管理

# 第一节 操作风险:定义、类型和成因

## 一、操作风险的定义

1997年,英国银行家协会(British Banker Association,BBA)对操作风险做出了如下定义:操作风险与人为失误、不完备的程序控制、欺诈和犯罪活动相联系,它是由技术缺陷和系统崩溃引起的。经过广泛的讨论和争论,1998年5月,IBM(英国)公司发起设立了第一个行业先进思想管理论坛——操作风险论坛,在这个论坛上,将操作风险定义为:操作风险是遭受潜在损失的可能,是指由于客户、设计不当的控制体系、控制系统失灵以及不可控事件导致的各类风险。它不包括已经存在的其他风险种类,如市场风险、信用风险及决策风险。通过这次会议,上述结论性的定义开始为多数银行所接受。巴塞尔委员会关于操作风险的定义也是建立在这个基础之上的。《巴塞尔新资本协议》将操作风险分为由人员、系统、流程和外部事件所引发的四类风险,并由此分为七种表现形式:内部欺诈,外部欺诈,聘用员工做法和工作场所安全性,客户、产品及业务做法,实物资产损坏,业务中断和系统失灵,交割及流程管理。

操作风险受到国际银行业界的高度重视。这主要是因为,银行机构越来越庞大,它们的产品越来越多样化和复杂化,银行业务对以计算机为代表的IT技术的高度依赖,还有金融业和金融市场的全球化的趋势,使得一些"操作"上的失误,可能带来很大的甚至是极其严重的后果。过去一二十年里,这方面已经有许多惨痛的教训。巴林银行的倒闭就是一个令人怵目惊心的例子。

尽管银行以及各类金融机构的操作风险已经得到广泛讨论和重视,但操作风险对非金融类企业的影响也同样不可小觑。由人员、系统、流程和外部事件所引发的操作风险,对非金融企业而言,可能不单纯是财务和声誉方面的损失,甚至会危及员工和客户的生命、财产安全(如食品安全和生产安全问题)。本书后面有关章节提供的一些经典案例,如1982年强生公司的泰诺事件、1999年比利时和法国可口可乐中毒事件、2004年中航油(新加坡)公司期货投机破产事件、2011年蒙牛乳业(眉山)有限公司黄曲霉毒素事件,均和非金融企业的操作风险有关。

## 二、操作风险的类型

操作风险主要有以下几种类型:

(1)内部欺诈:由组织内部人员参与的诈骗、盗用资产、违犯法律以及公司的规章制度的行为。

(2) 外部欺诈:第三方的诈骗、盗用资产、违犯法律的行为。

(3) 雇员活动和工作场所安全缺陷:违反雇员福利、权益、健康或安全相关法律或协议的行为,包括由于意外事故及生产环境与操作流程不符合劳动健康、安全规范所引起的人员健康乃至生命方面的损害。

(4) 客户与产品风险:由于产品的性质、设计问题或生产管理的缺陷,从而无法满足特定客户的需求,或导致客户蒙受损失。

(5) 人员懈怠与操作失误:由于人员懈怠,违规操作或操作失误引发的损失。

(6) 流程设计与执行缺陷:流程安排与设计方面存在问题,或流程执行不够得力所引发的损失和风险。

(7) 有形资产的损失:由于灾难性事件或其他事件引起的有形资产的损坏或损失。

(8) 经营中断和系统出错:例如,软件或者硬件错误、通信问题以及设备老化。

(9) 行政、交付和过程管理失当:由于与交易对方的关系而产生的交易过程错误或过程管理不善。

## 三、操作风险的成因

厘清操作风险产生的原因是有效管理和应对操作风险的重要前提。尽管操作风险产生的原因可谓多种多样,但归结起来,主要有以下几条:

(1) 体制、组织缺陷。一是公司治理结构不完善,董事会、监事会、经营管理层之间的制衡机制没有真正建立起来,无法有效监督、约束管理层行为。二是机构和职务设置存在缺陷,职责与责任不清,部门和岗位的安排不能有效满足防范风险的需要。

(2) 内控制度不完备。一是没有形成系统的内部控制制度,控制不足与控制分散并存,业务开拓与内控制度建设缺乏同步性,特别是新业务的开展缺乏必要的制度保障,风险较大。二是内控制度的整体性不够。对所属分支机构控制不力,对决策管理层缺乏有效的监督。对业务人员监督得多,而对各级管理人员监督得较少,制约力不强。三是内控制度的权威性不强。审计资源配置效率低下,稽核审计职能和权威性没有充分发挥,内部审计部门没有完全起到查错防漏、控制操作风险的作用。

(3) 流程设计缺陷。业务与工作流程设计,流程管控与执行,风险点的发现与管理,以及风险应对方面存在问题。

(4) 员工队伍管理不到位。管理人员在日常工作中重业务开拓,轻队伍建设,重员工使用,轻员工管理,致使员工忠诚度不高,责任心不强,使本来可以超前防范的操作风险不能及时发现和制止。

(5) 系统、技术缺陷。业务之间的协调调度、系统主体与各分系统的配合、工艺流程技术的适应性,以及信息管理系统等存在缺陷。

(6) 绩效考核与激励制度不科学。与风险控制有冲突的考核激励政策容易诱导操作风险。例如,本书中提到的巴林银行惨剧以及中航油(新加坡)公司的破产,多少和这些公司的利润驱动型的激励机制有关联。

（7）外部事件冲击。政治、监管、自然灾害、不可抗力等外部力量带来的冲击。

## 案例分析
## 光大证券的"乌龙指"事件

**事件回顾**

2013年8月16日，上证指数以2075点低开，到上午11点为止，上证指数一直在低位徘徊。

2013年8月16日11点05分，多只权重股瞬间出现巨额买单。大批权重股瞬间被一两个大单拉升之后，又跟着涌现出大批巨额买单，带动了整个股指和其他股票的上涨，以致多达59只权重股瞬间封涨停。指数的第一波拉升主要发生在11点05分到11点08分之间，然后出现阶段性的回落。

2013年8月16日11点15分起，上证指数开始第二波拉升，这一次最高摸到2198点，在11点30分收盘时收于2149点。

2013年8月16日11点29分，上午的A股暴涨，源于光大证券自营盘70亿的乌龙指。

2013年8月16日13点，光大证券公告称因重要事项未公告，临时停牌。

2013年8月16日13点16分，光大证券董事会秘书表示，自营盘70亿元乌龙纯属子虚乌有。

2013年8月16日13点22分左右，有媒体连续拨打光大证券多名高管电话，均显示关机或未接通。

2013年8月16日14点23分左右，光大证券发布公告，承认套利系统出现问题，公司正在进行相关核查和处置工作。有传闻称光大证券方面，下单230亿，成交72亿，涉及150多只股票。就此，市场一度怀疑乌龙指事件操作者为光大证券葛新元的量化投资团队。事发时葛新元在外，不久即辟谣称事件和光大富尊葛新元团队没有任何关系。

2013年8月16日14点55分，光大证券官网一度无法登陆，或因短时间内浏览量过大以致崩溃。

2013年8月16日15点整，上交所官方微博称，今日交易系统运行正常，已达成交易将进入正常清算交收环节。

2013年8月16日16点27分左右，中国证监会通气会上表示，"上证综指瞬间上涨5.96%，主要原因是光大证券自营账户大额买入"。"目前上交所和上海证监局正抓紧对光大证券异常交易的原因展开调查。"

**原因分析**

1. 触发原因

触发原因是系统缺陷。策略投资部使用的套利策略系统出现了问题，该系统包含订单生成系统和订单执行系统两个部分。核查中发现，订单执行系统针对高频交易在市价委托时，对可用资金额度未能进行有效校验控制，而订单生成系统存在的缺陷，会导致特定情况下生成预期外的订单。

由于订单生成系统存在的缺陷,导致在11时05分08秒之后的2秒内,瞬间重复生成26 082笔预期外的市价委托订单;由于订单执行系统存在的缺陷,上述预期外的巨量市价委托订单被直接发送至交易所。

问题出自系统的订单重下功能,具体错误是:11点2分时,第三次180ETF套利下单,交易员发现有24个个股申报不成功,就想使用"重下"的新功能,于是程序员在旁边指导着操作了一番。没想到这个功能没实盘验证过,系统把买入24个成分股,写成了买入24组180ETF成分股,结果生成巨量订单。

2. 深层次原因

该策略投资部门系统完全独立于公司其他系统,甚至未置于公司风控系统监控下。因此,深层次原因是多级风控体系都未发生作用。

交易员级:对于交易品种、开盘限额、止损限额三种风险控制,后两种都没发挥作用。

部门级:部门实盘限额2亿元,当日操作限额8 000万元,都没发挥作用。

公司级:公司监控系统没有发现234亿元巨额订单,同时,或者动用了公司其他部门的资金来补充所需头寸来完成订单生成和执行,或者根本没有头寸控制机制。

交易所:上交所对股市异常波动没有自动反应机制,对券商资金越过权限的使用没有风险控制,对个股的瞬间波动没有熔断机制。(上交所声称只能对卖出证券进行前端控制)

传统证券交易中的风险控制系统交易响应最快以秒计,但也远远不能适应高频套利交易的要求。例如,本事件中每个下单指令生成为4.6毫秒,传统IT技术开发的风险控制系统将带来巨大延迟,严重影响下单速度,这可能也是各环节风险控制全部"被失效"的真实原因。

**市场影响**

2013年8月16日上午的乌龙指事件中共下单230亿,成交72亿,涉及150多只股票。按照8月16日的收盘价,上述交易的当日盯市损失约为1.94亿元。此次乌龙指事件将对光大证券8月业绩产生巨大影响。公开资料显示,光大证券7月实现营业收入2.15亿元,净利润0.45亿元。8月16日,中国金融期货交易所盘后持仓数据显示,光大期货席位大幅增空7 023手,减多50手,涉及金额达48亿左右。

2013年8月16日上午11点06分左右,上证指数瞬间飙升逾100点,最高冲至2198.85点。沪深300成分股中,总共71只股票瞬间触及涨停,且全部集中在上海交易所市场。其中沪深300权重比例位居前两位的民生银行、招商银行均瞬间触及涨停。从立时冲击涨停的71只股票来看,主要集中在金融、交运设备、公用事业等低估值、高股总率板块,其中22只金融触及涨停。需注意的是,沪市银行板块中,除建设银行未触及涨停外,其余均碰及涨停。事件发生后,南方基金、泰达宏利基金、申万菱信基金纷纷表示对自己旗下基金持有的光大证券股票估值进行下调,下调幅度超过10%。光大证券18日发布公告,详细披露"8·16"事件过程及原因,称当日盯市损失约为1.94亿元人民币,并可能因此事件面临监管部门的警示或处罚,公司将全面检讨交易系统管理。

**事件调查与处理**

光大证券在事发当日下午1时即停牌;上交所、中金所、证监会当天收盘后即有公告和表态;随后的周末证监会进一步公布初步调查结果。

2013年8月18日下午,证监会及时通报了初步调查结果。严义明律师称,证监会的表态将光大证券当天的行为分成了两个部分。"在当天上午,光大证券生成的巨量市价委托订单,可以理解为误操作或技术性错误。但下午进行的 ETF 卖出和卖空股指期货合约,则涉及价格操纵和内幕交易。因此,证监会对光大证券正式立案调查,并表示要严肃处理。这样的表态,说明投资者完全可以拿起法律武器进行维权。"

同日下午,中国证监会新闻发言人又一次通报了 8 月 16 日光大证券交易异常的应急处置和初步核查情况。发言人称,经初步核查,光大证券自营的策略交易系统包含订单生成系统和订单执行系统两个部分,存在程序调用错误、额度控制失效等设计缺陷,并被连锁触发,导致生成巨量市价委托订单,直接发送至上交所,累计申报买入 234 亿元,实际成交 72.7 亿元。同日,光大证券将 18.5 亿元股票转化为 ETF 卖出,并卖空 7130 手股指期货合约。发言人表示,在核查中尚未发现人为操作差错,但光大证券该项业务内部控制存在明显缺陷,信息系统管理问题较多。上海证监局已决定先行采取行政监管措施,暂停相关业务,责成公司整改,进行内部责任追究。同时,中国证监会决定对光大证券正式立案调查,根据调查结果依法做出严肃处理,及时向社会公布。

2013 年 8 月 22 日,光大证券第三届董事会第十四次会议审议通过议案,同意接受光大证券总裁徐浩明提出的辞去公司董事、总裁职务的申请,光大证券董事长袁长清将代行公司总裁职责。公司股票午后临时停牌,23 日复牌。

证监会 2013 年 8 月 30 日召开新闻发布会,证监会发言人表示,对光大证券做出没收违法所得、罚款 5 倍是适当和合法的,法条规定,可没收所得,并处 1 到 5 倍罚款。依据证监会调查及邀请专家共同论证,共同结论是应对光大证券依法追究行政责任,并对涉及的所有违法行为进行处罚,包括券商内控法律法规的责任等。该案并未移送司法机关。

资料来源:百度百科。

# 第二节 操作风险管理

和市场风险等风险类别不同,操作风险是狭义风险,即纯风险。此类风险的不确定性通常只会给企业带来损失,而不会带来收益。因此,管理和防范操作风险显得尤为迫切和重要。

## 一、操作风险管理的目标

(1) 保证资产安全。保证资产安全,防止内外部欺诈造成企业财产被盗用和侵吞,防止资产的流失和损毁,是所有金融机构和非金融企业实现正常运营的基本前提。

(2) 保障业务运转的连续性。业务连续性是指企业在突发事件发生过程和之后,在关键人员离职过程和之后,及关键程序或技术故障过程和之后,还能继续其主要功能。业务连续性计划是用来预防正常业务活动的中断,并可在灾难中保护业务程序。业务连续性对维护企业形象,防范突发事件造成重大损失具有重要意义。

(3)保证任务和流程正确执行。这是提升企业执行力,防止舞弊,以及防范流程差错引发产品与服务质量事故、财产损失和法律纠纷的重要保障。

(4)保证企业运转的效益和效率。效益和效率是企业的生命。企业通过操作风险的管控,可以减少和排除企业运营中的各种隐患和影响效率的不利因素,减少企业因操作风险而出现产品质量事故和运营中断的可能性。

(5)保证经营的合规性。没有规矩,不成方圆。合规经营是指企业的经营活动与法律、规则和内部规章相一致。保证企业经营的合规性,一来可以避免因没有遵循法律、规则和准则可能遭受法律制裁、监管处罚、重大财务损失和声誉损失的风险;二来可以强化企业内部管理,为企业可持续发展保驾护航。

## 二、操作风险的管理框架和管理方法[①]

从操作风险的定义可以清晰地看出,影响操作风险发生的主要因素至少包括:流程、组织和系统。而上述这些因素,恰恰是构成企业正常运营的主要管理要素。因此,操作风险的管理就是对企业的流程、组织、系统进行有效管理的过程。对于规模庞大、结构复杂的大型企业,这一管理过程需要借助现代信息管理技术来完成。

基于操作风险的特点,企业操作风险管理体系框架应包括一个外部层次和三个内部层次。其中,外部层次是指企业实施操作风险管理的外部约束和外部环境;内部层次是指企业实施操作风险管理的内部架构,具体而言,包括风险治理、操作风险管理内部环境和支持系统、操作风险管理流程体系等三个方面的内容。

外部环境主要是指来自企业外部的监督和约束环境,包括政府主管部门的监管规定、社会公众的监督和市场约束等。有效的外部环境是促进企业加强操作风险管理所不可或缺的推动力。

操作风险治理包括操作风险管理目标、操作风险治理模型,以及操作风险管理政策和操作风险管理的主要原则标准等方面的内容,是企业高层管理者在进行操作风险管理策划时首先要考虑的重要内容。

操作风险管理目标的制定应有助于企业实现其业务目标和战略目标,应清楚表达企业的风险偏好,即可接受的风险和不可接受的风险。操作风险治理模型是指企业为实现操作风险管理目标而构建的操作风险管理组织架构,是企业实现操作风险管理的战略载体。操作风险管理政策是企业各种操作风险管理措施的制度规范,一般包括操作风险的界定,操作风险管理组织架构、权限和责任,操作风险的识别、评估、报告、控制与缓释、监

---

① 本小节内容参考和引用了顾炜宇的《巴塞尔新协议下我国商业银行操作风险管理体系框架构建》一文,圣才学习网,2010年7月18日发布。

测与检查程序等。操作风险管理政策是操作风险管理流程的实施纲要,指导并规范着操作风险管理流程。操作风险管理的原则标准是企业管理操作风险的基本指导思想,反映了企业操作风险管理应遵循的战略纲领。

操作风险管理内部环境和支持系统是支撑企业实施操作风险管理的内部物质和非物质因素,主要包括企业的内部控制体系、操作风险管理的信息技术解决方案、风险管理的沟通和培训、操作风险管理方法、操作风险管理程序、操作风险管理人员以及整个企业的操作风险管理文化等。操作风险管理内部环境和支持系统实际上是与操作风险管理流程相互融合、相互影响的,它是整个操作风险管理框架得以有效实施的保障,是实施操作风险管理的内部基础。

操作风险管理流程体系是指实现操作风险管理的一系列程序和方法,是企业实施操作风险管理流程的全过程,具体包括风险识别、风险评估、风险报告、风险控制和缓释、风险监测和检查等过程。

1. 操作风险识别

操作风险识别是对企业各项业务、各个流程的操作风险状况和风险程度的详细说明。该环节的主要工作是辨识不同类型的操作风险、鉴别分析业务中的风险点、识别潜在的和暴露的操作风险等。风险识别通常是通过流程分析来完成。通过流程分析,一方面可以对各项流程进行基于操作风险管理的再造,另一方面可以对流程中的风险暴露进行识别、评估,并据以采取适当的管理措施。

2. 操作风险评估

在对操作风险进行识别后,企业需要评估所面临的操作风险,以确定哪些风险是可以承担的,哪些风险是不能够接受的,从而确定操作风险管理和转移的策略。在整个操作风险管理流程体系中,操作风险评估工作起着承上启下的作用,操作风险评估的结果可以作为操作风险监测和检查的参考。

3. 操作风险报告

操作风险报告制度是实现操作风险管理工作信息沟通与反馈的主要桥梁。根据及时充分的风险报告,管理者可以适时做出反应和应对,确保操作风险能够得到最有效的管理和控制。

4. 操作风险控制和缓释

风险控制和缓释是指根据风险评估的结果,对不同的操作风险所采取的风险态度。如果风险管理价值为负,说明该类操作风险无法通过管理有效缓释,应进行回避;反之,如果风险管理价值为正,则说明通过该类操作风险的管理,可以为企业带来一定的收益,应与承担,并实施相应的控制措施。操作风险控制和缓释措施主要包括内部控制、保险、外包等。内部控制是企业实施的主动风险管理,是企业管理和控制操作风险最主要和最基本的措施;保险、外包则是企业采取的被动式的风险管理措施,其中,保险是借助保险公司对无法预计的操作风险损失实施的一种较为有限的或然保障,外包是根据比较优势原则将相关业务外包从而局部地转移了相应的风险。

5. 操作风险监测和检查

风险监测和检查是了解操作风险的管理和控制效果,以便企业调整风险管控方法和补救措施的重要举措。内容包括控制是否发生作用、风险暴露是否变动和是否需要采取进一步行动等。

操作风险是企业运作过程中的"日常风险",可以发生在企业生产运营的所有流程或环节。不同的操作风险,其影响和后果显然极不相同。在操作风险识别和评估过程中辨别出的可能引起严重后果的操作风险或隐患,企业必须严密监控,重点防患。

## 第三节 法律风险防范与管理[①]

### 一、法律风险的定义和种类

企业经营活动或各类交易应当遵守相关的商业准则和法律原则。在这个过程中,因为企业无法满足或有意无意地违反法律要求,导致企业不能履行合同或损害他人权益,因此可能被追究法律责任并可能给企业造成经济损失的风险,即为法律风险。企业在没有违反法律的情况下与其他利益主体发生利益纠纷,并因此发生争议/诉讼等的风险,也是法律风险。按照国际律师协会(IBA)的定义:企业法律风险是指企业因经营活动不符合法律规定或者外部法律事件导致风险损失的可能性。

企业法律风险主要来自两个方面:一是法律环境因素,包括立法不完备,执法不公正,合同他方失信、违约、欺诈等;二是企业自身法律意识淡薄,对法律环境认知不够,经营决策不考虑法律因素,甚至故意违法经营等。相比之下,企业自身原因引起的法律风险比例较高,主要原因是企业法律意识和依法治企的能力与法律环境变化存在差距。这主要表现在三个方面。一是相当一部分企业法制建设基础工作还比较薄弱,没有充分意识到加强企业法制建设对防范企业经营风险的重要性,企业法制建设不自觉、不主动。二是部分企业防范法律风险的意识仍然不强。主要表现在一些重大投资决策、重大经营活动或企业改制工作等前期工作缺少法律工作人员的参与。有的单位虽设立了法律事务机构,但在对其使用上仍局限于事后补救,以处理企业法律纠纷为主,企业法律工作机构没有发挥应有的作用。三是一些企业依法经营的意识不够,或因法律意识淡漠不自觉地违法经营,或为了片面追求公司利益故意置法律约束于不顾,或存在钻法律空子的侥幸心理,有意打"擦边球"。

企业法律风险可以被看作企业广义操作风险的一个重要组成部分,主要表现在以下七个方面:

1. 企业设立、运营中的法律风险

在设立企业的过程中,企业的发起人是否对拟设立的企业进行充分的法律设计,是否对企业设立过程中的法律问题有充分的认识和计划,是否完全履行了设立企业的义

---

[①] 本节部分内容分别参考和引用了 MBA 智库百科"法律风险"条目、百度百科"企业法律风险防范"条目、于兴江:《对企业法律风险概念的再分析》,《新西部》2010 年第 18 期。

务,以及发起人本人是否具有相应的法律资格,都直接关系到拟设立企业能否具有一个合法、规范、良好的设立过程。如果在企业设立之初,就存在着法律上的瑕疵,那么必然会为企业在日后的运作过程中埋下深远的法律隐患。这种企业设立过程中的法律瑕疵,虽然并不一定在短期内引发法律危机,但只要得不到消除,必然会作为一种法律风险长期存在,一旦出现问题,对企业来说,很可能就是一个致命打击。

企业的股权结构是否合理、法人治理结构是否完善、监督控制机制是否健全,如果这些问题在企业运营过程中解决不好,很可能会祸起萧墙,内部出现争端和纠葛,并直接影响到企业的健康发展。

2. 合同订立、履行过程中的法律风险

合同是市场经济中各类企业从事商务活动时所采取的最为常见的基本法律形式。可以说,合同贯穿于企业经营的全过程,只要有商务活动,就必然要产生合同。合同当事人在订立合同时,考虑更多的是合同利益而非合同风险。合同在避免交易行为不确定性的同时,也可能由于合同约定的缺陷而为当事人埋下法律隐患。所有的企业都是在与各类不同的主体不断的交易中获取利益。合同在企业经营中的广泛应用,决定了合同订立、履行中的法律风险广泛存在。近年来,随着人们法律意识的增强,很多企业已经重视合同的订立,在要约、承诺过程中,都聘请律师参与,请律师起草合同文本。

但是对于很多商务合同而言,签订好合同文本只是一个良好的开端,合同的履行才是真正重要的环节。合同履行过程中双方的来往函件、备忘录、会谈纪要、传真、电子数据等都是宝贵的证据,都要注意整理和保存。相对于合同文本的法律风险,合同履行的法律风险类型更多,范围更广,管理和防范的难度更大。

3. 企业并购的法律风险

企业并购是现代企业整合资源,实现其战略意图和谋求资本回报的重要手段。而这一复杂的资产运作行为必须置于健全的法律控制之下,才能够充分发挥积极效果。首先,企业并购势必会触动并购双方众多利益相关者的利益神经。在并购过程中如何做到程序合法,并有效维护各利益相关方的利益,对兼并双方而言,都是一个重要法律考验。再者,如果企业并购过程中一方存在法律风险,这一风险很可能在并购交易完成后被转嫁到另外一方,尤其是收购交易中的主购方。除此之外,企业兼并涉及公司法、反不正当竞争法、税收法、知识产权法等法律法规,且操作复杂,对社会影响较大,潜在的法律风险较高。

4. 知识产权法律风险

知识产权包括商标权、专利权、著作权等权利,是蕴涵创造力和智慧结晶的成果,其客体是一种非物质形态的特殊财产,要求相关法律给予特别规定。在知识产权领域,保护和侵权是一对孪生兄弟,企业稍有疏忽,自己的知识产权就有可能轻易地被别人侵犯,同时,稍有不慎,自己便可能侵犯了别人的知识产权。我国知识产权保护工作整体比较落后,企业无意或有意地侵犯他人知识产权的现象屡屡发生。因此,知识产权纠纷很可能在将来成为企业法律风险的重灾区。

5. 企业人力资源管理的法律风险

企业人力资源管理过程的各个环节,包括招聘、签订劳动合同、员工使用、员工待遇和福利、员工离职,都有相关的劳动法律、法规约束。企业的任何不遵守法律的行为都有可能给企业带来劳动纠纷,并给企业造成不良影响。另外,员工在工作过程、工作场所或员工宿舍发生身体和健康的伤害,企业也可能需要承担法律和道德上的责任。

此外,企业为了长远发展,往往会花费很大代价来培养业务骨干、技术骨干,这些骨干员工掌握着企业大量的客户资料、商业秘密、技术秘密等核心机密。随着企业的发展壮大,骨干员工的期望值也会水涨船高,一旦企业不能满足个人的要求,便多以跳槽相威胁。员工的高跳槽率与对企业的低忠实度是目前困扰很多企业最为突出的人事问题。跳槽骨干员工往往会带走企业宝贵的客户资源、商业机密、技术机密。这些员工的流向一般不会脱离原来所从事的行业,或者选择自己创业,或者选择同行业的其他企业,很快就会成为企业新的竞争对手,逐步来蚕食企业的资源和市场。骨干员工的跳槽往往会给企业造成难以估量的经济损失,有时甚至是致命的打击。

6. 企业财务税收法律风险

近些年来,企业涉税案件大量涌现,从一定侧面可以看出,企业在财务税收方面的法律风险日益增高。在我国目前的财税政策环境下,很难分清楚合理避税与偷税漏税的界限,如果处理不当,企业很可能要蒙受不必要的经济损失,甚至要负相应的刑事责任,作为法定代表人也可能蒙受牢狱之灾。

7. 企业海外经营和投资的法律风险

在经济日益全球化和中国经济影响力不断增加的今天,中国企业走出去从事海外经营、海外投资的势头不断高涨。由于各个国家和地区的法律规定和司法制度不尽相同,加之各国或多或少都带有一定程度的地方保护色彩,企业海外投资和经营面临的法律风险比本土经营通常会更高,更复杂。企业在走出去的过程中要获益,必须了解国外实体法律和投资发生争议时的解决办法。企业海外扩张进入经营阶段后的法律风险有环保风险、知识产权、劳务、合同管理、公司治理以及母公司责任等。不同的国际环境、不同的国家、不同的文化使得任何一个小的问题都有可能酿成巨大的危机。1989年埃克森公司瓦尔德茨油轮发生石油泄漏,因为违反被收购国家的《环境保护法》,被控要求40亿美元的惩罚性赔偿。此外,企业海外投资的财产常常受控于所在地政府,所在地政府有权直接或间接通过立法侵蚀外国公司产权,如提高收入税、限制财产的使用权等。因此,东道国与中国的外交关系、经贸关系变化,东道国内外部冲突、政权不稳定以及原有政策的废除都会给投资者带来巨大损失。另外,企业海外经营产权还面临被没收的风险。在海外投资的结构性安排上,是采取全资(项目股权由中方100%持有)、合资(参股他国公司)、合作还是采用某种"曲线"投资(中方参股第三方国家的公司,再由后者到他国直接投资),不同的安排导致风险完全不同。

# 二、法律风险的防范与管理

介绍完企业法律风险的种种表现和类型,接下来我们自然要讨论法律风险的防范与管理问题。所谓法律风险管理,是指在对法律风险主体的自身目标、状况及其所处环境进行充分了解的基础上,围绕企业的总目标,结合企业及所处行业的特点、企业外部因素等,采取综合、系统的手段充分利用法律所赋予的权利,以事前控制为主避免或降低企业法律风险带来的不利后果的法律事务处理过程。

管理法律风险,首先是提升企业经营者和管理者的法律意识,依法经营,才是防范法律风险和其他风险的最佳手段。知法、守法并善于利用法律武器,才能避免落入他人设置的法律陷阱,更好地维护企业自身利益。

其次,防范法律风险应当建立有效的法律风险防范机制。法律风险是由法律规定的原因产生的法律后果,因此事前是可以预见的,可以通过各种有效手段加以防范和控制。从不同角度、按照不同的分类标准,可以将法律风险分为直接和间接、内部和外部、客观和主观、作为和不作为四种风险类别。企业应该通过建立法律风险防范体系,即通过有关制度建设增强风险控制的主动性、前瞻性、计划性和时效性。具体说来,企业法律风险防范机制主要包括风险分析评估、风险控制管理、风险监控更新三项内容。

(1)法律风险的分析评估。首先,要由企业管理层和专业人士对企业进行全面深入的法律调查,研究以往案例,发现和识别企业所面临的各方面法律风险,确定法律风险点、风险源,开列具体的风险清单。其次,结合企业自身实际,根据法律管理工作的不同要求、企业经营管理的特点和企业经营战略目标确定风险分类方法,对企业现有的法律风险进行归类。最后,依据风险发生的可能性、损失程度、损失范围等,对各类法律风险进行评分和排序,划分风险等级,提出进行风险控制管理的措施建议。

(2)法律风险控制管理。在风险分析评估的基础上,制定和实施企业法律风险防范战略。法律风险防范战略是企业处理法律风险的总体政策。按照分级管理的原则,重点从风险预警和防范入手,制定各类风险的预警机制、预案机制以及补救方案。坚持对法律风险以事前防范、事中控制为主,以事后补救为辅,全面落实企业管理层、各部门和各员工的各个岗位在法律风险防范机制中的职责和任务。

(3)法律风险监控更新。企业要定期对法律风险防范机制所运用的方法、过程和结果进行整体的监督、评价,查找存在的问题和不足,分析原因,研究改进方案,对法律风险分析评估和控制管理进行改进、调整和更新。

## 思考与讨论

1. 什么是操作风险?操作风险的主要形成原因有哪些?
2. 简要描述操作风险的管理流程。
3. 企业法律风险主要体现在哪些方面?
4. 企业法律风险防范机制主要包括哪些内容?

# 第十章　行为、激励和风险控制

- 常见的行为偏差
- 非理性行为的影响
- 激励制度对管理者行为和企业风险的影响

我们在前面相关章节谈到,企业制度和内部控制对于防范企业面临的各种风险起着至关重要的作用。然而,制度是由人设计的。"人"是风险管理的核心要素,但也常常是风险产生的"罪魁祸首"。人的行为偏差是众多企业投资失败的导火索,人的行为偏差更可能导致决策风险和操作风险。因此,有效的风险控制机制和制度必须充分考虑人的行为特点。

# 第一节　常见的行为偏差

心理学和行为经济学的研究成果告诉我们,人的行为是不完全理性的,存在多种可能的行为偏差。下面我们简要介绍一下与企业风险相关的一些行为偏差。

(一) 过度自信

大量研究表明,人们在日常生活和管理决策时存在着过度自信的倾向,过于相信自己的能力和判断。这种自信源于人们的乐观主义,大多数人在很多方面对自己的能力以及未来的前景都表现出过于乐观的状态。人们的过度自信倾向主要表现在两个方面:第一,人们过高估计高概率事件的发生概率,过低估计低概率事件的发生概率。如人们往往认为实际只有80%以上可能的事件必定会出现,而认为只有20%以下可能的事件不可能发生。第二,人们用于估计不确定变量数值,如经营利润、投资回报等的置信区间过于狭窄,有研究显示,人们选择的98%的置信区间平均只有60%的置信度。

(二) 归因偏差

归因偏差也叫自我归因偏差(biased self-attribution),是一个和过度自信紧密相关的概念。人们在实践过程中,往往会认为理想的结果是由他们的能力所致的,而不理想的结果是由外部原因所致的。也就是说,人们往往把成功归功于自己,把失败归罪于外部环境。因此,人们很难在实践过程中完全认识自己的错误,并纠正过度自信倾向,反而可能会强化这种倾向。

(三) 表征性推理

表征性推理(representativeness heuristic),是指人们对未来做出预期时,往往按照这一不确定事件与近来发生的事件或人们所熟悉的事物的相似程度(某些共同特征)来估计它发生的可能性,抓住问题的某个特征直接推断结果,而不考虑这种特征出现的真实概率以及与特征有关的其他原因。"如果某物看起来像鸭子,叫起来也像鸭子,它可能是只鸭子。"尽管这种推理方式并非一无是处,在很多情况下甚至是一种能够帮助人们迅速抓住问题本质进而推断出结果的有效方法,但有时也会造成判断错误,特别是当面对复杂的、日新月异的市场环境时,这种推理、预测方法可能造成严重的系统性预测偏差。

### (四) 小数原理

小数原理指根据较少的数据推断总体特征。此种推断往往是不可靠的、有偏的。例如,一个从未到过北京的人如果有刚在北京站下火车就被骗的经历,就会认定北京有太多的骗子,尽管北京的治安状况也许很不错。

### (五) 锚定

心理学家指出,人们在解决复杂问题或对变量的数值进行预测时,往往选择一个初始参考点,然后再一步步修正,但随后的修正往往是不充分的,人们仍过多地依赖于最初的估计值。这种现象就叫作锚定(anchoring)。

### (六) 信仰坚持偏差

信仰坚持偏差(belief perseverance bias)也被称为保守主义(conservatism),指人们一旦有了一种认识并形成信仰,那么即使接收到一些与信仰相矛盾的信息,也不容易改变其信仰。信仰一般是长期形成的,所以很难改变,除非有不一致信息的不断冲击使之弱化。这种认知偏差导致人们对新信息重视不够,反应不足。

### (七) 前景理论

长期以来,风险厌恶和预期效用最大化是解释人们在不确定条件下进行选择的标准理论。但是,大量的实验研究表明,人们会系统性地背离预期效用理论。由此,经济学家提出了许多非预期效用理论,其中影响最为深远的是前景理论(prospect theory)(Kahneman and Tversky, 1979; Tversky and Kahneman, 1992)。依据此理论,决策者的选择依赖于价值函数(类似于效用,但不完全符合传统经济学中效用的基本特征)。人们通常是以获利与损失来感受结果,而不是财富的最终状态。获利与损失总是与一定的参照点(reference point)相比较。在参照点以上部分(获利区间),价值函数上凸,表明此时决策者属风险偏好型;在参照点以下部分(损失区间),价值函数下凹,表明决策者属风险厌恶型;在参照点附近,价值函数的斜率有明显的变动,表明人们面对风险态度的逆转——风险厌恶与风险偏好之间的转变。因此,价值函数呈S型。前景理论可以较好地刻画一种常见的行为偏差,即损失厌恶(loss aversion)。

### (八) 损失厌恶

获利给人带来满足和成就感,而损失则给人带来痛苦。大量的研究和事实表明,人们对于损失的敏感程度和反应要比获利强烈得多。换句话说,损失给人们带来的不快要远高于同样规模的盈利给人们带来的快乐。正因为如此,得而复失是痛苦的。举个简单的例子,你中午赢了100万,下午又全输了回去。这时候,你的财富与上午相比没有变化,但你的快乐程度也许远不如上午。由于损失厌恶的缘故,人们在出现较大亏损时往往表现得非常失落,可能为挽回损失而采取一些极端的、非常不理智的行动。比如说,很多输了大钱的赌徒会选择孤注一掷,血战到底,最后落得倾家荡产。

### (九) 惜旧

按照财富最大化原理,如果有人愿意以100元换取你拥有的估价80元的物品,你应当不会拒绝。然而,敝帚自珍,很多时候,你并不愿意从事这样的交易而白白损失利润。再如,假设有两件物品 A 和 B 同时让你选择,你选 A,这说明你认为 A 的价值或重要性胜于 B。如果你先有了 B,有人提出用 A 交换你的 B,按照正常逻辑,你应当会心甘情愿地交换(当然,假设物品的品质是完全可靠的)。然而,事实并非总是这样。很多时候,一旦拥有 B,你便不再愿意用其交换 A。

# 第二节  非理性行为的影响

如前所述,"人祸"是导致诸多风险的重要原因。要想从根本上防范风险,就必须规范人的行为,特别是管理者的行为。例如,并购之类的资本运作的成功率并不高,其中一个重要原因,就是决策者的过度自信,过于相信自己的直觉和判断,过高估计了资本运作的利益,而低估了资源整合的难度。再如,企业的投资失败,或战略决策失误,往往和决策者的过度自信等认知偏差有直接的关系。

具体说来,锚定、表征性推理、小数原理等认知偏差会使决策者误判形势,或错误地预测未来,从而导致投资、战略或营销等决策的失误。保守主义则使人守旧,使人固执地相信昨天抢手的东西今天和明天还会抢手,从而容易使企业丧失创新变革和战略转移的先机。特别值得一提的是,保守主义常常使人把过去的热点当成现在的热点,甚至未来的发展趋势,从而诱发盲目跟风的现象。这在市场环境和产品技术瞬息万变的现代商业社会是一件非常危险的事。

## 一、理论模型

假设企业管理者过度自信,并以自信参数 $\gamma$ 高估公司或投资的基本面价值。一项基本面价值为 $f(K,.) - K$ 的投资,在管理层眼里的价值将演变为:

$$(1 + \gamma)f(K,.) - K$$

这里 $f$ 为新投资 $K$ 的一个递增凹函数。

我们同时假设企业管理层希望最大化其眼中的公司价值,或现有长期股东价值。在市场估值正确的情况下,管理者的乐观导致其误以为公司的价值被低估了 $\gamma f$,因此他认为出售(增发)公司比例为 $e$ 的股权将导致现有股东损失 $e\gamma f(K,.)$。

把上述两项假设结合在一起,我们可以得到企业管理者的目标函数如下:

$$\max (1 + \gamma)f(K,.) - K - e\gamma f(K,.) \quad \text{(公式 10-1)}$$

对变量 $K$ 和 $e$ 分别求一阶导数,我们得到

$$f_K(K,.) = \frac{1}{1 + (1 - c)\gamma} \quad \text{(公式 10-2)}$$

以及

$$(1 + \gamma)f_e(K,.) = \gamma[f(K,.) + e \cdot f_e(K,.)] \quad \text{(公式 10-3)}$$

上面的第一项(公式 10-2)最优化条件谈的是企业投资决策,第二项(公式 10-3)最优化条件谈的则是企业的融资决策。模型的结果告诉我们,由于过度自信,1元投资带来的边际效益不是等于,而是小于1,因此导致过度投资。自信参数 $\gamma$ 越大,过度投资越严重。此时,企业越不依赖股权融资($e$ 越小),过度投资也会越严重。也就是说,在企业投资决策过程中,即便是忠诚尽职的企业管理者,也会因为自身的认知偏差,做出错误的决定,并因此损害公司和股东的利益。投资决策如此,其他决策也不会有太大区别。

## 二、实证研究和案例

研究表明,许多创业企业其实是在创业者的过度自信和乐观情绪支配下进行的。Cooper、Woo 和 Dunkelberg(1998)对美国企业家进行的一项研究发现,68%创业者认为其企业成功的可能性超过规模相似的同行,只有5%的创业者认为成功的机会不如同行,其余则认为其创业企业几乎铁定能成功。Landier 和 Thesmar(2009)对法国企业家所做的调查得到的结果可谓惊人地相似。在创业初期,56%的企业看好企业近期的发展,6%的企业预期会面临困难。三年后,38%的企业看好企业的发展,预期会面临困难的企业数量则上升至17%。事实上,只有不到一半的创业企业能够存活3年以上(Scarpetta,Hemmings, Tressel and Woo,2002)。

过度自信同样影响着成熟企业的投资决策。Malmendier 和 Tate(2005)的研究表明,如理论模型预测的那样,企业管理层的乐观情绪对企业投资有着重要影响。Ben-David、Graham 和 Harvey(2010)的研究则提供了公司财务主管过度自信的非常有力的证据:财务主管以80%的置信度估计的其任职公司的股票年回报,预测区间只有1/3的时间包含了实际回报。

过度自信、锚定、小数原理等属于认知偏差的范畴;损失厌恶、惜旧则属于非理性偏好。决策者的非理性偏好同样会增加企业运营风险。例如,由于损失厌恶,在企业发生严重亏损从而急需保存实力、控制风险的情况下,决策者或导致亏损的责任人反倒无法冷静,甚至失去理智。为了挽回损失,他们往往不顾实际,孤注一掷,盲目冒险。各项实证研究结果表明,损失厌恶会扭曲企业的投资决策。为了掩盖失误,或从内心深处不愿承认错误,决策者有着"在坏钱后扔进好钱(throw good money after bad)"的倾向。Guedj 和 Scharfstein(2008)对制药企业所做的研究发现,品种单一的早期制药企业极不愿意放弃手中唯一的有丁点盼头的候选药品的研发,尽管医疗实验显示该药品并无太大前途。

企业在发展过程中,一些产业方向或资产可能会渐渐丧失竞争优势,应当被剥离或出售,及时进行战略调整。惜旧往往使企业家在做这种战略决策时显得优柔寡断,最终贻误商机。

还有一种行为,虽不属于第一节所讨论的非理性行为之列,但对企业的价值提升和风险管理有很大危害。这种行为就是管理者和/或员工以对企业不忠诚、不尽责为代价的自利行为,或称道德风险(moral hazard)。这种行为也许并不违背个人预期效用最大化的原理,但与企业价值最大化背道而驰,是企业在经营、发展过程中面临的最大风险之一。

面对各种行为风险,企业应当如何面对?比较行之有效的方法在于完善企业内部控制制度和集体决策制度,重大决策应由集体讨论决定,而且在必要时不妨听听外部专家和咨询机构的意见。俗话说,"真理越辩越明","三个臭皮匠,胜过一个诸葛亮"。尽管行为偏差是一种普遍现象,但不同人的行为偏差和非理性程度毕竟各不相同,通过讨论,集思广益,决策的非理性程度可望大大降低。集体决策对于防止舞弊并降低经营者的道德风险效果更加直接。

## 案例分析
### 索尼公司 Chromatron 项目失败的教训

目前,在公司价值管理过程中,学术界与经营者主要把注意力集中在代理成本上,代理人(经理人)的利益与委托人(股东)的利益发生冲突时,代理成本会上涨。这种鼓励代理人为委托人利益而服务的机制被称为激励兼容。基于价值管理的赞成者强调,有了合理的激励,经理人就会努力使他们所在的公司价值最大化。但行为金融学的支持者们认为,除代理成本外,行为成本可能非常大,不能仅仅集中于鼓励。当然这并不是说激励并不重要,相反,激励非常重要,但是问题在于实行什么样的激励。假如雇员对什么是自己的利益有所曲解,或者他们对采取的使自己利益最大化的行为持有错误的观点,那么虽然激励兼容对公司价值最大化有利,但还是远远不够。

索尼公司在 Chromatron 项目上的失败可谓是这一行为成本的一个经典案例。索尼公司由 Masaru Ibuka 和 Akio Morita 于 1946 年创建。1957 年索尼生产出了第一台袖珍晶体管收音机。几年后,Ibuka 和 Morita 努力工作希望生产出彩色电视机。1961 年 3 月,Ibuka 和 Morita 在纽约参加了一个由电子和电气协会主办的贸易展,在那里,他们在一台电视机屏幕上看到了从未见过的最清晰和明亮的图像。这种彩色显像管被称为 Chromatron(由诺贝尔物理学奖获得者 Lawrence 为美国军方发明),它的拥有者是自动化实验室。Morita 从该实验室购买了一项技术许可,来生产一种围绕这种显像管设计的彩电。

Ibuka 用了两年时间来发展一个商业标准和过程技术。到了 1964 年 9 月,Ibuka 领导的团队成功地造出了样机,但并没有发展为商业化的生产过程。

Ibuka 既自信又乐观。他在索尼的展示会上发布了该产品的消息并展示了这款产品,消费者反应强烈。索尼甚至投资了一批新设备来组装 Chromatron。Ibuka 宣称 Chromatron 将会是索尼的主打产品。他在装配线上安排了 150 个人,但生产线每生产 1000 个产品只有 2—3 个是可以用的。这种彩电的销售价格是 550 美元,但生产成本却是价格的 2 倍多。索尼的领导层对应采取的举措存在严重分歧。Morita 想要终止 Chromatron 项目,然而,Ibuka 却拒绝了。索尼继续生产并销售这种彩电,最终销售了 13000 台,每台的利润为负。1966 年 9 月,索尼的财务经理宣称索尼已到了破产的边缘,直到那时,Ibuka 才同意终止这个项目。在索尼的案例中,至少有两个行为学因素起到了作用——过于自信和损失厌恶。过于自信明显地起了作用,因为 Ibuka 在工程师设计出较低成本的生产工艺之前就将 Chromatron 大量投产。损失厌恶也起了作用,因为当损失增多,Ibuka 继续该项目的投资并且不愿意接受一个既定的损失,他宁可一搏,看是否有解决方案。

索尼最初的损失都是源于它对 Chromatron 项目的投资,这是一项沉没成本(sunk cost)。大多数公司财务方面的书都提醒我们可以忽略它们。R. Brealey 和 S. Myers 在其 2000 年出版的著名的《公司财务的基本原则》一书中这样描述到:"忘记沉没成本,沉没成本就像已经倾倒出来的牛奶,它们是过时的和不可逆的。因为沉没成本已经流走,所以它们不能影响是否拒绝或接受一个项目,它们在决策时应被忽略。"尽管很多学者强调应忽略沉没成本,但是公司决策者却经常把其作为相关的事物来看待。在篮球比赛中,教练决定谁上场时,往往把球员工资作为考虑的因素——有时并不考虑高薪球员是否表现得好。实际上,球员工资是一项沉没成本。B. Staw 和 H. Hoang 在 1995 年以及 C. Camererr 和 R. Weber 在 1999 年对此进行了研究。研究表明,球员领的薪水越高,他上场的时间也越多,即使有其他情况,如场上表现欠佳、受伤以及训练状态不佳等。

L. May 在 1988 年的研究表明,人们往往对他们认为负有责任的失败投入比成功更多的钱。管理学家 E. Conlon 发现,对失败负有责任的决策者比那些不负有责任的决策者更喜欢回忆过去的决策,这意味着他们会寻找证据来证明他们先前的决策是合理的。这可以被看作是"认知偏见"。Conlon 的一个非常重要的发现是沉没成本的大小不会改变经理人回顾过去和提高花费的倾向,但是导致失败的决策往往受这两个方面的影响。

Conlon 这样描述到:有多少钱被涉及并不重要,但决策错误的可见性却非常重要。如果你被看作是一个高度可见的错误决策的主要发动者和引导者,你会更易于回顾过去和在决策中变得不够理性。

代理理论的一个重要问题是因为激励体制没有使经理人和股东的利益很好地结合,他们往往会做出较差的经营决策。在这方面,行为学因素的影响与代理成本是类似的。行为学因素导致了 Ibuka 的行动,而这损害了其他股东的利益。

在索尼的案例中,Ibuka 是公司的创立者和大股东,但即使作为大股东也没有使他避免在行使经理职责时过于自信和厌恶损失。行为学因素在决策中能使其他影响因素扩大。毫无疑问,激励非常重要,但是索尼的案例告诉我们,激励并不能必然克服行为学因素在决策中的影响。

另外,在现代公司决策中,还有一个重要的问题是群体行为问题:群体行为到底是缓和还是扩大了个人倾向的认知错误? E. Russo 和 P. Schoemaker 在 1989 年的研究中发现,群体行为经常扩大个体错误,这对于公司经理人来说是一个特别重要的发现。大多数的公司决策是在群体环境下做出的。G. White 在 1993 年关于项目终止决策的群体扩大影响的研究中提供了针对个体决策者和群体决策者的两项描述。现在有两个项目,项目的未来期望并不十分诱人,一个项目描述了沉没成本,另一个则没有。试验表明,当没有描述沉没成本时,有 29.9% 的个人决策者接受这个项目,而当描述沉没成本时,有 69% 的个人决策者接受这个项目。在群体决策中发生的事也很有趣。当没有描述沉没成本时,有 26% 的群体接受这个项目;但是当描述沉没成本时,有 86% 的群体接受这个项目。

这项研究表明,在群体决策中行为学错误确实被扩大了。

行为学因素在公司财务中还有其他运用。例如,过于自信的执行官可能低估债务拖欠发生的可能性,结果选择了一个债务负担过重的资本结构。这在我国巨人集团的案例中表现得尤为明显,当时的史玉柱显然被外界的因素所左右,而且过于自信,因此在建造巨人大厦的过程中一错再错,楼层一高再高,最终导致巨人集团轰然倒塌。

## 讨论题

1. Sony 在 Chromatron 项目的失败因何而起?这种失败如何才能规避?
2. 在发现 Chromatron 项目的严重问题后,项目发起者 Ibuka 为什么不同意终止项目?请详细说明相关原因。
3. 在投资和战略决策中,因为行为偏差,沉没成本是如何影响决策结果的?究竟应当如何对待沉没成本?

# 第三节　激励制度对管理者行为和企业风险的影响

现代企业理论告诉我们,在所有权和经营权分离的情况下,经营者的自利行为或道德风险,将引发所谓的代理问题,对企业发展和价值创造产生重要的不利影响。为了化解代理问题的影响,企业常用激励手段,如期权激励、利润提成激励等来强化管理者、核心员工和股东之间的利益关联性。

应当说,激励制度的不断完善和广泛使用对于减少企业经营者的道德风险、降低代理成本、提升企业价值发挥了积极的作用。然而,现行的大多数激励手段只能使经营者与股东"同甘",无法让经营者与股东"共苦"。也就是说,管理者可以与股东分享经营成果,却很少与股东共担损失、共担风险。从风险管理的角度看,这些激励制度很可能增加,而不是降低企业经营的风险。

我们不妨以期权激励为例来作个简单分析。假设管理者拥有为数可观的奖励期权(看涨期权),年内到期。这些期权允许其持有者,也是企业的经营者在年末以 20 元/股的价格购买若干股股票。企业现在的股价只有 15 元/股。企业经营者有两种经营方案可供选择:一是稳健型,可以使股价上涨约 20%,在年末达到 18 元左右;另一方案为冒险型,有 50% 的可能性使股价上涨到 25 元/股,但也有 50% 的概率使股价大跌,降到 3 元/股(如图 10-1 所示)。显然,稳健型方案对股东更有利,但由于期权的诱惑,冒险型方案显然更受经营者青睐。在此情形下,期权激励反倒增加了经营者的道德风险。

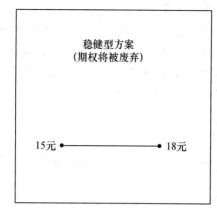 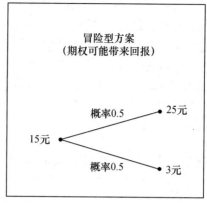

图 10-1 期权激励的影响

如何防范企业经营者以股东利益为代价而进行不适当的冒险呢？第六章介绍的风险修正的业绩考核和激励方法值得大家借鉴。

本章第一节谈到，损失厌恶是人性的一大弱点。在企业某项投资活动发生损失后，如何防止管理者或相关责任人因损失厌恶的心理偏差给企业带来进一步伤害显得非常重要。对于金融投资类活动，止损是一种常见做法。所谓止损，即当损失达到一定限度时，严格限制甚至停止相关责任人的交易活动，以防止其在损失厌恶的心理驱使下，孤注一掷，盲目冒险。

## 思考与讨论

1. 列举五种常见的行为偏差，并简要解释其含义。
2. 有人认为自信是企业家的一种重要素质，对此你有何看法？
3. 损失厌恶对企业风险管理有什么影响？如何应对？
4. 激励制度的主要作用是什么？现行激励制度一般有什么局限性？激励与企业风险管理有何关联？

# 第十一章　资本运作的风险管理*

- 资本运作的意义
- 资本运作的效果——经验证据
- 资本运作的风险与防范

---

\* 本章内容参考和引用了作者所著的《融资、并购与公司控制》(第三版),北京大学出版社2013年版,特此说明。

## 第一节 资本运作的意义

企业管理的真谛在于有效地使用和整合资源。在金融市场不断完善的现代商业社会,资本运作已经成为许多企业整合资源的重要手段。

企业资本运作的实质是在资金和企业控制权运动过程中,各权利主体依据企业产权所做出的制度安排而进行的一种资金和权利让渡行为。资本运作包含的活动范围可谓非常广泛,包括企业的上市,收购兼并与分拆,股权增发与变更,债券发行,企业资产的扩张、收缩、重组以及所有权结构的重大变动等。从本质上讲,资本运作是一种金融交易,旨在通过企业财权、产权、控制权的重新组合,以达到整合资源、增加或转移财富的目的。

资本运作是异常复杂的商业活动,它不仅能帮助企业筹集资金,还可帮助企业获得包括技术、品牌、市场渠道等资源。如果运用得当,可起到事半功倍,迅速将企业做大做强的作用。从国内外企业发展的经验看,优秀的大型企业集团,无论是 GE、微软、花旗集团,还是和记黄埔、韩国三星,都有非常成功的资本运作经历。可以说,现代企业如果没有资本运作的能力,就像断了一只翅膀的雄鹰,很难飞得高、飞得远。

总体来看,资本运作的作用主要体现在如下几个方面:

(1) 募集资金。企业通过出让部分股权或出售债券,可以获得外部资金支持。这一点对于发展资金短缺的成长型企业显得尤为重要。

(2) 聚集和整合资源。资本运作是现代企业获得技术、管理、品牌、市场、公共关系等资源的重要手段,是企业补充核心资源,提升竞争能力的重要武器。例如思科(CISCO)、GE 等公司常通过收购拥有某项先进技术的其他公司补充自身的技术资源,以保证其在行业中的技术领先地位。又如 TCL 希望通过收购德国的施耐德来获得在欧洲国家销售产品所需要的品牌与销售渠道等资源。

(3) 实现规模经济。通过购并进行资产的补充和调整,达到最佳经济规模,提高生产效率和盈利水平。所谓规模经济是指某个时期内,随着生产规模的扩大,产品或服务的单位成本会逐步下降。企业通过并购对资产进行补充和调整,一来可达到最佳规模经济的要求,使其经营成本最小化;二来可以使企业在保持整体产品结构的同时,实现产品深化生产,或者运用统一的生产流程,减少生产过程的环节间隔,充分利用生产能力。施蒂格勒认为,"随着市场的发展,专业化厂商会出现并发挥功能,在这方面规模经济是至关重要的,一个厂商通过并购其竞争对手来成为巨型企业是现代经济史上的一个突出现象。"据调查,西方企业中有 18% 承认其合并动机与规模经济有关。我国目前有许多行业,其中企业数量众多但生产规模都相对较小,远未达到规模经济的要求,通过并购重组有可能创造出巨大的价值。

(4) 战略调整,通过收购进入新行业。企业混合并购是追求多元化经营、进入新的经营领域的常见方式。例如,美国的 Philip Morris 公司原为一家烟草公司,该公司为了进军食品业而收购了卡夫食品公司。

（5）降低交易费用。企业理论告诉我们，市场运作的复杂性会导致交易的完成需要付出高昂的交易成本，通过购并改变企业边界，使某些高成本的交易转化为企业内部的管理，从而节省成本，提高效率。例如，企业为了获得自己所缺的关键要素，如果通过谈判从别的企业购买，在信息不对称和外部性的情况下，往往要支付高昂的谈判和监督成本，而且还可能由于他人的竞争或垄断而最终得不到。而通过购并手段，不但确保该技术的获得，还可使这些问题成为内部问题，达到节约交易费用的目的。

（6）提高市场份额和市场竞争力。企业通过购并活动减少竞争对手，提高了市场占有率，可以增加对市场的控制能力和垄断能力，从而获得超额利润。例如，美国的惠普和康柏合并就是为了应对个人电脑市场的激烈竞争。企业并购提高行业集中程度一方面可以减少竞争者数量，使行业相对集中，增大进入壁垒；另一方面，当行业出现寡头垄断时，企业即可凭借垄断地位获取长期稳定的超额利润。这种大公司不易受市场环境变化的影响，在利润方面比小公司变化小。当然如果收购兼并的目的纯粹是为了减少市场竞争，则可能会遇到法律方面的障碍。不过，由于企业对市场一定程度的控制与对市场完全垄断的界限很难界定，即便是在一向崇尚自由竞争的美国，其对基于控制市场目的的这种并购行为的监管也一直存在争议。

# 第二节　资本运作的效果——经验证据[①]

尽管资本运作对现代企业的发展意义重大，但多数并没有带来预想的效果。也就是说，许多资本运作活动，特别是企业收购活动，没有能提高资本运作者的价值。《商业周刊》曾对美国的大型收购做过详细研究，基本结论是多数并购未能产生人们期待的协同效应。相反，许多并购最终损害了股东的价值。比如，戴姆勒-奔驰以386亿美元收购了克莱斯勒，但是该股票的回报率比标准普尔汽车业指数差30%；美国在线以1660亿美元收购了时代华纳，结果也很不理想。

《商业周刊》研究了1995—2001年的约三百起大型兼并案例。研究的主要结论是：

（1）61%的买家减少了股东的财富。并购一年后，这些并购失败者的股市平均回报率平均比业界低25%，而少量成功者的表现不足以弥补这么巨大的损失，所有并购企业的表现比业界低4.3%，比标准普尔500指数低9.2%。

（2）买家失败的主要原因是出价太高，从并购前一周开始，卖家股东获得了19.3%的额外收益。

（3）完全用股票进行的并购（这占并购总数的65%）结果最糟。在并购一年后，其股票回报比业界低8%。而完全用现金收购的企业比业界表现好0.3%。

（4）投资者最初的反应对于并购的成败是一种很好的预测，说明市场在一定程度上是理性的。在并购第一周股价大幅下跌的企业中，66%的股价在一年后仍然落后于业

---

① 本节内容参考和引用了作者所著《融资、并购与公司控制》，北京大学出版社2005年版，第232—242页。

界,平均幅度达25%。而第一周上涨的企业在一年后的平均涨幅为31%,这些企业第一周的平均涨幅为5.6%。

在《商业周刊》的研究中,表现最糟的是2000年2月14日WebMD以32亿美元对Medical Manager公司及其下属的CareInsite公司的收购。收购溢价高达48%,但是一年后,该股的表现比同类股票差152%。

当然,收购成功的例子也不鲜见。荷兰的Buhrmann以10亿美元现金收购Corporate Express则是最成功的收购,它们的溢价只有24%。Buhrmann在第一周就上涨了20%,一年后上涨了110%,而业界同期则下跌了19%。AMD在1995年10月以8.6亿美元收购了NexGen,虽然在第一年AMD的股价下跌了37%,比业界表现差63%,但是如果AMD没有收购NexGen的芯片技术,它就不能与英特尔竞争。AMD创始人桑德斯说:"没有这一协议,我们就将永远被关在处理器市场外面。我当时和现在都认为这是很好的并购。"

由于收购方一般会向被收购企业支付相当幅度的溢价,被收购企业的股东通常是兼并过程中的受益者。大量研究表明,并购重组为目标公司股东带来的收益很丰厚。表11-1显示,被收购公司股东的平均超额收益率在20%—30%之间。Jensen与Ruback(1983)认为在要约收购中,目标公司股东的超额收益率为30%,而在兼并中则为20%。

与目标公司股东相比,收购方股东获得的回报显得有些差强人意。表11-2和11-3显示,收购为收购方股东带来正收益的几率几乎与为收购方股东带来负收益的几率一样大。表11-4给出了交易完成后较长时期内的企业的异常收益。多数研究显示,兼并的长期收益为负。这些研究表明,收益随着年代推移似乎呈递减趋势。这些结果表明,收购公司股东从并购活动中获取的超额收益并不令人乐观。换句话说,并购之类的资本运作其实蕴藏着很大的风险,绝对不是一件容易的事。

# 第三节 资本运作的风险与防范

## 一、资本运作的风险

在上节我们谈到,资本运作尽管意义重大,但并不总能取得良好的预期效果。就并购来说,以下风险经常会出现:

1. 信息不对称风险

信息不对称风险主要表现在以下几个方面:[①]

(1)财务风险,指由于收购方对被并购企业财务状况缺乏足够了解,从而导致收购方错误估计合并的协同效应。财务报表是并购中进行评估和确定交易价格的重要依据,其真实性对整个并购交易至关重要。但目标企业有可能为了自己的利益,利用虚假的报

---

[①] 参见作者所著《融资、并购与公司控制》,北京大学出版社2005年版,第224—226页。

表 11-1 目标公司股东收益

| 研究者 | 累积超额收益(%或每笔交易平均获利美元金额) | 样本大小 | 样本期间 | 事件窗(天) | 正收益所占比例(%) | 备注 |
|---|---|---|---|---|---|---|
| Langetieg(1978) | +10.63%** | 149 | 1929—1969 | (-120,0) | 71.6% | 兼并,以交易生效日为事件日 |
| Bradley, Desai, Kim(1988) | +31.77%** | 236 | 1963—1984 | (-5,5) | 95% | 仅是要约收购;数据是1963年7月—1968年6月,1968年7月—1980年12月与1981年1月—1984年12月子时期的;随着时间变化,收购方收益从+19%增长到+35% |
| Dennis, McConnell(1986) | 8.56%** | 76 | 1962—1980 | (-1,0) | 70% | — |
| Jarrell, Poulsen(1989) | +28.99%** | 526 | 1963—1986 | (-20,10) | N/A | 仅是要约收购 |
| Lang, Stulz, Walkling(1989) | +40.3%** | 87 | 1968—1986 | (-5,5) | N/A | 仅是要约收购 |
| Franks, Harris, Titman(1991) | +28.04%** | 399 | 1975—1984 | (-5,5) | N/A | 合并与要约收购,有各种支付手段与要约竞争情况的分段数据 |
| Servaes(1991) | +23.64%** | 704 | 1972—1987 | (-1,完成) | N/A | 合并与要约收购,有付款方法的分段数据 |
| Bannerjee, Owers(1992) | +$137.1 MM** | 33 | 1978—1987 | (-1,0) | 85% | 白马骑士竞价 |
| Healy, Palepu, Ruback(1992) | +45.6%** | 50 | 1979—1984 | (5,5) | N/A | 期间内美国最大的合并 |
| Kaplan, Weisbach(1992) | +26.9%** | 209 | 1971—1982 | (-5,5) | 94.7% | 合并与要约收购 |
| Berkovitch, Narayanan(1993) | +$130.1 MM** | 330 | 1963—1988 | (-5,5) | 95.8% | 要约收购 |
| Smith, Kim(1994) | +30.19%**<br>+15.84%** | 177 | 1980—1986 | (-5,5)<br>(-1,0) | 96.0%<br>91.3% | 成功与失败的要约收购 |
| Schwert(1996) | +26.3%** | 666 | 1975—1991 | (-42,126) | N/A | 合并与要约收购,也有各交易属性的分段数据 |

（续表）

| 研究者 | 累积超额收益（%或每笔交易平均获利美元金额） | 样本大小 | 样本期间 | 事件窗（天） | 正收益所占比例（%） | 备注 |
|---|---|---|---|---|---|---|
| Loughran, Vijh(1997) | +29.6%** 合并<br>+126.9%** 要约收购<br>+47.9%** 综合 | 419<br>135 | 1970—1989 | (-2,1250) | N/A | 收购后5年的收益，也有付款形式的分段数据 |
| Maquieira, Megginson, Nail(1998) | +41.65%** 综合性大企业<br>+38.08%** 非综合性大企业 | 47<br>55 | 1963—1996 | (-60,60) | 61.8%<br>83.0% | 综合性大企业与非综合性大企业合并股合并收益研究 |
| Eckbo, Thorburn(2000) | +7.45%** | 332 | 1964—1983 | (-40,0) | N/A | 仅是加拿大的目标公司 |
| Leeth, Borg(2000) | +13.27%** | 72 | 1919—1930 | (-40,0) | N/A | — |
| Mulherin, Boone(2000) | +21.2%** | 376 | 1990—1999 | (-1,+1) | N/A | — |
| Mulherin(2000) | +10.14%** | 202 | 1962—1997 | (-1,0) | 76% | 未完成收购的样本 |
| Delong(2001) | +16.61%** | 280 | 1988—1995 | (-10,1) | 88.6% | 至少有交易一方是银行 |
| Houston 等人(2001) | +15.58%** (1985—1990)<br>+24.60%** (1991—1996)<br>+20.80% (综合) | 27<br>37<br>64 | 1985—1996 | (-4,1) | N/A | 交易双方均为银行 |

注：除非另有声明，事件日指合并/竞价公告日。** 指在0.05或更好的水平上显著。

资料来源：Robert F. Bruner, "Does M&A Pay?", Journal of Applied Finance, Vol. 12, No. 1, (Spring/Summer 2003).

表 11-2 收购公司股东收益（收益为负的结果）

| 研究者 | 累积超额收益（%）或每笔交易平均获利美元金额 | 样本大小 | 样本期间 | 事件窗（天） | 正收益所占比例（%） | 备注 |
|---|---|---|---|---|---|---|
| Langetieg(1978) | -1.61% | 149 | 1929—1969 | (-120,0) | 47.6% | 兼并，以交易生效日为事件日 |
| Dodd(1980) | -1.09%** 成功的<br>-1.24%** 失败的 | 60<br>66 | 1970—1977 | (-1,0) | N/A | 仅为合并，每日数据 |
| Asquith, Bruner, Mullins(1987) | -0.85%** | 343 | 1973—1983 | (-1,0) | 41% | — |
| Varaiya, Ferris(1987) | -2.15%**<br>-3.9%** | 96<br>96 | 1974—1983<br>1974—1983 | (-1,0)<br>(-20,80) | N/A<br>42% | — |
| Morck, Shleifer, Vishny(1990) | -0.70% | 326 | 1975—1987 | (-1,1) | 41.4% | 以目标公司股票市值为基准，用竞价者市值的变化来衡量收益 |
| Franks, Harris, Titman(1991) | -1.45% | 399 | 1975—1984 | (-5,5) | N/A | 合并与要约收购，有各种支付手段与竞争情况的分段数据 |
| Servaes(1991) | -1.07%** | 384 | 1972—1987 | (-1,完成) | N/A | 合并与要约收购，有付款方法的分段数据 |
| Jennings, Mazzeo(1991) | -0.8%** | 352 | 1979—1985 | (-1,0) | 37% | — |
| Bannerjee, Owers(1992) | -3.3%** | 57 | 1978—1987 | (-1,0) | 21% | 白马骑士竞价 |
| Byrd, Hickman(1992) | -1.2% | 128 | 1980—1987 | (-1,0) | 33% | — |
| Healy, Palepu, Ruback(1992) | -2.2% | 50 | 1979—1984 | (-5,5) | N/A | 期间内 50 起最大的合并 |
| Kaplan, Weisbach(1992) | -1.49%** | 271 | 1971—1982 | (-5,5) | 38% | 合并与要约收购 |
| Berkovitch, Narayanan(1993) | -$10MM | 330 | 1963—1988 | (-5,5) | 49.4% | 要约收购 |
| Sirower(1994) | -2.3% | 168 | 1979—1990 | (-1,1) | 35% | — |

（续表）

| 研究者 | 累积超额收益（%或每笔交易平均获利美元金额） | 样本大小 | 样本期间 | 事件窗（天） | 正收益所占比例（%） | 备注 |
|---|---|---|---|---|---|---|
| Eckbo, Thorburn(2000) | -0.30% | 390 | 1964—1983 | (-40,0) | N/A | 收购加拿大目标公司的美国收购者 |
| Mulherin, Boone(2000) | -0.37% | 281 | 1990—1999 | (-1,+1) | N/A | — |
| Mitchell, Stafford(2000) | -0.14%**① <br> -0.07% | 366 <br> 366 | 1961—1993 | (-1,0) | N/A | Fama与French的三因素模型，使用每月收益率 |
| Walker(2000) | -0.84%**② <br> -0.77% | 278 <br> 278 | 1980—1996 | (-2,+2) | 41.4% <br> 46.4% | — |
| DeLong(2001) | -1.68%** | 280 | (1988—1995) | (-10,1) | 33.6% | 至少有交易一方是银行 |
| Houston等(2001) | -4.64%**(1985—1990) <br> -2.61%(1991—1996) <br> -3.47%(所有的) | 27 <br> 37 <br> 64 | (1985—1996) | (-4,1) | N/A | 交易双方均为银行 |

注：除非另有声明，事件日指合并/竞价公告日。\*\*指在0.05或更好的水平上显著。
资料来源：Robert F. Bruner, "Does M&A Pay?", Journal of Applied Finance, Vol. 12, No. 1, (Spring/Summer 2003).

① 第一行的收益率基于等权重的基准组合，第二行的收益率基于以价值为权重的基准组合。
② 第一行的收益率根据市场平均收益率作了调整，第二行的收益率根据匹配的企业作了调整。

表 11-3 收购公司股东收益（收益为正的结果）

| 研究者 | 累积超额收益（%或每笔交易平均获利美元金额） | 样本大小 | 样本期间 | 事件窗（天） | 正收益所占比例（%） | 备注 |
|---|---|---|---|---|---|---|
| Dodd, Ruback(1977) | +2.83%** 成功的<br>+0.58% 失败的 | 124<br>48 | 1958—1978 | (0,0) | N/A | 仅为要约收购，每月数据 |
| Kummer, Hoffmeister(1978) | +5.20%** 成功的 | 17 | 1956—1970 | (0,0) | N/A | 仅为要约收购，每月数据 |
| Bradley(1980) | +4.36%** 成功的<br>-2.96% 失败的 | 88<br>46 | 1962—1977 | (-20,+20) | N/A | 仅为要约收购，每日数据 |
| Jarrell, Bradley(1980) | +6.66%** | 88 | 1962—1977 | (-40,+20) | N/A | 仅为要约收购，每日数据 |
| Bradley, Desai, Kim(1982) | +2.35%** 成功的 | 161 | 1962—1980 | (-10,+10) | N/A | 仅为要约收购，每日数据 |
| Asquith(1983) | +0.20% 成功的<br>+0.50% 失败的 | 196<br>89 | 1962—1976 | (-1,0) | N/A | 仅为合并，每日数据 |
| Asquith, Bruner, Mullins(1983) | +3.48%** 成功的<br>+0.70% 失败的 | 170<br>41 | 1963—1979 | (-20,+1) | N/A | 仅为合并，每日数据 |
| Eckbo(1983) | +0.07% 成功的<br>+1.20%** 失败的 | 102<br>57 | 1963—1978 | (-1,0) | N/A | 仅为合并，每月数据 |
| Malatesta(1983) | +0.90% 成功的 | 256 | 1969—1974 | (0,0) | N/A | 仅为合并，每月数据 |
| Wier(1983) | +3.99% 失败的 | 16 | 1962—1979 | (-10,取消日) | N/A | 仅为失败的合并，每日数据 |
| Dennis, McConnell(1986) | -0.12%(-1,0)<br>+3.24%(-6,+6)** | 90 | 1962—1980 | (-1,0) | 52% | 仅为合并，每日数据 |
| Jarrell, Brickley, Netter(1987) | +1.14%** | 440 | 1962—1985 | (-10,5) | N/A | 仅为要约收购；数据是1962—1969年，1970—1979年，1980—1985年子时期的；收购方收益从+4%降为-1% |

（续表）

| 研究者 | 累积超额收益（%或每笔交易平均获利美元金额） | 样本大小 | 样本期间 | 事件窗（天） | 正收益所占比例（%） | 备注 |
| --- | --- | --- | --- | --- | --- | --- |
| Bradley, Desai, Kim(1988) | +1%** | 236 | 1963—1984 | (−5,5) | 47% | 仅为要约收购；数据是1963年7月—1968年6月，1968年7月—1980年12月与1981年1月—1984年12月子时期的；随着时间变化，收购方收益从+4%降为−3% |
| Jarrell, Poulsen(1989) | +0.92%** | 461 | 1963—1986 | (−5,5) | N/A | 仅为要约收购 |
| Lang, Stulz Walkling(1989) | 0% | 87 | 1968—1986 | (−5,5) | N/A | 仅为要约收购 |
| Loderer, Martin(1990) | +1.72%** 1966—1968<br>+0.57%** 1968—1980<br>−0.07% 1981—1984 | 970<br>3 401<br>801 | 1966—1984 | (−5,0) | N/A | 合并与要约收购，有收购规模的分段数据 |
| Smith, Kim(1994) | +0.50%<br>−0.23% | 177 | 1980—1986 | (−5,5)<br>(−1,0) | 49.2%<br>76.2% | 成功的与失败的要约收购 |
| Schwert(1996) | +1.4% | 666 | 1975—1991 | (−42,126) | N/A | 合并与要约收购，有各种交易属性的分段研究 |
| Maquieira 等(1998) | +6.14%** 非综合性大企业交易<br>−4.79% 综合性大企业 | 55<br>47 | 1963—1996 | (−60,60) | 61.8%<br>36.2% | 综合性大企业与非综合性大企业的换股合并研究 |
| Lyroudi, Lazardis, Subeniotis(1999) | 0% | 50 | 1989—1991 | (−5,5) | N/A | 欧洲，日本收购的国际研究 |
| Eckbo, Thorburn(2000) | +1.71%** | 1261 | 1964—1983 | (−40,0) | N/A | 收购加拿大企业的加拿大收购者 |
| Leeth, Borg(2000) | +3.12%** | 466 | 1919—1930 | (−40,0) | N/A | — |
| Mulherin(2000) | +0.85%** | 161 | 1962—1997 | (−1,0) | 49% | 未完成收购的样本 |
| Kohers, Kohers(2000) | 1.37%** 现金交易<br>1.09%** 股票<br>1.26%** 样本整体 | 961<br>673<br>1634 | 1987—1996 | (0,1) | N/A | 样本是高技术收购的加拿大企业间的合并 |

注：除非另有声明，事件日指合并/竞价公告日。**指在0.05或更好的水平上显著。
资料来源：Robert F. Bruner, "Does M&A Pay?", *Journal of Applied Finance*, Vol. 12, No. 1, (Spring/Summer 2003).

表 11-4 收购者长期收益的研究

| 研究者 | 累积超额收益 | 样本大小 | 样本期间 | 事件窗（天） | 正收益所占比例（%） | 备注 |
|---|---|---|---|---|---|---|
| Mandelker(1974) | −1.32% 仅为成功的竞价 | 241 | 1941—1963 | (0,365) | N/A | 仅为合并，事件日为交易完成日 |
| Dodd, Ruback(1977) | −1.32% 成功的<br>−1.60% 失败的 | 124<br>48 | 1958—1978 | (0,365) | N/A | 仅为要约收购，事件日为报价日 |
| Langetieg(1978) | −6.59%** 仅为成功的竞价 | 149 | 1929—1969 | (0,365) | N/A | 仅为合并，事件日为交易公告日 |
| Asquith(1983) | −7.20%** 成功的<br>−9.60%** 失败的 | 196<br>89 | 1962—1976 | (0,240) | N/A | 仅为合并，事件日为交易公告日 |
| Bradley, Desai, Kim(1983) | −7.85%** 仅为失败的竞价 | 94 | 1962—1980 | (0,365) | N/A | 仅为要约收购，每日数据 |
| Malatesta(1983) | −2.90% 样本整体<br>−13.70%** 1970后<br>−7.70% 竞价的小企业 | 121<br>75<br>59 | 1969—1974 | (0,365) | N/A | 仅为要约收购，事件日为交易公告日 |
| Agrawal, Jaffe, Mandekler(1992) | −10.26%** | 765 | 1955—1987 | (0,1250) | 43.97% | 仅为合并，合并后5年的业绩，要约收购后的业绩与合并没有显著区别 |
| Loderer, Martin(1992) | +1.5% | 1298 | 1966—1986 | (0,1250) | N/A | 合并与要约收购，收购后5年的业绩 |
| Gregory(1997) | −12% — −18%** | 452 | 1984—1992 | (0,500) | 31%—37% | 使用事件研究法的6种变体，英国的合并与要约收购，收购后2年的业绩 |
| Loughran, Vijh(1997) | −14.2% 合并<br>+61.3%** 要约<br>−0.1% 综合 | 434<br>100 | 1970—1989 | (1,1250) | N/A | 收购后5年的收益，也有付款形式的分段数据 |
| Rau, Vermaelen(1998) | −4%** 合并<br>+9%** 要约收购 | 3 968<br>348 | 1980—1991 | (0,36个月) | N/A | 收购后3年的收益，深入研究了价值与Glamour投资战略 |

注：除非另有声明，事件日皆合并/竞价公告日。**指在0.05或更好的水平上显著。
资料来源：Robert F. Bruner, "Does M&A Pay?", *Journal of Applied Finance*, Vol. 12, No. 1, (Spring/Summer 2003).

表美化其财务、经营状况,欺骗收购者,导致兼并方股东蒙受损失。

(2) 资产风险。指被并购企业的资产低于其实际价值或并购后这些资产未能发挥其目标作用而形成的风险。并购的本质是产权交易,并由此导致所有权和控制权的转移。所有权的问题看似简单,实际上却隐藏着巨大的风险。比如,目标企业资产评估是否准确可靠,无形资产的权属是否存在争议,资产真实价值是否低于报表显示的账面价值等,都不会那么一目了然。同时,由于并购资产质量的不确定性,也可能影响合并后企业的运营。

(3) 负债风险。在多数情况下,并购完成后,收购方要承担目标企业的债务。这里有三个问题值得特别注意:一是或有负债。或有负债符合一定的条件便要加以确认,但主观操作空间极大,给企业未来的财务安排带来不确定性。二是被收购方是否可能隐瞒了负债。三是目标企业负债率是否过高,会不会在将来引发还本付息的压力。

2. 法律风险

法律风险指企业并购过程中一些关键信息或程序的错误给企业以后带来民事纠纷;或者兼并活动本身不符合相关的法律,如政府反垄断的规定;或部分股东(可以是收购方股东,也可以是被收购方股东)对收购案不满意而提出法律诉讼。此外,目标企业的未决诉讼等或有事项也可能引发法律风险。

3. 融资风险

融资风险指收购方能否按时足额地筹集到资金,保证并购顺利进行。企业并购,特别是要约收购,往往需要大量的资金,如何利用企业内部和外部的资金渠道在短期内筹集到所需的资金是关系到并购活动能否成功的关键。即便企业能够筹集到足够资金进行收购活动,但如筹资方式或资本结构安排不当,会大大加重企业将来还本付息的负担,埋下财务危机的隐患。

4. 扩张过速风险

扩张太快未必是好事,其弊端表现在以下三个方面:一是可能带来管理的难度和风险。规模增加自然带来管理难度的增加。二是购并使企业规模增大,可能导致规模不经济。体现为随着企业生产能力扩大而形成的单位成本提高、收益递减的现象。三是可能分散企业的资源,造成资金周转的困难甚至资金链条的断裂。美国安然公司和世界通信公司的倒闭和兼并扩张太快不无关系。

5. 多元化经营风险

兼并(特别是混合兼并)经常导致企业多元化经营。我们在前面相关章节提到,多元化经营并不总是坏事。但有足够的事例说明:多元经营的企业要比专一经营的企业难以管理,换句话说,许多时候业务专精的企业比业务分散的企业更容易创造价值。

6. 资源整合的风险

获得资源是一回事,有效使用资源是另一回事。资本运作过程中的资源整合,包括产品的整合、流程的整合、标准的整合、品牌的整合、营销的整合、人力资源的整合、组织架构的整合、企业文化的整合等,绝不是容易的事。波士顿咨询公司的一份调查报告发现,美国的企业兼并案例十例中只有两例是对兼并后的具体业务改组做出了事先计划的,致使兼并后大多数企业达不到预定目标。因资源整合不成功而引起失败的兼并案例可谓比比皆是。例如,2001 年,Glaxowellcome 公司收购了 Smith Kline Beecham 后仅一年,

Glaxo & Smith Kilne 的股东总收益就下降了41%；2000年，我们目睹了美国在线创纪录地以1060亿美元收购了时代华纳，同样，一年后，其股东总收益降低了32%。导致并购重组失败的主要原因就是执行的问题。美国科尔尼管理咨询公司关于并购整合的研究结果显示，造成这些问题的主要根源不在于基本战略，而是在于无法贯彻实施。

此外，资本运作相关的风险还包括管理风险、决策风险等。

## 二、资本运作风险的防范

为了避免或减轻因资本运作失败给企业带来的损失，资本运作必遵循以下几个原则：

1. 量力而行。根据企业的资金、管理实力确定资本运作的规模和速度，避免扩张过快导致资金紧张或管理疏漏，影响企业正常运转。
2. 战略优先。资本运作必须有明确的战略意图，符合企业战略规划，有助于提升企业竞争地位。
3. 尽职调查。尽职调查又称审慎性调查，指资本运作过程中对目标公司经营、财务、管理、资产负债、市场情况、法律风险等各方面的详细了解和分析，是防范信息不对称风险的最重要手段。
4. 关注整合。资本运作前考虑资源整合的可行性，绝对不要轻视资源整合的难度。资本运作的后期则要把资源整合作为企业管理的重要任务来抓，避免虎头蛇尾、功亏一篑。

## 思考与讨论

1. 什么是资本运作？对企业发展有什么意义？
2. 从股票价格的变化来看，并购对兼并双方各有什么影响？
3. 资本运作主要有哪些风险？如何应对？

## 附录
### 案例分析：上汽并购双龙，42亿投入损失大半

2004年10月28日，上海汽车集团(以下简称上汽)以5亿美元的价格高调收购了韩国双龙48.92%的股权。上汽借此巩固了其世界500强地位。这是国内车企第一次以控股方身份兼并国外龙头汽车公司。这一汽车业最大的海外并购事件，被看作是中国汽车业跨国经营的标志性事件。根据双方协议，上汽将保留和改善双龙现有的设备，引进技术，并在未来对双龙进行必要的投资。上汽将帮助双龙拓展其在韩国的业务，还将帮助双龙汽车拓展中国和其他海外市场。当时看来，上汽与双龙达到了一种双赢的跨国经营的局面。

上汽并购双龙的时候，双龙刚刚扭亏为盈，以生产SUV型汽车为主，还算是有一定知

名度的品牌。2007年之后，随着国际油价的走高，SUV由于耗油量大，被称为"油老虎"，开始不被消费者看好，双龙在韩国的销售业绩一直在走下坡路。上汽帮助双龙将多款汽车进口到了中国，并帮助建立了中国的销售渠道，然而中国消费者并不认可双龙品牌，没有打开销路。

随后爆发的华尔街金融危机更是雪上加霜，到2008年底韩国汽车行业也遭受重创，包括双龙在内的现代、起亚、通用大宇和雷诺三星等韩国主要汽车企业，在这次金融危机席卷之下均面临危机，纷纷减产、裁员。此时，双龙现金流几近枯竭，已经到了发不出员工薪资的境地。为了维持企业的正常运转，上汽与双龙管理层一起提出了减员增效、收缩战线的方案，却遭到了双龙工会的反对。由于工会成员担心取消新车推出计划将直接影响到职工收入，2008年12月17日，双龙工会成员在平泽工厂，以外泄核心技术为由，扣留了中方的管理人员。最终双龙汽车公司不得不放弃整改方案，同时宣布，已无力支付原定于当月24日发放的韩国工厂全体员工的月薪，并且停止招聘，暂停员工福利，以渡过当前的经济危机。

2009年1月5日，上汽紧急调拨4500万美元注入双龙，用于支付员工工资。上汽提出的援助条件是双龙公司要从生产一线裁员2000人，但工会坚持不裁员使得上汽无法接受，其2亿美元的救济性资金援助也暂时搁浅。救不救双龙，一时间让上汽陷入两难境地。2009年1月9日，上海汽车向韩国首尔法庭申请双龙破产保护，以应对销量下滑和债务攀升的局面。2009年2月6日，韩国法院宣布双龙汽车进入破产重组程序。这意味着双龙的大股东上汽集团永远失去了对双龙的控制权。

在并购双龙的5年时间里，上汽累计投资42亿元人民币，目前已损失大半。此前有美国克莱斯勒和德国戴姆勒整合失败的先例。如果上汽早一点体会出"车型和技术上的融合其实非常容易，但文化上的巨大隔阂是阻止双方走得更近的关键"背后的深意，或者留意到早在收购之初，双龙工会强烈抗议韩国政府将公司卖给中国企业的信号，也许一心想做大做强的上汽，会对收购做出更审慎的判断。

然而，世上没有后悔药，中国企业迫切在国际同行里做出成就的心理，导致了这个收购行动由开始的考虑不足，逐步演化为一个惨烈的经营败局。

上汽收购双龙，本以为可以借此迅速提升技术，利用双龙的品牌和研发实力，加快实现自主品牌汽车生产的步伐。实际上，双龙并非是值得上汽如此期待的强势品牌，上汽过高估计了收购后的收益。比如，双龙汽车只是韩国第四大汽车厂商，虽然拥有自己的研发队伍，在技术和研发上比中国企业要好，但缺少市场。此外，上汽低估了收购后整合的难度，比如，韩国人的民族自豪感、对来自中国的并购方心理上的优越感以及韩国工会的强势力量等。

其实上汽早在2002年就收购了双龙的一条生产线，但两年之后仍没有看清楚双龙的真实价值，这就很难用准备不足作为失败的理由了。

中国企业并购的对象多为经营陷入困境的国外企业，需要更强的管理和整合能力。并购首先要解决企业文化差距和相互认同的障碍。双龙尽管是韩国企业，与中国企业同属于亚洲文化圈，但双龙和上汽之间的认同感仍然不高。并购后的双方确实存在以哪一方企业文化为主的选择问题。

一般而言,较强势企业的文化往往也是最后合并后的企业文化主体。这种现象就使得处于相对劣势的中国企业在并购比自己更强势的企业之后,实际上无法将自己的文化导入,获得主导话语权。这种文化差异是客观存在的,并购最后的胜者并不一定就是财大气粗的一方。上汽一直被诟病为双龙的提款机,而在管理上并没有很强的主导力量,前期双方关系更像是貌合神离,而一旦陷入危机,上汽无法真正控制双龙,终于导致反目成仇。

中国企业缺少并购整合的经历或成功经验,对于并购企业的文化、国外商业环境和法律制度不了解,并购对象的规模和复杂度超过控制能力是常见问题。这导致了并购后的无所作为或手忙脚乱,最后以被并购企业无法脱离困境而黯然收场,甚至并购者自己的业绩也被大幅拖累。

从更高层面分析,中国企业收购发达国家企业,面临的问题在于如何以不发达的商业文化和管理水平的低位势,去适应、容纳乃至统领处于较高位势的被收购对象。中国企业应该通过国际化市场竞争了解先进的商业文化和环境,在竞争中学习,提升自身的素质,逐步介入跨国并购活动。

资料来源:郑磊:《上汽并购双龙,42亿投入损失大半》,《第一财经日报》2009年8月24日。

# 第十二章　风险控制中的金融工具

- 远期合约
- 期货合约
- 期权
- 套期保值、投机与套利
- 远期和期货价格的确定
- 股票期权的性质与定价
- 启示与小结

近年来,在金融领域中衍生证券变得越来越重要了,许多交易所都在进行大量的衍生证券交易。衍生证券迅猛发展的一个重要原因就是其可以用于对冲风险。无论是金融机构、一般企业还是个人投资者都发现利用衍生证券可以对冲多种风险。本章中,我们将介绍几种最基本的衍生证券——远期、期货、期权,除了介绍这几种衍生证券的概念以及对冲风险的基本原理外,我们还将在本章介绍这几种衍生证券的定价。

# 第一节 远期合约[①]

远期合约(forward contract)是指双方约定在未来的某一确定时间、按确定的价格买卖一定数量的某种资产的合约。远期合约通常是两个金融机构之间或金融机构与其客户公司之间签订的合约,并且不在正式的交易所内交易。合约中允诺在未来买入标的资产的一方被称为多头(long position),而合约中允诺在未来出售标的资产的一方被称为空头(short position)。远期合约中规定的标的资产的价格被称为交割价格(delivery price)。在签订远期合约时,交易双方所选定的交割价格应当是双方接受的公允价格。这意味着无须任何成本就可以处于远期合约的多头或空头状态。

## 一、远期价格

使得远期合约价值为零的交割价格被称为远期价格(forward price)。由这一定义我们可以推出,在签订远期合约时,远期合约的价值为零,远期价格与交割价格是相等的。随着时间推移,由于标的资产价格的变动,远期合约的价值可能变为某一正值或是负值,此时远期价格就不再等于交割价格了。一般而言,在给定时刻远期价格因合约的期限不同而不同,3 个月期远期合约的远期价格通常不同于 6 个月期远期合约的远期价格。

## 二、远期合约的收益

除在远期合约签订时远期合约价值为零外,由于标的资产价格的波动,远期合约的价值会变为正值或是负值。我们下面将举例说明这一点:假设一名投资者在 2006 年 5 月签订了一个多头远期合约,允诺在 3 个月后以 60 元的价格购买 100 股的某只股票。如果 3 个月后,该股票价格上升到 62 元,该投资者将获利 $100 \times (62 - 60) = 200$ 元,因为投资

---

[①] 本节部分内容及本章相关内容参考了约翰·C.赫尔:《期货与期权市场导论》,北京大学出版社 2006 年版。

者可以按 60 元的价格购买该股票并以 62 元的价格将其出售。反过来,如果 3 个月后股票价格下跌到 58 元,该投资者将损失 $100 \times (60 - 52) = 200$ 元。

在交割日,一单位标的资产的远期合约多头的收益为:

$$P = S_T - K \tag{公式 12-1}$$

其中,$P$ 是收益,$K$ 是交割价格,$S_T$ 是远期合约到期时标的资产的即期价格。

而一单位标的资产远期合约空头的收益则正相反:

$$P = K - S_T \tag{公式 12-2}$$

## 三、远期合约的种类

远期合约可以分为金融远期合约和远期商品合约,前者又主要包括远期利率协议、远期外汇合约和远期股票合约等。

### (一) 远期利率协议

远期利率协议(forward rate agreement)是协议双方同意从未来某一商定的时期开始,在某一特定期限内按协议利率借贷一笔金额确定、以具体货币表示的名义本金的协议。通过远期利率协议,资金的借贷双方可以锁定未来进行资金借贷的利率。需要说明的一点是,远期利率协议中的名义本金并不用发生实际的交付,这也是称之为"名义"本金的原因,交易双方只要按利率差额进行结算即可,而这一结算的时刻则是在借贷期的期初。

假设现在是 2014 年 5 月 1 日,公司 A 与公司 B 签订了一份远期利率协议,约定在 1 个月后公司 A 将以 10%[①]的利率借 100 万元人民币给公司 B,期限为 3 个月。如果 1 个月后,即 2014 年 6 月 1 日时 3 个月期的利率为 9%,那么公司 A 按市场利率借出资金可以获得的利率为 9%,因签订了远期利率协议它可以获得 10% 的利率收益,这样在 2014 年 9 月 1 日,公司 A 因签订了远期利率协议可以获得 $100 \times (10\%/4 - 9\%/4) = 0.25$ 万元(以上所有利率均按 3 个月期计复利)。由于远期利率协议的结算日通常在借贷期初进行,本例中这一日期为 2014 年 6 月 1 日,我们将上面计算出的金额折现到这一时刻,即 $\frac{0.25}{1 + 9\%/4} = 0.2445$ 万元,这就是远期利率协议在 2013 年 6 月 1 日给公司 A 带来的现金流。公司 B 获得的现金流与公司 A 正好相反,即公司 B 在 2014 年 6 月 1 日需支付 0.2445 万元。

在上例中,如果 2014 年 6 月 1 日时 3 个月期的利率变为 11%,那么公司 A 因签订远期利率协议而将在 2014 年 9 月 1 日损失 $100 \times (11\%/4 - 10\%/4) = 0.25$ 万元。由于结算日是在 2014 年 6 月 1 日,公司 A 需要在该日支付 $\frac{0.25}{1 + 11\%/4} = 0.2433$ 万元。公司 B 的现金流情况与 A 相反,即公司 B 在 2014 年 6 月 1 日将获得 0.2433 万元。

---

① 本章中所有例题中选取的数据只是出于计算方便的目的,真实数据仍请参照实际市场行情。

在这里,我们需要介绍一个很重要的概念——远期利率(forward rate)。远期利率是指现在时刻适用于未来某一期限的利率。上例中远期利率协议中约定的利率10%,即是1个月后开始的3个月期的远期利率,我们用 1×4 来表示这一期限。使用这一表述,上例中的远期利率协议可以表示为公司 A 与公司 B 同意成交一份 1×4、名义金额为 100 万元人民币、合同利率为 10% 的远期利率协议。

### (二) 远期外汇合约

远期外汇合约(forward exchange contract)是指双方约定在未来某一时间按约定的远期汇率买卖一定金额的某种外汇的合约。与远期利率协议相同,在交割时远期外汇合约也不交割名义本金,而只交割合同中约定的远期汇率与当时的即期汇率间的差额。

在远期外汇合约中一个非常重要的概念是远期汇率(forward exchange rate),它是未来某一日期两种货币间进行兑换的价格。远期汇率的报价方法有两种:一种是报出直接远期汇率(outright forward price),另一种是报出远期差价(forward margin),又被称为掉期点数(swap point)。

### (三) 远期股票合约和远期商品合约

远期股票合约(equity forward)是指在未来某一特定日期按特定价格交付一定数量的单只股票或一揽子股票的协议。远期商品合约(forward commodity contracts)是指按照合约议定的价格在未来一个指定的时间出售或购买一定数量某种商品的协议,如以白银或黄金为标的的远期合约,以小麦、大豆或是橙汁等农产品为标的的远期合约等。

# 第二节 期货合约

期货合约(futures contract)是指协议双方同意在未来某一约定的时刻按约定的价格购买或出售某一数量标的资产的协议。

与远期合约不同,期货合约的交易通常在交易所内进行。我国目前主要有上海期货交易所、大连商品交易所和郑州商品交易所三家期货交易所。为了使交易顺利进行,交易所详细规定了期货合约的标准化条款。通常我们用交割月份来划分期货合约。在任何时刻,交易所内都有不同交割月的期货合约交易在进行。不同于远期合约的是,期货合约中并不指定具体的交割日期,而仅指定交割月份,交割月中可以进行交割的期限则由交易所指定(对于多数商品而言,交割的期限为整个交割月)。期货合约的空头方有权在交割期限中选定其打算进行交割的时间。交易所还会指定特定月份合约开始交易的时间,同时也规定合约的最后交易日,最后交易日通常在最后交割日的前几天。当期货合约中指定的交割地点不止一个时,期货合约的空头方还有权选择具体的交割地点。

## 一、平仓

期货合约还有一点不同于远期合约,就是通常期货合约不会导致最终的标的资产交割,大多数购买期货的投资者在交割期到来前都进行平仓(closing out a position),即从事一个与初始交易头寸相反的交易来对冲期货头寸。这是因为按照期货合约的条款进行交割往往很不便利,有时甚至成本很高。

下面举例来说明平仓的过程:一名投资者在3月10日买入10份五月份的黄金期货,当时期货价格为700美元/盎司,他可以通过在4月22日卖出(即做空)10份五月份黄金期货来平仓,如果在4月22日黄金的期货价格为705美元/盎司,该投资者的收益为(705−700)×100×10 = 5 000美元(假设黄金期货合约的规模为每份100盎司),即5 000美元。而在3月10日卖出10份五月份期货的投资者可以通过在4月22日买入10份五月份合约来平仓。他的收益则正相反,为负的5 000美元,即这一过程中他将损失5 000美元。虽然交割很少发生,但了解这一机制仍是很重要的,这是因为正是最后交割的可能性使得期货价格与现货价格联系了起来。下文中我们将会介绍期货价格与现货价格的关系。

## 二、期货合约的细则

对于任意一种在交易所内进行交易的期货合约而言,在其刚推出时,交易所都会详细指定双方协议的确切条款,尤其是要指定资产、合约规模(即每一份合约将交割的资产的确切数量)、交割的时间和地点等。有时合约中还会详细规定可用于交割的资产的等级(这是因为当标的资产为商品时,市场中该标的资产的质量可能有很大差别,所以交易所十分有必要规定允许交割的资产等级;当商品的等级较多而且差别较大时,交割价格也需根据等级而调整),以及可以选择的交割地点(交割价格有时也会因选择的交割地点而进行调整)。如上文中我们提到的,一般而言空头方(即将卖出资产的那方)将获得选择权,他可以选择是否进行交割;如果选择了交割,他还可以选择具体的交割时间、地点以及用于交割的资产的等级(如果交易所规定了几个可以选择的交割地点或可用于交割的资产等级)。

合约的规模规定了每一份合约中交割的资产数量。合约的规模大小直接影响着交易成本,因为交易成本通常是按合约数量计算的。同时,合约的规模也影响着潜在客户,当合约规模较大时,希望进行小规模交易的投资者将被拒之门外。因此,交易所在确定期货合约的规模时应充分考虑其潜在客户的类型。

为了防止由于过度投机造成的价格巨幅波动,对大多数合约而言,交易所都会规定其每日价格变动限额(daily price movement limit)。如果期货价格下降的幅度等于每日价格限额,则称该合约达到跌停板(limit down)。如果期货价格上升的幅度等于每日价格限额,则称该合约达到涨停板(limit up)。通常,如果一种期货达到了涨停板或跌停板,该合约当天的交易就会被停止,交易所还有权对其进行干涉并改变每日价格变动的限额。为防止投机者的过分操作对市场造成不利影响,交易所还规定了一个投机者最多可以持有的合约数量,即头寸限额(position limit)。

## 三、期货合约的种类

与远期合约相类似,期货合约也分为金融期货和商品期货,其中前者包括利率期货、外汇期货和股价指数期货等。

利率期货是以价格依赖于利率水平的资产为标的的期货合约,如长期国债期货、中期国债期货、短期国债期货和欧洲美元期货等。

外汇期货是以外汇为标的的期货合约,如英镑、德国马克、法国法郎、日元、加拿大元等。

股价指数期货是以股价指数为标的的,它比较特别,反映的是一个假想的股票组合价值的变化。常见的股价指数包括由500种股票构成的标准普尔500指数(S&P 500)、由30种美国的蓝筹股构成的道琼斯工业平均指数(Dow Jones Industrial Average)、由在纳斯达克上市的100种股票构成的纳斯达克100指数、香港恒生指数、东京交易所的日经225指数等。由于标的资产是股价指数,而不是具体的实物形式,股价指数期货的交易双方无法进行实物交割,只能将股价指数的点数换算为货币单位进行结算。例如,对于S&P 500指数期货而言,每份期货合约的价格就等于指数点数乘以500美元。

与远期商品合约类似,商品期货是以商品为标的的期货,较为常见的有黄金期货、白银期货等金属期货,原油期货等能源期货和小麦期货、玉米期货等农作物期货。

## 四、期货合约的保证金制度

远期合约是投资者间的私下协议,其中明显存在着风险:交易中的一方可能会后悔该项交易而发生毁约或是因实力不足而无法履约,此时交易中的另一方就会遭受损失。而在交易所中进行交易的期货合约就较好地解决了这一问题,它采取了一种重要的制度——保证金制度。

按照保证金制度的要求,期货交易的双方在交易之前都须在经纪人处开立一个保证金账户(margin account),并必须在其中存入一定数量的保证金,其被称作初始保证金(initial margin)盯市。在每天交易结束时,保证金账户都会依期货价格的变动而被调整,以反映交易者的盈亏,这就是所谓的盯市(marking to market)。交易者可以将保证金账户中超过初始保证金的部分提走。此外,为了确保保证金账户的资金余额在任何情况下都不为负值,交易所还规定了所谓的维持保证金(maintenance margin)的水平,维持保证金的水平低于初始保证金(通常是初始保证金的75%)。当保证金账户中的余额低于维持保证金的水平时，经纪人就会发出保证金催付（margin call）通知，交易者必须在限期内将保证金账户中的余额补足到初始保证金的水平，否则就会被强制平仓。而交易者向保证金账户中追加的资金则被称为变动保证金（variation margin）。

事实证明，就保证金制度的最终目的——减少市场参与者的违约而言，这一制度是非常成功的，世界上的主要交易所中违约现象是很少发生的。

## 五、期货价格向现货价格的收敛

随着期货合约交割月份的临近，期货价格会逐渐收敛于标的资产的现货价格，当到达交割期时，期货价格将等于或近似等于现货价格。这是因为，如果在交割期内期货价格不等于现货价格就会存在无风险套利机会，投资者通过买低卖高就可以获取无风险利润。如果期货价格高于现货价格，投资者可以卖空期货合约并买入现货资产用以进行期货合约的交割，从而获取差价。这一无风险利润会吸引投资者不断进行这一操作使得现货价格上升而期货价格下降，最终期货价格将趋于现货价格。当现货价格高于期货价格时同样存在类似的套利机会，投资者的套利行为最终也会使得期货价格向现货价格收敛。

## 六、远期合约与期货合约的比较

从前面的介绍中我们会发现，远期合约和期货合约是非常相似的，它们都是在未来某一时刻以某一确定的价格买卖某项资产的协议。但是，这两者之间仍存在许多差异。

第一，远期合约是交易双方的私下协议，通常是金融机构之间或是金融机构与其客户之间签订的协议，这些协议的条款往往都是根据具体需要而设置的，即它是非标准化的合约。而期货合约的交易是在交易所中进行的，为了方便交易的进行，交易所设定了合约的标准，交易者所能交易的期货合约均是标准化的合约。

第二，远期合约中会约定具体的交割日期，通常仅指定一个交割日期；而期货合约则会指定一系列的交割日，合约中的空头方获得了选定具体交割日的权利。

第三，远期合约通常会导致实物的交割或是最终的现金结算，这主要是因为远期合约是一种私下协议，转让该合约较困难。而期货合约交易中，交易者为避免最终交割实物带来的不便，通常会选择在合约到期前平仓，因此发生交割的情况所占的比例非常低。

第四，远期合约的结算发生在合约到期时，而期货合约的结算因保证金制度而每日都会发生，这直接导致了远期合约的损益只能在到期时实现，而期货合约的损益则在每日结算过程中逐日实现。

第五，远期合约中交易双方仍面临着较高的违约风险，而对期货合约的交易者而言，交易所的保证金制度使得违约风险基本是不存在的。

# 第三节　期权

自 1973 年芝加哥期权交易所首次将期权引入有组织的交易所以来,期权市场的发展十分迅猛。下面我们将介绍这一十分受欢迎的金融工具的基本情况。

## 一、期权的定义及种类

期权(option)又被称作选择权,它赋予购买者在约定期限内以约定的价格购买或出售一定数量某种资产的权利。不同于远期合约和期货合约的一点是,它赋予购买者的是权利,而非义务。在远期合约和期货合约中,合约双方无须花费任何成本(期货保证金除外)就可以签订合约,获得多头或是空头头寸,双方不但具有购买或出售标的资产的权利,而且还有必须购买或出售标的资产的义务,无论标的资产价格如何变化,双方均同时具有权利并负有义务;而在期权中,期权的购买方只享有权利,而不具有任何义务,他可以选择在价格变动有利时执行期权,而在价格发生不利变动时放弃执行期权,但相应地,他必须为获得这一权利付出一定代价,这就是所谓的期权费或权利金(premium),又被称作期权价格(option price)。

按照期权购买者的权利,期权可以分为两个类型——看涨期权或买权(call option)和看跌期权或卖权(put option)。其中看涨期权赋予购买者在约定期限内以某一约定的价格购买一定数量某种资产的权利;而看跌期权则赋予购买者在约定期限内以某一约定的价格出售一定数量某种资产的权利。期权中约定的价格就被称作执行价格(exercise price),期权合约中的日期为到期日或期满日(expiration date/maturity)。有购买者,就有相对应的出售者。既然期权的购买者获得的全部是权利,期权的出售者获得的便仅仅是义务了,即其必须在期权购买者选择购买或出售标的资产时进行出售或是购买。作为承担这一义务的报酬,期权的出售者获得了购买者所支付的期权费。在后面的介绍中我们会详细说明是哪些因素决定了期权费的大小。

按照期权购买者执行期权的时限划分,期权可以分为美式期权(American option)和欧式期权(European option)。美式期权可以在到期前的任何时间被执行,而欧式期权仅在到期日才能被执行。

按照期权合约的标的资产,期权可以被分为商品期权、股票期权、股票指数期权、外汇期权、利率期权等现货期权和期货期权以及以期权为标的资产的复合期权等。后面几节内容中我们将介绍一些股票期权的性质,对股票期权进行定价,并由对股票期权的定价衍生出其他期权的定价。

## 二、看涨期权的损益

假设投资者购买了一份 3 个月后到期的、以 IBM 股票为标的的欧式看涨期权合约，合约规模为 100 股，执行价格为 70 美元，当前 IBM 股票价格为 81.5 美元，每股股票的期权费为 11.80 美元，那么投资者的成本一共为 11.80×100 = 1 180 美元。如果期权到期日 IBM 的股票价格低于 70 美元，投资者必定放弃执行该期权，他的收益将为零，此时他的损失为全部的初始成本 1 180 美元。如果期权到期日 IBM 的股票价格高于 70 美元，则投资者必定会执行该期权。假设到期日 IBM 股票价格为 85 美元，通过执行期权，投资者可以以 70 美元的价格买入 100 股 IBM 的股票，并以 85 美元的价格出售，那么他可以获得收益(85 - 70)×100 = 1 500 美元，扣除初始成本 1 180 美元，他可以获取净利润 320 美元。如果到期日 IBM 的股票价格为 80 美元，投资者仍会执行期权，获得收益(80 - 70)×100 = 1 000 美元，考虑到初始成本 1 180 美元投资者仍遭受了损失，损失为 180 美元。需要注意的是，在这种情况下执行期权虽然不能使投资者获得利润，却可以使得投资者减少损失。

如果我们以 $K$ 表示执行价格，$S_T$ 表示到期日标的资产的现货价格，从上面的例子中我们可以看出，只有当 $S_T$ 大于 $K$ 时，欧式看涨期权才会被执行，我们将标的资产价格 $S_T$ 大于执行价格 $K$ 的看涨期权称为实值期权(in the money)；而 $S_T$ 小于 $K$ 时的看涨期权被称作虚值期权(out of the money)，该种期权不会被执行；$S_T$ 等于 $K$ 的看涨期权被称作平价期权(at the money)。因此欧式看涨期权多头头寸持有者的收益[①]为：

$$\max(S_T - K, 0) \qquad (公式 12-3)$$

其中，max 指取相关各变量最大值，后文中的 min 则指取各变量最小值。显然，欧式看涨期权多头头寸持有者的净利润等于收益再减去购买期权时支付的期权费。

欧式看涨期权空头头寸持有者的收益状况与欧式看涨期权多头头寸持有者的收益正好相反，其收益为：

$$-\max(S_T - K, 0) = \min(K - S_T, 0) \qquad (公式 12-4)$$

即欧式看涨期权空头头寸持有者的净利润等于其收益再加上出售期权获得的期权费。

## 三、看跌期权的损益

假设投资者购买了 4 个月后到期的、以 Intel 股票为标的的欧式看跌期权合约，合约规模为 100 股，执行价格为 20 美元，当前 Intel 的股票价格为 19.19 美元，每股股票的期权费为 0.95 美元，那么投资者付出的初始成本为 0.95×100 = 95 美元。如果期权到期日 Intel 的股票价格高于 20 美元，投资者必定放弃执行该期权，他的收益将为零，此时他

---

① 为简便计算，本章中涉及的期权头寸及期权交易策略的损益及利润中均未考虑货币的时间价值。

的损失为全部的初始成本 95 美元。如果期权到期日 Intel 的股票价格低于 20 美元,则投资者必定会执行该期权。假设到期日 Intel 股票价格为 15 美元,通过执行期权,投资者可以将以 15 美元买入的 100 股 Intel 股票以 20 美元的价格出售,那么他可以获得收益$(20-15) \times 100 = 500$ 美元,扣除初始成本 95 美元,他可以获取净利润 405 美元。如果到期日 Intel 的股票价格为 19.50 美元,投资者仍会执行期权,获得收益$(20-19.50) \times 100 = 50$ 美元,考虑到初始成本 95 美元,投资者仍遭受了损失,损失为 45 美元。需要注意的是,在这种情况下执行期权虽然不能使投资者获得利润,却可以使得投资者减少损失。

从上面的例子中我们可以看出,只有当在 $S_T$ 小于 $K$ 时,欧式看跌期权才会被执行,这种 $S_T$ 小于 $K$ 的看跌期权被称作实值期权;而 $S_T$ 大于 $K$ 的看跌期权被称作虚值期权,该种期权不会被执行;$S_T$ 等于 $K$ 的看跌期权被称作平价期权。因此,欧式看跌期权多头头寸持有者的收益为:

$$\max(K-S_T, 0) \qquad (公式12-5)$$

即欧式看跌期权多头头寸持有者的净利润等于收益再减去购买期权时支付的期权费。

欧式看跌期权空头头寸持有者的收益状况与欧式看跌期权多头头寸持有者的收益正好相反,其收益为:

$$-\max(K-S_T, 0) = \min(S_T-K, 0) \qquad (公式12-6)$$

即欧式看跌期权空头头寸持有者的净利润等于其收益再加上出售期权获得的期权费。

# 第四节　套期保值、投机与套利

通常交易者进行交易的目的可以分为三类——套期保值、投机与套利。其中套期保值是指交易者利用衍生证券等工具来规避市场波动给其带来的风险。投机是指交易者对于未来市场波动方向下赌注的一种行为。套利则是指利用相对定价错误的证券获取无风险利润。其中,套期保值是我们要介绍的重点,我们之所以介绍衍生工具,就是为了告诉读者怎样利用这些衍生工具进行套期保值、控制和规避风险。而历史上的很多案例都告诉我们套期保值者会混淆套期保值与投机,所以本部分内容中将同时介绍投机与套利,以便读者更好地理解套期保值。

## 一、套期保值

套期保值是为降低风险而进行的交易,下面我们将举例说明什么是套期保值。

首先,我们介绍利用期货合约进行套期保值的情况。假设在 2006 年 5 月 15 日,一家炼油厂预计其 5 个月后将需购买 5 000 桶原油,为避免国际原油价格波动给其带来的风险,它选择购买 10 月到期的原油期货来避险(每份原油期货的规模为 1 000 桶),期货价格为 68 美元/桶。如果在 2006 年 10 月 15 日,原油价格为 70 美元/桶,炼油厂购买

5 000桶原油现货需要支付70×5 000=350 000美元,而该日原油的期货价格将十分接近70美元,从期货头寸中炼油厂可以获得的利润近似等于(70-68)×5 000=10 000美元,最终炼油厂付出的净成本为350 000-10 000=340 000美元,相当于每桶68美元。如果2006年10月15日的原油价格降为65美元,炼油厂购买原油现货需支付的价格为65美元/桶,由此期货头寸带来的损失为68-65=3美元/桶,最终炼油厂支付的成本仍相当于68美元/桶(即65+3)。由此,我们可以看出,购买原油期货可以将炼油厂购买原油的成本锁定在期货价格68美元/桶左右。

期权同样可以用于套期保值。假设一个投资者在2006年5月7日拥有1 000股沃尔玛的股票,当前的股票价格为47.25美元/股,他担心股价在未来4个月会下跌,为了避免风险他可以买入10份执行价格为45.00美元的沃尔玛股票看跌期权。这样投资者便拥有了以每股45.00美元的价格卖出这1 000股股票的权利。因为2006年9月到期的期权价格为0.8美元,那么每份期权合约的价格就为100×0.8美元=80美元,而套期保值策略的总成本则为10×80美元=800美元。如果9月时沃尔玛股票价格低于45.00美元,投资者通过执行看跌期权可以保证自己所持的股票可以以45×1 000=45 000美元的价格出售,考虑到期权成本,最终投资者获得45 000-800=44 200美元;如果股票价格高于45.00美元,期权将不被执行,而此时投资者获得的收入将高于44 200美元,且其所得随着股票价格的上升而增加。

通过比较上面两个例子,我们可以看出使用期货合约套期保值和使用期权套期保值有着一个根本的不同:期货合约是通过锁定标的资产的价格而消除风险,这种锁定既消除了标的资产价格变化带来的负面影响,同时也消除了价格变化可能给套期保值者带来的潜在收益,使用期货合约进行套期保值的一个好处是套期保值者无需为此提前支付任何成本;而期权则是提供一种保险,使得投资者在价格向不利方向变动时免遭损失,而在价格向有利方向变动时仍能从中获利。当然为了获得这种保险,套期保值者需要提前支付一定的费用——期权费。

利用金融衍生品成功对冲风险的案例不胜枚举。其中一个比较著名的案例是2008年次贷危机期间,全球第六大石油出口国墨西哥为防范能源需求走软和油价下跌,买了15亿美元的衍生商品对冲,2009年净赚约80亿美元意外之财。

# 二、投机

不同于套期保值对风险的规避,投机是通过承担风险、对资产的价格变动方向下赌注以期获得利润的交易策略。

假设当前思科的股价为21.75美元,一名投机者认为思科的股价在3个月内将会上升,基于这一预测他将进行规模为1 000股的投机。为了进行投机,他可以直接在现货市场上买入1 000股思科的股票,待3个月后股价上升后再将其售出以获得利润;他也可以在期货市场上买入10份3个月后到期的期货合约。如果3个月后股票价格上升了,投机者将获得利润;反之他将遭受亏损。由于到期时,期货价格将近似等于现货价格,第二种策略的损益将近似等于第一种策略的损益。第一种策略所需的成本为 21.75×1 000 = 21 750 美元；而第二种策略中，由于期货的保证金制度，在购买期货时投机者需要支付的仅是当前期货价格的一定比例，假设期货价格为 25 美元，每份合约的初始保证金为 250 美元，投机者所需支付的初始成本为 2 500 美元，这一金额远低于第一种策略的成本。因此，考虑初始成本之后我们会发现两种策略的收益率相差很大，投机者利用期货可以进行杠杆交易，这样他仅需较小的投入就可以进行较大规模的投机。

与期货类似，期权同样可以用于投机，而且同样也可以为投机者提供杠杆效应。投机者可以买入 10 份思科股票的看涨期权，执行价格为 22.50 美元，期权费为 0.25 美元。这种策略的初始成本为 250 美元，相比买入现货的策略而言，利用期权投机初始成本更低。如果股票价格上升了并高于执行价格，投机者将获得收益；反之，投机者将损失全部的初始成本。这里我们需要提醒读者的是，尽管利用期权进行投机，在获取利润相同的情况下投机者付出的成本比较小，因而投机获利时收益率更高，可是当投机发生损失时，期权带来的损失也更大，此时投机的损失为 100%，而利用期货或现货进行投机时，损失通常并不会这样大。杠杆效应不仅仅体现在对投机者收益的影响上，还体现在对投机者损失的影响上。

## 案例分析
### 中信泰富外汇期权投机的悲剧

**事件回顾**

中信泰富有限公司（CITIC Pacific Limited，股票代码 0267，以下简称"中信泰富"）是一家在香港证券市场久富盛名的老牌蓝筹公司。2007 年，公司全年净利润较前一年上升了 31.08%，达 108.43 亿港元；每股收益较 2006 年增长 30.24%，达 4.19 港元；每股净资产较 2006 年增长 27.62%，达 27.03 港元，受到投资者的热烈追捧。然而，2008 年 10 月 20 日，中信泰富却发布了一条令世人震惊的公告：公司于 2008 年 7 月 1 日，为降低澳大利亚铁矿项目面对的货币风险，签订了若干份杠杆式澳元衍生品交易合约，合约总金额达到 94 亿澳元。由于 9 月之后澳元对美元的汇率大幅下挫了三分之一，这些合约已经酿成逾百亿港元的亏损；截至 2008 年 10 月 17 日，合约的已变现部分亏损为 8.07 亿港元，合约的未变现部分按公允价值计亏损为 147 亿港元，二者共计亏损 155.07 亿港元。

消息一经传出，引发了市场的强烈反应。10 月 21 日中信泰富的股价大跌 55.1%，报收于 6.52 港元，一天之内市值从 318.4 亿港元，暴跌至不足 143 亿港元，市值蒸发超过一半。随后，花旗、高盛、摩根大通等国际著名评级机构纷纷将中信泰富的评级下调至卖出或减持，中信泰富的蓝筹股地位受到严重威胁。为了挽救上市公司，重拾投资者信心，事发后中信泰富的大股东中信集团公司及时伸出了援手，除为中信泰富紧急安排 15 亿美元的备用信用额度之外，还将中信泰富名下的杠杆式澳元衍生品合约转至集团公司，为其"兜底"，使中信泰富的损失锁定在 156 亿港元左右。然而，事情并没有到此为止，由于澳元汇率继续下跌，这些杠杆式澳元衍生品交易的亏损仍在继续扩大。有专家指出，如果澳元对美元汇率下跌到 2001 年的一半水平，那么中信泰富杠杆式澳元衍生品交易的亏损总额可能扩大到260亿港元。由于中信集团出面兜底,这意味着中信集团可能承担多至上百亿港元的损失。为此,一向稳健的中信集团公司的基础信用受到影响。11月18日,穆迪投资者服务公司将中信集团公司的基础信用风险评估等级由"11"调整至"12",长期外币高级债务评级由Baa1下调至Baa2。截至11月28日,中信泰富的股票价格仍然处于5.22元的低位,较10月21日又下跌了19.94%,市场上的恐慌气氛还未散去,戒备心理犹存,公众投资者信心的恢复还需要漫长的时日。

**事件分析**

中信泰富为什么要签订这些杠杆式澳元衍生品交易合约? 中信泰富在一份高层个人声明中指出,公司由于目前正在澳大利亚建一个铁矿石项目,为了支付从澳大利亚和欧洲购买的设备和原材料,需要澳元和欧元,签订衍生品合约的目的是为了锁定需要支付的外汇的成本。

中信泰富签订的澳元衍生品交易合约在金融界被称为累计期权(accumulator),是一种以合约形式买卖资产(股票、外汇或其他商品)的金融衍生工具,为投资银行(庄家)与投资者客户的场外交易,一般投行会与客户签订长达一年的合约(其英文全名是Knock Out Discount Accumulator,KODA)。累计期权合约设有"取消价(Knock Out Price)"及"行使价(Strike Price)",而行使价通常比签约时的市价有折让。合约生效后,当挂钩资产的市价在取消价及行使价之间,投资者可定时以行使价从庄家买入指定数量的资产。当挂钩资产的市价高于取消价时,合约便终止,投资者不能再以折让价买入资产。可是当该挂钩资产的市价低于行使价时,投资者便须定时用行使价买入双倍数量的资产,直至合约完结为止。

中信泰富于10月20日发布的公司公告披露了这些杠杆式衍生品合约的部分内容。这些合约中,金额最大并且给公司带来最大损失的合约称为澳元累计目标可赎回远期合约。这份2010年10月到期的合约规定,中信泰富可以行使的澳元兑美元汇率为0.87,当澳元兑美元汇率高于0.87时,中信泰富可以以0.87的比较便宜的汇率获得澳元,赚取汇率差价;而当澳元兑美元汇率低于0.87时,中信泰富也必须以0.87的高汇率水平继续向对家买入双份澳元。每份澳元累计目标可赎回远期合约规定了中信泰富可收取的最高利润(幅度介于150万美元至700万美元之间),当达到这一利润水平时,合约自动终止,中信泰富不能再以0.87的汇率获得澳元;但如果该汇率低于0.87,却没有类似的自动终止协议,中信泰富必须不断以0.87的汇率接盘,直至接收的澳元金额达到90.5亿澳元为止。

这份合约能够起到管理层期望的锁定澳元成本、降低交易风险的作用吗?事实证明它不但没起到保值的作用,反而给公司带来了灾难。不难看出,按照这份合同,当澳元兑美元的汇率高于0.87的时候,中信泰富可以赚到一些钱,但是这是有上限的,根据中信泰富10月20日的公告,可能的最高获利总额约为5150万美元;然而,如果汇率低于0.87,则中信泰富仍然需要按照0.87的汇率购入澳元,潜在的亏损可以高达数十亿美元!显然,这份合同本身具有极高的风险性,除非澳元升值的概率十分大,否则公司会面临巨额的赔偿。我们有理由相信,中信泰富在签订这项合同的时候,对澳元的走强是抱着绝对的信心的。然而澳元的大幅下跌这一当初认为不可能发生的事件毕竟还是发生了,巨额亏损就此酿成。

对于跨国经营企业而言,如果拥有外汇债务,未来需要购入外汇(如本案例中信泰富需要支付澳元从澳大利亚购买设备),可以采取的锁定成本的方法有远期市场套期保值、期货市场套期保值、货币市场套期保值、期权市场套期保值等方法。以中信泰富为例,根据2008年10月20日公司的公告,预计澳大利亚铁矿项目未来的资本开支及年度营运开支合计约为26亿澳元,则可以采取以下措施:

(1) 远期市场套期保值。公司可以与银行签订远期澳元交易合同,规定一个澳元兑美元的远期汇率,合同金额为26亿澳元。到期时,公司可以按照合同约定的汇率向银行购买26亿澳元,用于项目的支付。

(2) 期货市场套期保值。为了避免澳元升值造成未来美元现金流出的增加,公司可以购买合约总金额为26亿澳元的期货合约。如果澳元升值,则期货合同的盈利可以弥补现货交易的亏损;反之,如果澳元贬值,则现货交易的盈利可以弥补期货合同的亏损。

(3) 货币市场套期保值。公司可以从银行借入适量的美元并将其兑换为澳元,然后将澳元存入银行用于将来的支付(到期时存入银行的澳元的本息和正好为26亿)。到期时在支付澳元的同时还要归还借入的美元的本金和利息。这种方法需要事先根据澳元的存款利率以及澳元兑美元的即期汇率计算出应借入的美元的数量。

(4) 期权市场套期保值。公司可以买入澳元的看涨期权合约,合约总金额为26亿澳元。这种方法需要公司事先支付一定的权利金,期权合同里规定了一个固定的澳元兑美元的汇率,亦即澳元期权合约的执行价格。到期时,如果澳元兑美元的即期汇率高于执行价格,则公司可以按照执行价格购入澳元,并节约成本;如果澳元兑美元的即期汇率低于执行价格,则公司可以放弃权利,直接从外汇市场上以市场汇率购买澳元。这几种方法各有优缺点,但是都是常用的避险方法,大体上都可以满足跨国经营企业锁定外汇成本的需要,反观中信泰富签订的澳元累计目标可赎回远期合约,存在以下问题:

(1) 合约的总金额(合约头寸)与实际业务的总金额(实际业务头寸)不匹配。中信泰富的澳元累计目标可赎回远期合约的最高接收金额为90.5亿澳元,而未来需要支付的澳元总金额只有26亿左右,前者是后者的三倍有余。如果中信泰富签订的澳元远期合约的总金额只有26亿,则澳元下跌造成的亏损也不会超过目前损失的三分之一。

(2) 与传统的外汇期权合约不同,中信泰富签订的澳元累计目标可赎回远期合约不但赋予了公司买入澳元的权利,同时还规定了公司买入澳元的义务,即中信泰富的澳元远期合约实质上是同时包括了买入看涨期权和卖出看跌期权。作为期权的买方,当澳元兑美元的汇率超过0.87时,中信泰富有权按照0.87的汇率购入澳元;作为期权的卖方,当澳元兑美元的汇率低于0.87时,中信泰富有义务按照0.87的汇率购入澳元。如果中信泰富采用传统的澳元期权合约,仅买入一个看涨期权,则假若澳元下跌,损失仅为支付的权利金而已。然而中信泰富的澳元远期合约里还包括了一项卖出看跌期权,虽然可以收取一定的期权费,但也使公司承担了巨大的风险,并最终付出了巨大的代价。套期保值的操作原则包括商品种类相同原则、商品数量相等原则、交易方向相反原则等。中信泰富签订的澳元衍生品交易合约违反了数量相等原则和交易方向相反原则,不符合套期保值的要求。

事实上,从合约头寸远大于实际业务的头寸、卖出看跌期权等内容来看,中信泰富的澳元交易合约具有很强的投机色彩。中信泰富于10月20日的公告里也指出这些外汇合约不符合对冲保值的会计准则，因而于会计期末必须按照公允价值计价。合约的巨大风险性和投机性显然与中信泰富高层个人声明中指出的锁定成本的目标存在矛盾。对于合约中存在的这么明显的问题，公司为何事先没有觉察到并加以修正呢？中信泰富的主席个人声明指出，这些外汇合约的签订，没有经过合理的授权。中信泰富10月20日的公告指出，公司于9月7日才发现了有关情况，并采取补救行动。公司审计委员会调查结果显示，负责集团对冲策略的财务董事没有按照既定的程序事先获得主席许可就进行外汇交易，超越了职权范围；而财务总监没有尽到监督责任，也没有提醒主席有不寻常的对冲交易。声明并指出，这些合约中潜在的最大风险，也没有被正确地估计到。由此可见，中信泰富在公司治理和风险控制方面存在较大的漏洞，这无疑是造成中信泰富巨额亏损悲剧的重要因素。

## 讨论题

1. 中信泰富悲剧产生的原因是什么？对企业风险管理和衍生品使用有何启发？
2. 为什么说其交易行为是投机而不是套期保值？
3. 累计期权和其他衍生品有什么共同特点？

## 三、套利

在期权、期货和远期市场上，一种很重要的交易策略是套利，该策略利用两个或多个市场中产品的相对错误定价来获得无风险的收益。在后面的几节中，我们将论述当某一资产的期货价格与现货价格的关系偏离了理论时，就会存在套利的机会。本部分仅用一个简单的例子说明套利的概念。

考虑在纽约市场上，1欧元可以兑换1.20美元，而伦敦市场上1欧元可以兑换1.25美元，套利者可以在纽约市场上买入1 000欧元，同时在伦敦市场上将其卖出，在不考虑交易成本的条件下，套利者将获得无风险收益1 000×(1.25−1.20) = 50美元。

需要说明的是，上面描述的套利机会不会长期存在。随着套利者在纽约市场上不断买入欧元，供求关系会使欧元升值；而随着他们在伦敦市场上不断出售欧元，会使得欧元贬值，最终两个市场中的汇率会相等。

## 四、Delta对冲

为了更好地达到套期保值的目的，多数交易商使用的套期保值策略都比我们前面提到的策略复杂。这些策略涉及两个概念——Delta和Delta对冲。

Delta是指衍生工具价格的变动与标的资产价格变动之比，即$\Delta F/\Delta S$，其中$\Delta F$代表衍生工具价格的相应变动，$\Delta S$ 代表标的资产价格变动。假设某股票看涨期权的 Delta 是 0.8，这表示当该股票价格变动一个较小的幅度时，期权的价格变动将为这一幅度的 80%。从这一概念中我们就可以看出，假如一名持有这种股票的投资者现在需要规避股票价格变动所带来的风险，他可以利用这一看涨期权来进行套期保值，即卖出一定数量的看涨期权，这样看涨期权价格的上涨将抵消股票价格的上涨，而看涨期权价格的下跌将抵消股票价格的下跌。而由于股票价格变动为1时，期权价格变动为0.8，所以为了完全抵消股票价格的变动，对应于每一股股票，投资者需要卖出的期权数量为 $1/0.8 = 1.25$。此时，当一股股票的价格变动1时，1.25个看涨期权的价格变动为 $0.8 \times 1.25 = 1$，这样就完全消除了股票价格波动带给投资者的风险。这就是所谓的 Delta 对冲，使用该策略可以使得标的资产的微小价格变动不会影响到衍生工具投资组合的价值。

从上面的例子中我们可以看出，股票多头的 Delta 值为1，而看涨期权空头的 Delta 值为 -0.8，而一股股票多头对应着1.25个看涨期权空头，因而整个组合的 Delta 值为 $1 + (-0.8 \times 1.25) = 0$，这种 Delta 值等于0的状态就是所谓的 Delta 中性状态。Delta 对冲策略的核心就是使得投资组合的 Delta 值保持为0，以确保投资组合价值免受标的资产价格变动的影响。

这里需要注意的一点是，Delta 不是保持不变的，因此投资者的投资组合仅能在较短的时间内保持 Delta 中性状态。为了达到更好的套期保值效果，投资者需要定期调整投资组合头寸，使得投资组合的 Delta 值重新等于0，这种调整被称为再平衡。例如，上例中的股票价格如果发生下跌，会引起看涨期权 Delta 的降低，假设 Delta 从0.8降低到0.5，此时为了对冲一股股票的风险所需要卖出的看涨期权的数量就变成了 $1/0.5 = 2$。

由于标的资产价格的变化总是很频繁，所以要想达到更好的套期保值效果，投资者需要频繁调整投资组合头寸。可是频繁地进行再平衡将花费投资者大量的时间和金钱。权衡套期保值的效果和成本，投资者并没有必要随时根据标的资产价格的变动对组合进行再平衡，而是根据自身的需要定期地进行再平衡就可以了。这种对对冲策略进行定期调整的行为就被称作动态的对冲策略。尽管仅是定期调整投资组合，交易成本的存在还是使得维持单个期权和标的资产头寸的 Delta 中性状态成本过高，只有对于大型的组合而言，维持 Delta 中性才更可行一些。

## 第五节 远期和期货价格的确定

本节我们将介绍远期价格和期货价格与标的资产价格间的关系。由于对于同一标的资产、到期日相同的远期合约和期货合约而言，远期价格与期货价格是非常相近的，而远期合约无须每日结算，因而更易分析，所以本章中涉及的远期价格和期货价格的确定都将以分析远期价格为主，同时我们可以认为所得结论也适用于期货价格。

## 一、假设与符号

本章中我们假设对于部分市场参与者而言下面几点是成立的：
(1) 没有交易费用；
(2) 所有的交易利润适用同一税率；
(3) 市场参与者能以相同的无风险利率借入和贷出资金；
(4) 当套利机会出现时,市场参与者将会参与套利活动,从而使套利活动消失。

本章中将要用到如下符号：
$T$:距远期合约到期的时间(年)；
$S_0$:远期或期货合约中标的资产的当前价格；
$F_0$:当前的远期或期货价格；
$K$:远期合约中的交割价格；
$r$:对于 $T$ 时刻到期的投资适用的按连续复利计算的零息无风险利率(当前时刻为0)；
$f$:当前时刻远期合约的价值。

## 二、卖空

本章中我们将会执行某些套利策略,其中会涉及卖空(short selling/shorting)交易。在这类交易中,交易者将会通过其经纪人向其他客户借入某项资产并将其出售,在一段时间后再按通常的方式从公开市场中买入这一资产用于归还。通过这种先卖后买的方式,交易者可以从资产价格的下跌中获利,因为在资产价格下跌时他就可以做到卖高买低；但如果资产价格上升了,他便只能卖低买高,此时便会遭受一定的损失。只有当经纪人能够借到资产时,交易者才能维持其空头头寸；如果在合约未平仓的任何一个时间,经纪人无法再借到资产,交易者将被挤空(short-squeezed),不论他是否想轧平头寸,他都必须平仓。此外,持有空头头寸的投资者必须通过经纪人将其持有空头头寸期间该证券的所有收入,如红利或利息等支付给借出该资产的客户。

卖空交易并非对于所有的资产都可行,通常都会受到一定的限制,在我国的证券市场中卖空股票、债券等目前是不被允许的。即使在美国,卖空也仅在价格升档(up-tick)时才被允许,价格升档是指证券的价格在最近一段时间呈上升态势,不过当交易者卖空复制股票指数的一揽子证券时则不受这一限制。

## 三、无收益资产的远期合约

我们首先来讨论最容易定价的远期合约——以无收益资产为标的的远期合约,该资产在到期前不产生任何现金流,如贴现债券和不支付红利的股票等。

本章中,为了对远期合约进行定价,我们将使用套利定价法。该方法的基本思路为:对于两种投资组合而言,如果其终值相等,那么其现值一定相等,否则将会存在套利机会,与我们的无套利假设相违背。现在有这样两个投资组合:

组合 A:一份远期合约多头加上一笔金额为 $Ke^{-rT}$① 的现金;

组合 B:一单位标的资产。

我们将组合 A 中的现金以无风险利率投资,投资期限为 $T$,则到期时其金额将到达 $K$。同时远期合约到期,我们可以用这笔资金购买标的资产,这样在 $T$ 时刻两个组合都将为一单位标的资产,它们的价格在 $T$ 时刻必定相等。于是我们可以推出,在 0 时刻,组合 A 与组合 B 的价格也应该相等:

$$f + Ke^{-rT} = S_0 \qquad \text{(公式 12-7)}$$

即:

$$f = S_0 - Ke^{-rT} \qquad \text{(公式 12-8)}$$

这个 $f$ 就是远期合约多头的价值,远期合约空头的价值与此正好相反,即为 $Ke^{-rT} - S_0$。

当交易双方签订一份新的远期合约时,双方会选定一个交割价格使得远期合约价值为零,这时远期价格就等于交割价格(见远期价格的定义)。因此,远期价格 $F_0$ 就是令方程式(12-5)中的远期合约多头价值 $f = 0$ 的 $K$ 值:

$$F_0 = S_0 e^{rT} \qquad \text{(公式 12-9)}$$

结合方程式(12-5)和(12-6),我们可以得到远期合约多头价值为:

$$f = (F_0 - K)e^{-rT} \qquad \text{(公式 12-10)}$$

远期合约空头的价值为:

$$f = (K - F_0)e^{-rT} \qquad \text{(公式 12-11)}$$

下面我们将用数字例子来说明如果公式 12-9 不成立会存在何种套利机会:

假设当前市场中交易者可以以 970 美元的交割价格签订 6 个月期的远期合约,其标的资产为一年期贴现债券。同时,我们还假设按连续复利计的 6 个月期的无风险利率为年 6%,债券的现价为 960 美元,那么在这一市场条件下存在何种套利机会呢?根据公式 12-9 我们可以得到,远期价格 $F_0 = S_0 e^{rT}$,其中 $S_0 = 960$,$r = 0.06$,$T = 0.5$,因此 $F_0 = 960e^{0.06 \times 0.5} = 989$。而现实市场中远期价格为 970 美元,远低于理论上的远期价格 989 美元,那么我们可以通过买低卖高来赚取无风险利润。具体而言,我们可以买入一份 6 个月期的远期合约,交割价为 970 美元,并卖空一份标的资产,获得资金 960 美元,将其

---

① 此处的利率为连续复利,即利率为 $r$ 时,金额为 $A$ 的现金在投资时间 $T$ 后其终值为 $Ae^{rT}$。

以无风险利率投资 6 个月。在 6 个月后,无风险投资收回的资金为 $960e^{0.06 \times 0.5} = 989.23$ 美元,同时远期合约到期,我们以 970 美元的价格买入一份标的资产用以归还之前卖空时借入的资产,这样我们获得了无风险利润 $989.23 - 970 = 19.23$ 美元。

我们也可以这样分析上例中的套利机会:在上例中,对于交割价格为 970 美元的 6 个月期远期合约而言,其多头头寸价值为 $f = S_0 - Ke^{-rT} = 960 - 970e^{-0.06 \times 0.5} = 18.67$ 美元。而我们知道,对于新签订的远期合约而言,无论是多头头寸还是空头头寸,其价值都应该为 0,而市场中存在的这一远期合约多头的价值明显为正值,那么对于我们而言,买入被低估的资产——远期合约并卖空债券,将所得资金 960 美元以无风险利率投资 6 个月就可以获取无风险利润。6 个月后,资金将增长到 989 美元,同时远期合约到期,我们以 970 美元买入标的债券用以归还之前的卖空,最终我们还是可以获取 19.23 美元的无风险利润。

假设上例中市场交易者可以按 996 美元的交割价格签订 6 个月期的远期合约,其他条件均相同,那么存在何种套利机会呢?同样,根据公式 12-9 我们可以得到远期价格 $F_0 = 989$ 美元,而现实市场中的远期价格为 996 美元,远高于理论价格,我们可以通过买低卖高来获取无风险利润。具体而言,我们可以按无风险利率 6% 借入资金 960 美元,期限为 6 个月,用于购买一份贴现债券,同时卖出一份交割价格为 996 美元的该债券的远期合约。6 个月后,远期合约到期,我们出售该债券获得 996 美元,用其中 $960e^{0.06 \times 0.5} = 989.23$ 美元归还借入的无风险资金,获得无风险利润 $996 - 989.23 = 6.77$ 美元。

同样,利用第二种分析方法我们一样可以发现套利机会:对于交割价格为 996 美元的 6 个月期远期合约而言,其多头头寸的价值为 $f = S_0 - Ke^{-rT} = 960 - 996e^{-0.06 \times 0.5} = -6.56$ 美元,那么其空头头寸价值为 6.56 美元。对于我们而言,卖出远期合约(即获得空头头寸)明显是有利可图的。具体的套利过程与上面介绍的相同。

这里需要说明的一点是:在第二种分析方法中我们可以看到,由于市场中可获得的远期价格不等于其理论价值,使得我们可以不花费任何成本就获得具有一定价值的远期合约头寸。在第一种情况下是价值为 18.67 美元的远期多头头寸,第二种情况下是价值为 6.56 美元的远期空头头寸,这正是我们最终获得的无风险利润的来源。之所以我们获得的无风险利润看似与此不相等,是因为我们的无风险利润的获得是在 6 个月后。如果我们将这一无风险利润贴现到当前时刻,其将完全等于远期合约头寸的价值,有兴趣的读者可以对此进行验证(本章中所有计算都精确到小数点后两位,这可能会对读者的验证造成一定的误差)。

## 四、支付已知现金收益资产的远期合约

某些远期合约的标的资产在期货合约到期前提供完全可预测的现金流。例如,附息债券和支付已知红利的股票提供正的现金流,黄金、白银等贵金属则提供负的现金流(因其本身不产生收益但储存却需花费一定成本)。为了分析支付已知现金收益资产的远期合约,我们令资产的现金收益现值为 $I$,根据上面内容所介绍的套利定价方法,我们可以

推出对于支付已知现金收益资产的远期合约而言：

远期合约多头的价值为
$$f = S_0 - I - Ke^{-rT} \qquad (公式12-12)$$

远期价格为
$$F_0 = (S_0 - I)e^{rT} \qquad (公式12-13)$$

结合公式(12-12)和(12-13)，我们可以得到远期合约多头价值为
$$f = (F_0 - K)e^{-rT} \qquad (公式12-14)$$

远期合约空头的价值为
$$f = (K - F_0)e^{-rT} \qquad (公式12-15)$$

## 五、支付已知红利率资产的远期合约

有这样一类资产，其收益并非一个固定的金额，而是与资产的现货价格成一定的比例。最典型的例子是外汇，其收益率就是该国的无风险利率，还有股价指数也可被近似看作是这类资产。为了分析支付已知红利率资产的远期合约，我们令按连续复利计的资产的年红利率为$q$，根据上文中所介绍的套利定价法，我们可以推出对于支付已知红利率资产的远期合约而言：

远期合约多头的价值为
$$f = S_0 e^{-qT} - Ke^{-rT} \qquad (公式12-16)$$

远期价格为
$$F_0 = S_0 e^{(r-q)T} \qquad (公式12-17)$$

结合公式(12-16)和(12-17)，我们可以得到远期合约多头价值为
$$f = (F_0 - K)e^{-rT} \qquad (公式12-18)$$

远期合约空头的价值为
$$f = (K - F_0)e^{-rT} \qquad (公式12-19)$$

# 第六节 股票期权的性质与定价

## 一、影响股票期权价格的因素

从上文对期权收益和利润的介绍可以看出，标的资产的价格以及执行价格直接决定着期权的收益，自然这两个因素也会影响期权的价格。但除了这两个因素之外，还有另外四个因素对股票期权的价格有着影响，它们分别是期权的到期期限、股票价格的波动率、无风险利率和期权有效期内预期发放的股利，下面我们将详细介绍这六个因素对股

票期权价格的影响。

1. 股票价格和执行价格

从前文的介绍中我们已经看到,在选择执行期权的情况下,看涨期权的收益等于股票价格减去执行价格后的差额。股票价格越高,期权的收益越高,期权价值也越高;而执行价格越高,期权的收益越低,自然期权价值也随之降低。对于看跌期权而言则相反:股票价格越高、执行价格越低,看跌期权价值越低;而股票价格越低、执行价格越高,则看跌期权价值越高。

2. 到期期限

对于美式期权而言,到期期限越长,其价值越高,这是因为美式期权的执行可以在有效期内任意时间进行,到期期限的延长将增大持有者的权利,使得持有者可以在更大的时间范围内选择执行期权的时间,这无疑使得期权的价值上升了。而对于欧式期权而言,到期期限与其价值间的关系就不是这么明显了,尽管通常到期期限的增加将增大期权的价值,但有时由于更长的期限内会发生一些降低期权价值的事件而使得期权的价值下降。例如,如果股票在3个月后派发大额现金股利,这将使得3个月后股票价格下跌,那么在派发股利前到期的看涨期权的价值将明显高于在派发股利后瞬间到期的看涨期权的价值。

3. 股票价格的波动率

股票价格的波动率是衡量未来股票价格变动不确定性的指标。波动率越高,股票价格发生大幅波动的概率就越大,即股票价格大幅上升和大幅下跌的概率都会增加。但是由于期权给予持有者的只有权利而无义务,股票价格向有利于期权持有者的方向发生大幅度变动的概率增加会使得其收益大幅上升的概率随之增加,而不利的大幅度变动的概率增加却不会使期权持有者的损失发生变化。所以,波动率越大,对期权的持有者而言越有利,因而期权的价值就越高。

4. 无风险利率

无风险利率对期权价值的影响并不是直接的,但却比较复杂。在其他条件都不变的情况下,无风险利率的上升会提高投资者对股票回报率的要求,在此情况下未来股票价格相对而言会上升;而无风险利率的上升又会使得未来现金流的现值降低,这将降低看涨期权持有者执行期权发生的成本,同时降低看跌期权持有者执行期权获得的收益,两个方面的影响都将增加看涨期权的价值而降低看跌期权的价值。不过现实情况下,利率的上升会使得当前股票价格下跌,所以其他条件不变这一点是不成立的,这种情况下无风险利率对期权价值的影响就不同了。总体而言,利率的上升最终会使得看涨期权价值下降,使看跌期权价值上升。

5. 股利

通常股利的发放会降低股票的价格,这将降低看涨期权的价值,增加看跌期权的价值。

## 二、假设与符号

为了对期权进行定价,我们做出了与远期、期货价格确定中相同的假设:
(1) 没有交易费用;
(2) 所有的交易利润适用同一税率;
(3) 市场参与者能以相同的无风险利率借入和贷出资金;
(4) 当套利机会出现时,市场参与者将会参与套利活动,从而使套利活动消失。

我们定义如下符号:
$S_0$:股票现货价格;
$K$:期权的执行价格;
$T$:期权的到期时间;
$S_T$:到期时的股票价格;
$r$:对于 $T$ 时刻到期的投资适用的按连续复利计算的零息无风险利率(当前时刻为 0);
$C$:购买一股股票的美式看涨期权的价值;
$P$:出售一股股票的美式看跌期权的价值;
$c$:购买一股股票的欧式看涨期权的价值;
$p$:出售一股股票的欧式看跌期权的价值;
$\sigma$:股票价格波动率。

## 三、期权的价格

20 世纪 70 年代 Black-Scholes 模型的出现对于期权的定价和对冲都产生了巨大影响,该模型给出了欧式看涨期权和欧式看跌期权的精确定价公式,本部分内容将对此进行简单介绍。至于这一公式的推导及拓展以及美式期权的定价问题则超出了本书的范围,有兴趣的读者可以参考其他教科书。

(一) Black-Scholes 模型的假设

(1) 股票价格行为服从本章前面所讲到的常数为 $\mu$ 和 $\sigma$ 的对数正态分布。
(2) 没有交易费用和税收成本。所有证券都高度可分。
(3) 期权有效期内股票不支付股利。
(4) 不存在无风险套利机会。
(5) 证券交易是连续的。
(6) 投资者可以以相同无风险利率进行借贷。
(7) 短期无风险利率 $r$ 是常数。

## (二) Black-Scholes 定价公式

不支付股利股票的欧式看涨期权和欧式看跌期权的 Black-Scholes 定价公式为：

$$c = S_0 N(d_1) - Ke^{-rT} N(d_2) \quad \text{（公式 12-20）}$$

$$p = Ke^{-rT} N(-d_2) - S_0 N(-d_1) \quad \text{（公式 12-21）}$$

其中：

$$d_1 = \frac{\ln(S_0/K) + (r + \sigma^2/2)T}{\sigma \sqrt{T}}$$

$$d_2 = \frac{\ln(S_0/K) + (r - \sigma^2/2)T}{\sigma \sqrt{T}} = d_1 - \sigma \sqrt{T}$$

$N(x)$ 为服从标准正态分布的变量的累积概率分布函数，它是服从标准正态分布 $\phi(0,1)$ 的变量取值小于 $x$ 的概率，该值我们可以从书后所附的标准正态分布表中查取。

**例**：某三个月期的欧式股票期权，执行价格为 20 美元，当前股票价格为 18 美元，波动率为年 30%，三个月期的无风险利率为年 8%，即 $S_0 = 18, K = 20, r = 0.08, \sigma = 0.3, T = 0.25$，

$$d_1 = \frac{\ln(18/20) + (0.08 + 0.3^2/2) \times 0.25}{0.3 \sqrt{0.25}} = -0.4941$$

$$d_2 = \frac{\ln(18/20) + (0.08 - 0.3^2/2) \times 0.25}{0.3 \sqrt{0.25}} = -0.6441$$

查表得：

$$N(0.4941) = 0.6715, \quad N(-0.4941) = 0.3285$$
$$N(0.6441) = 0.7403, \quad N(-0.6441) = 0.2597$$

如果该期权为看涨期权，其价格 $c$ 为：

$$c = 18 N(-0.4941) - 20 e^{-0.08 \times 0.25} N(-0.6441)$$
$$= 18 \times 0.3285 - 19.60 \times 0.2597 = 0.82$$

如果该期权为看跌期权，其价格 $p$ 为：

$$p = 20 e^{-0.08 \times 0.25} N(0.6441) - 18 N(0.4941)$$
$$= 19.60 \times 0.7403 - 18 \times 0.6715 = 2.43$$

美式期权的定价问题并不能用 Black-Scholes 模型解决，但我们可以用另一个模型——二叉树模型解决这一问题，但这一模型已经超出了本章所要介绍的范围，有兴趣的读者可以参考其他教科书。

# 第七节 启示与小结

在这里我们再次强调，期货、期权既是投机的工具也是套期保值的手段。用期货来投机是很危险的，但用它来做企业经营的风险控制工具则是很好的。比如，处在产业链

条下游的化工企业,通过期货交易对化工原料价格进行套期保值,可以控制原材料的价格风险。现在,越来越多的国内企业参与到国际贸易中去,煤、油、钢、原料类进出口越来越多,国际市场上汇率巨幅震荡,原材料价格巨幅波动,企业可以利用期货等衍生金融工具控制风险。这是值得国内大中型企业,尤其是外向型企业认真关注的问题。利用期货、互换在外汇市场和金融衍生品市场进行套期保值是国际上许多大型企业一贯的做法,IBM、美孚这些跨国公司莫不如是。期货等衍生工具的使用对防范相关的金融风险和价格风险起到了关键的积极作用。此外,如果不正确地使用衍生金融工具,比如进行期货投机交易,确实会引发灾难性后果。

中航油等事件的问题首先是内部管理上的问题。利用期货或者其他衍生工具投资失败的案例国际上数不胜数,知名的有20世纪90年代的巴林银行倒闭事件,表面上是它的交易员尼克·里森在日经指数期货交易上投资失败,实际上反映的是巴林银行内部控制的失败。由于内控的失败导致的风险,引发公司金融危机是早晚的事情。很多公司如宝洁公司,甚至美国加州橙县政府也是在90年代的金融市场过度地投机,几乎导致橙县政府被迫申请破产。这些事件都有一个共同的特点,即投机的同时,缺乏相应的控制手段,内控方面出现严重问题。

任何大型的期权期货交易都必须有一个明确的信息沟通和监控的渠道。很显然,在中航油事件中,企业内部对于相关的交易行为缺乏有效的控制。中航油的衍生金融交易在操作上违背了基本的内部控制原则。尽管中航油有很多的规章,但实际上那些规章都成了摆设,而没有被执行。中航油最终出事其实就是因为绝对的风险控制和程序上的监督被忽视了。

对于从事衍生金融工具交易的公司而言,公司必须把风险控制在公司完全能承受的范围之内,因为期货交易有保证金,当出现交易损失的时候,如果严格执行风险管理制度,不再继续交易,那么最后的损失是有限的,尽管这样的损失是"实在的"。

# 思考与讨论

1. 远期合约与期货合约有何异同?
2. "期货与期权是零和游戏"的含义是什么?
3. 说明持有一份期货价格为30美元的期货合约多头与持有一份执行价格为40美元的看涨期权多头有何区别?
4. 套期保值、投机与套利的区别是什么?
5. 假设你希望规避3个月后某一股票价格上升带来的风险,当前的股票价格为20.50美元,3个月期的执行价格为20美元的看涨期权的期权费为1.90美元。列举两种你可以选择的套期保值并阐述各自的利弊。
6. 假设某股票在3个月和6个月后分别派发每股1美元的股息,该股票当前价格为29美元,所有期限的无风险利率均为年5%(按连续复利计)。一名投资者刚刚获得该股票6个月期的远期合约多头头寸,请问远期价格及远期合约的价值分别为多少?假设4个月后股票价格下跌至25美元,无风险利率不变,远期价格和远期合约价值又应为多少?

7. 列出影响股票期权价格的因素。

8. 某3个月期的欧式股票期权,执行价格为20美元,当前股票价格为18美元,3个月期的无风险利率为年8%,如果看涨期权的价格为0.82美元,而看跌期权的价格为2.01美元,请问其中是否存在套利机会?如果存在,怎样可以获取无风险利润?

9. 某6个月期的欧式看跌期权,执行价格为30美元,当前股价为32美元,6个月期的无风险利率为年10%,波动率为25%。该期权的理论价格为多少?

# 附录
## 周春生评说中航油事件:期货交易不是洪水猛兽

2004年12月2日,中国航油集团公司控股子公司中国航油(新加坡)股份有限公司(China Aviation Oil Ltd.,C47.SG,以下简称"中航油")因在石油期货交易上巨额亏损5.5亿美元而被交易所停牌,并申请法院保护。有着"打工皇帝"美誉的中航油公司CEO陈久霖被集团董事会停职并接受新加坡警方调查。短短几天,在媒体的曝光下,中航油成了第二个巴林银行,而陈久霖被人们视为第二个尼克·里森。

当中航油2002年获颁新加坡上市公司"最具透明度"企业奖时,陈久霖一定想不到两年后的今天,他花费七年心血一手缔造的中国第四大石油企业,会在短短几个月之内,在自己眼前轰然倒地。到底是什么原因使得中航油和陈久霖遭此惨败?中航油真的仅仅输在运气不好上吗?期货这样的金融衍生工具真的是洪水猛兽吗?难道中航油事件又是国际炒家导演的一幕金融悲剧?还是陈久霖自酿的苦酒?

就这些问题,《证券市场周刊》(以下简称《周刊》)采访了著名金融学家、北京大学光华管理学院周春生教授。

**根本原因是企业风险管理意识淡薄**

《周刊》:此次中航油事件,你认为根本的问题出在哪儿?是金融衍生工具的问题还是企业操作上的管理问题?

**周春生**:我不认为是由于使用了金融衍生工具,才造成中航油的巨额亏损。倒是中航油暴露出来的相关制度、风险管理等问题,应该引起所有企业的警惕。国内绝大部分企业普遍缺乏风险管理意识。事实上,应该把风险管理放到企业的战略高度去看。

我最近听到一个简单而深刻的比喻:一根火柴的价值只有一分钱,但是它能毁掉价值千万的大厦。同样的道理,建立一个成功的企业需要长年的努力,而毁掉它只需要一个错误的决策。不可否认,中航油从一个仅有二十几万美元的小企业发展成资产数亿美元的中国第四大能源巨头,是陈久霖等人长期经营的成绩。然而,短短几个月的不当期货交易就几乎断送了整个企业。

《周刊》:你认为中航油事件是否会改变人们对期货市场的看法?

**周春生**:是的。中航油的事件应该会让我们重新认识期货甚至整个金融市场,但不能因为这件事而妖魔化期货和金融市场。期货、期权既是投机的工具也是套期保值的手段。用期货来投机是很危险,但用它来做企业经营的风险控制工具则是很好的。这里可以举一些例子,比如处在产业链条下游的化工企业,通过期货交易对化工原料价格进行套期保值,可以控制原材料的价格风险。现在,越来越多的国内企业参与到国际贸易中去,煤、油、钢、原料类进出口越来越多,国际市场上汇率巨幅震荡,原材料价格巨幅波动,都可以利用期货等金融衍生工具控制风险。这是值得国内大中型企业,尤其是外向型企业认真关注的问题。利用期货、互换在外汇市场和金融衍生品市场进行套期保值是国际许多大型企业一贯的做法,IBM、美孚这些跨国公司莫不如是。期货等衍生工具的使用对防范相关的金融风险和价格风险起了关键的积极作用。另一方面,如果不正确地进行使用,比如进行期货投机交易,确实会引发灾难性后果。我觉得中航油的事件关键的问题首先是内部管理上的问题。利用期货或者其他衍生工具投资失败的案例国际上不胜枚举,知名的有20世纪90年代的巴林银行倒闭事件,表面上是它的交易员尼克·里森在日经指数期货交易上投资失败,实际上反映的是巴林银行内部控制的失败。由于内控失败导致的风险,引发公司金融危机是早晚的事情。很多其他公司,甚至美国加州橙县政府也于20世纪90年代在金融市场进行了过度投机,几乎导致橙县政府被迫申请破产。这些事件都有一个共同的特点,即投机的同时缺乏相应的控制手段,内控方面出现了严重问题。

**《周刊》**:国外大型企业如何利用期货期权来管理风险?

**周春生**:这里可以介绍一下国外学者的研究成果。美国宾州大学沃顿商学院的教授 Wayne Guay 和麻省理工学院斯隆管理学院的教授 S. P. Kothari 合写过一篇论文。他们随机抽取了234家非金融企业的财务决算作为研究样本。他们研究发现,许多大型企业实际上面临各种各样的经营风险,如石油类公司油价波动的风险、外汇黄金价格波动的风险,而这些风险可以有效地利用衍生工具市场进行对冲。从调查的情况来看,大型企业所使用的期货期权工具不是多了而是少了,还不足以有效地对冲它们面临的风险。所以说,非金融类企业从事期货、期权等衍生工具的主要目的是套期保值而不是投机,这个观念是所有企业必须遵循的最基本的原则。

我们必须牢记,期货市场是一个零和博弈。如果是正常的套期保值,它的优势在于用一个固定的价格对冲未来的市场风险,它做不到让你赚,但能够保证你不赔。可如果进行期货、期权投机,情况就完全不同了,因为是零和博弈,你赚了必定是有人赔了;相反,你赔了必定是有人赚了。在这一点上,投机交易和赌博是没有本质区别的。

**更多的套期保值,更少的金融投机**

**《周刊》**:你认为中航油的风险管理问题出在哪儿了呢?中航油事件是不是本可以避免的?

**周春生**:任何大型的期权、期货交易都必须有一个明确的信息沟通和监控的渠道。很显然,在这一次中航油事件中,企业内部对于相关的交易行为缺乏有效的控制。

在国外的会计实践中,要求内部控制必须遵循一些最基本的原则,其中有一条,英文叫做 compliance。什么是 compliance? 用中国人的话讲就是严格按照规范办事。从实践角度,一个企业如何防止出现类似巴林银行的事件,一个是提高警惕,另一个就是要强调程序性的监督。什么叫程序性的监督? 就是对所有的交易进行掌控,履行相关的管理程序。特别是当公司在金融衍生工具市场上头寸较大的时候,要严格执行程序性的监控。

从现在了解到的情况来看,中航油的金融衍生交易在操作上违背了基本的内部控制原则。中航油的很多做法跟国内企业一样——尽管它是新加坡上市公司,尽管公司有很多的规章——实际上,那些规章都成了摆设,而没有被执行。上面讲到的 compliance 就是指对规章的执行,中航油最终出事其实就是出在这个地方,绝对的风险控制和程序上的监督被忽视了。

**《周刊》**:为了控制金融交易的风险,该如何执行风险管理制度?

**周春生**:从事金融衍生工具交易,要把风险控制在公司完全能承受的范围之内,因为期货交易有保证金,当出现交易损失的时候,如果严格执行风险管理制度,不再继续交易,那么最后的损失是有限的,尽管这样的损失是"实在的"。所以 Guay 和 Kothari 在他们的文章中,得出了一个结论,即"金融衍生工具使用的改变:更多的套期保值,更少的金融投机"。这绝对是诤言!而中航油惨败,恰恰是它进行了"更多的金融投机,更少的套期保值"。出了中航油事件后,很多人可能对期货甚至金融市场谈之色变。如何正确地认识期货市场? 是不是中航油的事件是不可避免的? 不,是完全可以避免的。中航油事件更多的是由于其内部管理出了问题而不是期货市场出了问题。

### 赌徒心理作祟

**《周刊》**:你怎么评价陈久霖事后说的"再给我五亿美元,我就能翻身"这句话?

**周春生**:为什么中航油事发之后,陈久霖还能说出"再给我五亿美元,我就能翻身"这样的话来? 因为他的赌徒心理还是没有变。

随着行为金融学的兴起,投机交易在理论上讲,其实就是一种赌博。赌徒的心理无非就是"越输越赌,越赌越输"。因为赌博中输的人,一般会丧失理性,越丧失理性决策就越草率,越草率就越输,越输就越想翻本。这是人群中一种常见的心理偏差。这种现象的存在对公司的风险管理是一种威胁,所以必须靠公司的内部控制制度来根除。在国外,很多金融机构包括非金融企业,之所以在期货等金融交易过程中要进行平仓等强制性的措施,对实际损失宁可制定一个上限,也绝不会采取"搏一把可能就赚回来"的做法,实际上也正是基于对人性的这一弱点的考虑。

**《周刊》**:很多人认为在金融市场上大企业更安全,这次中航油失败是因为它的规模太小了。

**周春生**:这是很多人容易忽视的方面,很多人觉得大企业在金融衍生工具市场上安全系数更高,而 Guay 和 Kothari 两位教授的实证研究表明,企业在金融衍生工具市场上的收益或损失与企业规模的大小没有相关性。我认为这一结论可以澄清很多人"更大就更安全"的错误观念。

做期货最忌讳的是一个"急"字。急功近利,希望在短时间内能够咸鱼翻身。期货市场不是一个可怕的妖魔,期货会不会产生风险不在于期货本身,期货作为一种金融交易工具本身是无辜的。罪在于不当使用它的人。就好比服用安眠药,有人因为喝安眠药生命出危险是因为他自身服用过量,而不是安眠药本身导致的。期货市场绝对可以帮助企业控制风险而不是放大企业的风险,只有在不当使用的情况下才会放大企业的风险,给企业经营带来危险甚至导致企业的破产。所以加强内部控制是首当其冲的事情。规范一定要执行而不是把它作为一个摆设。这对于所有企业都是必须强调的事情。

《周刊》：根据事后的调查，中航油内部有严格的期货期权交易规范。每位中航油的期货交易员，每笔交易损失20万美元以上时，继续交易与否要提交给公司的风险管理委员会评估；累计损失超过35万美元的交易必须得到总裁的同意才能继续；任何将导致50万美元以上损失的交易将自动平仓。换句话说，中航油10位交易员的损失额上限本来只有500万美元，但最终却是亏掉了5.5亿美元。你对此的看法是什么？

**周春生**：这就是我一再强调的，制度有了，但是没有被执行。这在国内企业是普遍现象。制定了那么多制度，大家都当成摆设。我相信中航油当初制定这样的制度是参考了国际上其他企业的做法，人家有，我也应该有。可不同的是，人家的制度落实了，而我们的没有。在某种意义上讲，制度的落实甚至比制度本身更重要，因为没有被落实的制度是形同虚设的。

**重要的是严格落实企业内控**

《周刊》：你认为中航油事件是否也有国际金融炒家阻击中国资本的因素？

**周春生**：中航油事件的确提醒了国内那些需要从事期货、期权交易的企业，当你委托国外机构帮助你操作期货、期权交易的时候，一定要谨防受托方可能产生的道德风险。因为无论你做期货交易是做多头还是做空头，你的信息都成了很多机构觊觎的目标。如果自己的交易信息很轻易地就通过受托方泄露出去，那么很容易使得这些大量持有期货仓位的中国公司成为国际金融炒家牟取暴利的阻击对象。所以，中航油事件中，我们不排除有这种可能性。因此，如何防范这种国际资本市场上的投机过程中产生的交易风险，我觉得是中国的企业必须要考虑的。实际上，已经有很多中国企业在国际市场上投资被阻截而惨败的教训。学会保护自己的交易信息是首要的。

《周刊》：根据现行的《国有企业境外期货套期保值业务管理办法》和《国有企业境外期货套期保值业务管理制度指导意见》，如果中航油的期货期权操作按照这两条法规进行，也不会导致最后的巨额亏损。但由于中航油本身是在新加坡注册并上市的公司，虽然中航油控股股东是中国航油集团，但现行法规无法对中航油的交易行为进行管理。你怎么看这个问题？

**周春生**：随着国内企业的经营越来越国际化，传统监管思路和手段也需要相应转变。企业通过第三地注册来规避本国监管的做法已经越来越普遍，这一趋势本身是难以逆转的。因此，政府在监管政策上要能够跟上市场本身的变化。但我认为最重要的不是政府监管的问题，而是企业内部的管理控制问题。因为像中航油这样的上市子公司发生巨额亏损，直接受损失的不是政府，而是中航油的广大股东和母公司中航油集团。

当然，中航油是国有企业的子公司，我们也可以说它损失的是国家的钱。但它到底是企业的经营行为导致的，而不是政府行为。换句话说，这件事提醒我们，类似中航油这样的国有控股企业，在选拔任用经理人员的时候，除了关注经理人员自身的经营能力和素质之外，也要注重在日后的经营过程中，如何有效地控制经理人员的不当行为。像陈久霖这样的经理人，我们相信他对今天这样的局面也是始料未及的，但在刚开始亏损的时候，如果企业内部控制制度能有效地施行，阻止他此后接二连三的不理智行为，中航油事件同样也不会发生。

表面上，因为规避政府监管，中航油才出了事。但更本质的还是企业自身的管理问题。这就好比 SARS 期间政府会采取隔离人群等非常手段控制疾病蔓延,但只有我们每个人自己在意自己的健康,自己注意改善卫生环境,疾病的蔓延才能真正得到抑制。政府监管和企业内控是同样的道理。

资料来源:刘晶:《周春生评说中航油事件:期货交易不是洪水猛兽》,《证券市场周刊》,2004 年 12 月 14 日。

# 第十三章　危机管理纲要

- 危机管理概述
- 危机的类型
- 危机的影响

# 第一节　危机管理概述

## 一、危机与危机管理的基本概念

一个企业在运营的过程当中,难免会遇到各种负面事件。有些事件会对公司的品牌声誉、经营状况、财务状况,甚至对公司生存造成严重的不良影响,我们把这种事件叫作危机。与此类似,有人对危机给出了如下定义:危机是一个会引起潜在负面影响的具有不确定性的事件,这种事件及其后果可能对组织及其员工、产品、资产、财务和声誉造成巨大的伤害。也有人说,企业危机泛指任何酿成企业在生产、运营、销售、财务、声誉等一个或数个方面受到沉重打击的事件。这些事件在没有成为危机之前则是风险。2008年的三聚氰胺事件、2010年富士康员工跳楼事件、霸王洗发水致癌事件、2011年家乐福价格欺诈事件、双汇"瘦肉精"事件、2012年毒胶囊事件、酒鬼酒塑化剂超标事件等,都是国内企业危机的著名案例。

危机管理是专门的管理科学,它是为了对应突发的危机事件,抗拒突发的灾难事变,尽量使损害降至最低点而建立的危机防范、处理体系和对应的措施。对一个企业而言,为了应付危机的出现以及减轻危机的负面影响在企业内建立防范和处理危机事件的体制和措施,则称为企业的危机管理。危机管理包括危机的事前、事中、事后管理。

一个企业在经营过程中,总有一些预想不到的事件发生,因此风险与危机是不可能完全避免的。企业要发展,就必然会面对形形色色的危险,有些危险难以预测,有些危险即使被企业预测到了,但是没有引起企业充分的注意,最后酿成危机并造成很严重的影响。危机管理就是要预测及预防这些危险事件,预测这些事件的影响,并且对这些影响做出相应的准备,防止这些事件的发生或者一旦这些事件不幸发生,企业也能因良好的危机处理能力而有的放矢,临危不乱。

## 二、企业危机的基本特征

1. 突发性

危机往往都是不期而至,令人措手不及的,危机发作的时候一般是在企业毫无准备的情况下瞬间发生,给企业带来的是混乱和惊恐。

2. 破坏性

危机发作后可能会带来比较严重的物质损失和负面影响,间接的影响所带来的损失可能远远超过直接的物质损失。

3. 不确定性

事件爆发前的征兆一般不是很明显,企业难以做出预测。危机出现与否与出现的时机是无法完全确定的。

4. 急迫性

危机的突发性特征决定了企业对危机做出的反应和处理的时间十分紧迫,任何延迟都会带来更大的损失。危机的迅速发生引起了各大传媒以及社会大众对于这些意外事件的关注,使得企业必须立即进行事件调查与对外说明。

5. 信息资源紧缺性

危机往往突然降临,决策者必须做出快速决策,在时间有限的条件下,混乱和惊恐的心理使得获取相关信息的渠道出现瓶颈现象,决策者很难在众多的信息中发现准确的信息。

6. 舆论关注性

危机事件的爆发能够刺激人们的好奇心理,常常成为人们谈论的热门话题和媒体跟踪报道的内容。企业越是束手无策,危机事件越会增添神秘色彩并引起各方的关注。

## 三、危机管理的重要性与意义

随着经济的全球化和大众传媒(包括自媒体)的快速发展,企业已经进入到了一个危机多发的时代。企业的一个个意外或非意外的事件,经过网络和媒体的渲染,可以瞬间演变成一场广为传播的危机,并重创企业的声誉和运营。例如,2008年的三聚氰胺事件,起因是很多食用三鹿集团生产的奶粉的婴儿被发现患有肾结石。但在10天左右的时间里,事件迅速恶化,波及伊利、蒙牛、光明、圣元及雅士利在内的多个厂家,并重创了中国制造商品的信誉,多个国家禁止了中国乳制品进口。

1985年美国莱克斯肯传播公司对美国企业总裁的一份调查表明,虽然89%的企业总裁认为企业危机就像死亡和税收一样不可避免,却只有50%的企业总裁表示他们已有危机管理的计划。还有40%左右的人知道危机的重要性,但是并没有一个应对计划。没有应对计划,就意味着危机发生以后,企业可能会出现束手无策的尴尬局面,从而使得企业蒙受巨大的损失。

在此,我们有必要强调一下危机管理的重要性和意义。

1. 危机管理可以有效减少危机事件的发生。强有力的危机管理意识和危机管理制度可以帮助企业在危机事件发生前及早捕捉危机发生的早期信号,识别可能诱发危机事件的各种因素,从而将危机事件消灭在萌芽状态,防止危机事件的爆发。

2. 危机管理可以有效帮助企业快速应对危机。管理危机好比医生给癌症患者治病,治疗越早,治疗自然越容易,治疗效果也会越好。快速应对不仅可以帮助减少危机传播范围,还可以降低危机后果的严重程度。

3. 危机管理可以有效减小危机造成的损害。重视危机管理,培养、造就企业管理者的危机决策技能、沟通技能、协调技能和解决危机能力,最终有利于减轻企业各类危机的损害程度。

危机管理尽管重要,但在很长的时间内,并没有引起中国企业界普遍的、足够的重视,就像人们在健康的时候一般不会去考虑得病的事情一样。另一种可能的原因是许多企业由于没有掌握危机管理的系统方法,从而觉得危机事件防不胜防,难以应对。国内一些企业,像三株、三鹿、秦池、德隆、南京冠生园等,都是因为没有很好地应对危机而走向衰落。

# 第二节　危机的类型

具备危机意识是危机管理的前提,但不是全部。企业管理者必须具备危机管理的基本知识和方法,包括对可能出现的几大危机类型的了解。当然,危机分类的方法很多,也不统一。在此,我们主要就企业常常遇到的危机进行一个简单分类。

1. 形象危机

错误的经营思想和方式、错误的管理理念和措施、企业领导或职工的不妥当或错误的言行,都会造成企业形象危机。形象危机看似"面子"问题,实则本质危机,可能造成无形资产的巨大损失,从而严重削弱企业的经营、销售和盈利能力。企业形象是一个非常脆弱的东西,一个事件如若在社会上造成广泛的负面影响,可能会使企业的名誉扫地,难以翻身。例如,2008年三聚氰胺事件,以及2011年纯牛奶强致癌物事件,给蒙牛及其创始人牛根生的形象带来了巨大阴影。蒙牛从正面形象快速跌落成了反面案例。

2. 经营决策危机

这是指企业决策者因为在生产经营方面的战略和策略的失误及管理不善造成的危机。这种危机是一种典型的"人祸"。一个耳熟能详的例子是前面已经讨论过的巨人集团事件。当初巨人集团涉足房地产项目,建造巨人大厦,并一再盲目地增加层数,便隐含着经营决策危机。经营决策危机往往会给企业带来直接的利益损失,但外部影响较小。

3. 信誉危机

从某种意义上说,市场经济就是一种信誉经济,在市场经济中,信誉是企业生存的基础,是企业竞争的有力武器。企业的良好信誉能够激发员工士气,提高工作效率;能够吸引和聚集人才,提高企业生产力;能够增强金融机构贷款、股东投资的好感和信心;能够以信誉形象细分市场,以形象力占领市场,提高企业利润;能够提高和强化广告、公关和其他宣传效果。履行合同及企业对消费者的承诺是企业保持良好信誉的基础,应成为企业生产经营的基本准则。失去公众的信任和支持往往意味着企业的衰落。信誉危机是指企业的信誉下降,声誉受损,失去公众的信任和支持而造成的危机。

4. 媒介危机

由于媒介对企业的错误或恶意报道引发的企业危机称为媒介危机。媒介对企业和社会起着一种舆论监督作用,但是如果这种舆论监督出现偏差,可能会对企业造成难以估计的损失。即使企业诉诸于法律,法律证明企业是无辜的,社会上的负面影响也难以消除。对于媒体有时候所做的道歉澄清等,很多人可能会认为是因为媒介迫于压力而不得不为之。

5. 公关危机

公关危机即公共关系危机,指影响组织生产经营活动的正常进行,对组织的生存、发展构成威胁,从而使组织形象遭受损失的某些突发事件。例如,2012年从事活熊取胆的福建药企归真堂谋求在国内创业板上市,引发的有关动物保护和归真堂上市资格的激烈争论,对于急切谋求上市的归真堂来说就是一件重大的公关危机事件。

6. 品牌危机

世界著名广告大师大卫·奥格威曾对品牌这样描述:"品牌是一种错综复杂的象征,它是品牌属性、名称、包装、价格、历史、声誉、广告方式的总和。"每一个品牌的成长都需要无数的磨砺,并能带来巨大的利润。但品牌又是脆弱的。负面的新闻报道、产品质量事故、假货的盛行、消费者偏好的改变,都可能导致企业品牌影响力的下降,直至引发品牌危机。

7. 产品质量危机

产品质量关系到公司的生死存亡。由产品质量问题所造成的危机是企业最常见的危机。产品质量问题能够直接引发消费者的不信任和不购买,随之造成销售量的大幅下滑,引发企业经营危机和困境。有些公司虽然产品质量较高,但是因为竞争对手的产品质量提高了,或者消费者的要求提高了,也会产生危机。

8. 财务危机

如果企业在财务管理中缺乏危机意识,或因市场条件变化导致企业经营和财务状况恶化,使得企业资产的流动性太低或负债率太高,就有可能发生严重的资金短缺与资金周转不灵现象,导致资金链条断裂,无法偿付债务本息。

9. 突发性危机

突发性危机是指人们无法预测和人力不可抗拒的强制力量,如地震、台风、洪水等自然灾害,战争、火灾、重大工伤事故、交通事故等造成巨大损失的危机。这类危机不以人的意志为转移,一般属于"天灾"型事件,会严重影响企业的生产经营活动和业务的开展。因此,企业必须对自己所处地的自然和人文环境有一个清醒的认识,尤其是对那些可能出现的突发性危机有一个心理和策略准备。

下文案例描述的农夫山泉质量门事件,就是一起集公关危机、媒介危机、形象危机、品牌危机、产品质量危机于一体的一个典型的现代企业危机事件。

## 案例分析
### 农夫山泉质量门事件

2013年3月,农夫山泉"有点烦"[①]。在不到20天的时间里,农夫山泉先后被各种与其产品质量和产品安全性相关的负面报道所包围。无论真相如何,国内饮用水行业曾经的佼佼者,号称"大自然的搬运工"的农夫山泉接二连三地陷入"质量门",令消费者心头

---

[①] 农夫山泉一句著名的广告词是"农夫山泉有点甜"。

卜蒙卜了一层阴影。

### 农夫山泉水中现黑色不明物

2013年3·15前夕,有消费者投诉农夫山泉矿泉水中现黑色不明物。媒体报道指出,2013年3月8日,消费者李女士投诉称,其公司购买的多瓶未开封农夫山泉380 ml饮用天然水中出现很多黑色不明物。李女士曾就此事与农夫山泉联系,但是农夫山泉坚称产品合格的做法让她很气愤。同时,对方也并未解答其黑色不明物究竟是何物的疑问。

对此,农夫山泉2013年3月15日通过其官方微博发表声明表示,2013年3月有消费者反应农夫山泉丹江口工厂生产的部分瓶装水中有细小沉淀物。获悉后,农夫山泉将产品送至第三方权威检测机构,检测结果显示,产品符合国家标准的各项安全指标。

农夫山泉强调,含有天然矿物元素的瓶装水在运输储存过程中,有时会受到温差等影响而析出矿物盐,但并不影响饮用,亦无安全问题。农夫山泉还称,若消费者对此仍有疑虑,将予免费更换。但此种回应显然难消公众和消费者疑虑。

### 漂浮物

一波未平一波又起。2013年3月15日后,媒体又曝出农夫山泉一起"质量门"。据中国广播网2013年3月22日报道,宁夏消费者王先生2013年3月11号购买了一瓶550 ml装的农夫山泉,第二天正要打开喝时,突然发现瓶中有不少棕红色的漂浮物,水看着还有些浑浊。于是,王先生找到经销商投诉,经销商在未取走问题样品的情况下回复表示,自己是从湖北丹江口工厂进的货,经过厂家检测得出的结果是,棕红色的不明物质为矿物质析出所致,水可以正常饮用。农夫山泉总裁办主任钟晓晓在接受采访时也坚称,农夫山泉在生产工艺方面肯定没有问题。

有评论称,针对消费者投诉的问题,农夫山泉没有做出一个科学合理的解释,而是比较武断地回复,这不太负责任。

### 垃圾围城

值得注意的是,先后发生的这两起"质量门"中的水均产自农夫山泉的水源地之一:湖北丹江口。那么湖北丹江口的水源地到底是怎样的呢?

据21世纪网2013年3月25日报道,经过实地调查发现,在风景秀丽的丹江口水库背后,掩藏的是农夫山泉水源惊人的污染。在农夫山泉取水点周边水域,岸上遍是各种各样的生活垃圾,其中不乏大量疑似医用废弃药瓶,俨然"垃圾围城"之势,让人产生误入垃圾掩埋场的感觉。而农夫山泉用焚烧的方式来处理这些垃圾,其焚化后渗入水中对水质的影响不免令人担忧。然而,农夫山泉厂区人员却表示,生活垃圾对水质影响不大,犹如"米饭中的沙粒"。

对此,农夫山泉3月25日晚通过其官方微博发表了"关于丹江口水库岸边杂物的说明"。说明中表示,媒体所报道的不整洁区域距离公司取水口下游约1.4公里,对取水质量并无影响。声明表示,农夫山泉取水口源水质符合《DB33/383-2005 瓶装饮用天然水》食品标准的天然水源水质量要求。

此后,农夫山泉采取了一系列褒贬不一的公关措施,包括起诉相关媒体,投放广告进行正面宣传等。但一时间,农夫山泉声誉受损,消费者大量流失已是不争的事实。

资料来源:据媒体和网络报道整理。

# 第三节 危机的影响

危机事件对企业的影响取决于多种因素,比如危机事件本身的性质和严重程度,企业危机处理和危机公关的能力,企业自身的规模和知名度大小等。危机事件轻则给企业经营造成暂时的困扰,重则可让企业身败名裂,甚至走向破产。危机的影响一般来说具有以下几个特点:

1. 倍增性

危机从发生直至被处理的整个过程中所产生的直接、间接影响往往比危机事件的直接经济损失大很多,我们不妨将此称为"倍增效应"。2011年12月24日,国家质量监督检验检疫总局公布了对全国液体乳产品进行抽检的结果,蒙牛乳业(眉山)有限公司生产的一批次产品被检出黄曲霉素M1(一种致癌物质)超标140%。蒙牛公司随后发布申明:"在此次全国性抽检中,蒙牛全国各生产基地共计25个批次抽检产品中的24个批次各项指标均符合国家标准。而蒙牛眉山工厂的某一批次产品则在抽检中被发现黄曲霉素M1超标。由于该批次产品在接受抽检时尚未出库,公司立即将全部产品进行了封存和销毁,确保没有问题产品流向市场。目前,蒙牛在市场上销售的所有产品均为合格产品。"蒙牛的损失显然比封存和销毁眉山工厂的这一批次产品大无数倍。蒙牛的品牌和形象在受到2008年三聚氰胺事件的摧残以后,又一次遭受当头猛烈一击。德意志银行发表报告称,在事发后初期,蒙牛整体销量曾大幅下跌50%—60%,之后逐渐好转。2011年12月28日,受毒牛奶事件影响,蒙牛乳业在香港开盘即大跌近25%,其后于低位窄幅徘徊,收盘于20港元,跌幅24%。

2. 全面性

危机可能由某单一事件引发,但其影响通常是多方位全面性的,所谓"一颗老鼠屎,带坏一锅粥"。例如,蒙牛某一批产品被查出有质量问题,整个企业的所有奶制品的销售都因此受牵连。如果处理不当,质量危机会进一步演变成公关危机、品牌危机,以及形象危机,甚至财务危机,从而全方位地影响企业运营和管理。再如,煤矿企业发生瓦斯爆炸等安全事故,损失的不单是矿井和设备,也不单是对伤难者的经济赔偿。企业的负责人及主要所有者可能要承担刑事责任,企业也可能会被勒令停业整顿,甚至被吊销相关执照。

3. 传播性

我们已经提到,危机事件的爆发能够刺激人们的好奇心理,常常成为人们谈论的热门话题和媒体跟踪报道的内容。随着网络和移动自媒体的快速发展,危机事件的传播和影响范围也在迅速扩大。危机一旦爆发,管理者要保密或把影响控制在很小的范围将会十分困难。2010年丰田汽车的召回门事件,充分体现了危机影响的这一特点。2010年1月26日,由于部分车型存在漏油风险,丰田宣布在全球范围内召回170万辆汽车。当年2月24日,因油门踏板等缺陷,丰田再次宣布将在全世界召回239万辆汽车。但召回国家名单并没有包括中国。也许是一种巧合,在 2 月 24 日当天有媒体报道,质检总局例行新闻发布会上公开表示,国家质检总局已要求丰田就此问题做出完整解释,并提供详细技术说明。紧接着第二天,2 月 25 日晚上九点多,在质检总局官网发布了丰田(中国)递交的召回令后,丰田(中国)也同一时间对外发布了正式的召回通知。如此一来,网上就有大量网友质疑"丰田(中国)是迫于质检总局的压力才发布的召回公告",声讨之声不绝于耳。

4. 差异性

同样的事件对不同企业的影响可能会大相径庭。中国有一句老话叫作"枪打出头鸟"。越是名企,越是名人,在危机当中越容易成为媒体关注的焦点、公众关注的焦点,甚至成为舆论攻击的目标。对于一些本身就没有多少品牌资产的中小型企业而言,形象和信誉之类的危机事件的影响可能反而较小。例如,2008 年的三聚氰胺事件,情节最严重的是三鹿集团,而受到质疑最多的可能是蒙牛、伊利,这和蒙牛、伊利的知名度不无关系。

危机处理不当,小事可以变大,陷企业于绝境。处理得当,危机有可能转化成提高知名度的契机,增加企业销售的商机。正如一位名人所言,"平庸的企业在危机中消亡,优秀的企业在危机中生存,而伟大的企业则在危机中发展。"

举例说来,广州的一家老字号餐饮企业就曾因一件小事处理不当而引发满城风雨,影响了自身的声誉和经营。事件起因是客人在该酒楼喝汤时,发现汤中飘浮着一只蟑螂。酒楼碰见这种情况一般的补救措施是撤下这碗汤,再换个别的东西,或者是把这一桌酒席打个折扣。但遗憾的是这几位顾客不同意这种常见的处理方式,他们要求赔偿交通费、精神损失费等。在争执中,酒楼经理口不择言,声称蟑螂是中药,蟑螂汤没有什么大害,同时,汤都是高温煲出来的,也不会有细菌。勃然大怒的顾客迅速端起这碗蟑螂汤来到《羊城晚报》。由于酒店的领导一直没有高度重视,甚至其办公室主任对采访的记者也态度粗暴,终于使这个"蟑螂汤事件"一发不可收拾。在这个过程中,顾客与报社都为酒店提供了两次承认错误并挽回形象的机会,但遗憾的是他们选择了放弃,而终于使这只"蟑螂"越长越大,仅在《羊城晚报》的头版就"趴"了一个礼拜,并最终使酒楼停业整顿。

## 案例分析
### 小小"陈馅月饼"砸倒 70 多年老字号
——南京冠生园凄凉走完破产路

2004 年 7 月,曾经叱咤全国食品行业、辉煌一时的南京冠生园走完了凄凉破产路。

**资不抵债被法院宣告破产**

2001 年 9 月 3 日,距离中国的传统节日中秋节还剩一个月不到。就在这个平常不过的日子里,南京冠生园大量使用霉变及退回馅料生产月饼的问题被媒体曝光了。

消费者愤怒了。

就在曝光两小时之后,江苏省和南京市卫生防疫部门、技术监督部门即组成调查组进驻该厂。南京卫生监督所到冠生园进行了采样，采集了十多种月饼进行化验。该厂的成品库、馅料库全部被卫生监督部门查封，各类月饼2.6万个及馅料500多桶被封存。

9月6日，南京冠生园被有关部门责令全面停产整顿。

一波未平，一波又起。其后不久，冠生园的一位老师傅又向媒体透露了南京冠生园用冬瓜假充凤梨的内情。原来自1993年冠生园合资后就用冬瓜假冒凤梨，被曝光前，厂里每天有一二十位职工专职削冬瓜皮，切成条后加糖腌制，再加上凤梨味香精，批发价仅两角一斤的冬瓜就变为一元左右的凤梨，以每天生产一万个凤梨月饼零售价3元估算，就是3万元的销售额。据了解，每年月饼生产旺季，该厂要进许多冬瓜。

南京冠生园在公众眼里彻底失去了信誉。

尽管有关部门后来通知商家南京冠生园的月饼经检测"合格"，可以重新上柜，但心存疑虑的消费者对其产品避之唯恐不及，冠生园月饼再也销不动了。信誉的缺失使多年来一直以月饼为主要产品的南京冠生园被逐出了月饼市场，公司的其他产品如元宵、糕点等也很快受到"株连"，没人敢要。南京冠生园从此一蹶不振。

2002年2月1日，春节即将到来之际，南京冠生园以"经营不善，管理混乱，资不抵债"为由向南京市中级人民法院申请破产，法院受理此案，并依法组成了合议庭。

2002年2月27日，南京市中级人民法院做出（2002）宁经破字第一号民事裁定书，宣布南京冠生园食品有限公司进入破产还债程序，并根据民事诉讼法的有关规定，指定南京市商贸局、南京市食品工业公司、南京市体改委、南京市外经委以及工商、税务等部门派人员组成清算小组进驻该厂，负责该厂财产的保管、清理、估价、处理和分配等事务。4月8日，清算组开始接受企业债权人的债权登记。当时的估算是：该厂已拖欠食品原料供货商的债务达2000多万元，单是积欠工商银行和交通银行的贷款就达500多万元，而企业本身的资产却只有五六百万元。

位于南京市广东路53号小巷里的南京冠生园再次成为媒体关注的焦点，然而这里再也见不到一丝生机，到处都显示出衰败的景象。空空荡荡的厂区内悄无声息，人去楼空，厂门两边张贴着法院的核资清算告示。只有大理石的门脸、金字镌刻的厂牌，似乎还传递出这家老字号昔日的辉煌。

由法院派驻的专业保安把门十分严格，除了来取私人物品的零星职工，外人一律不得出入，而60位职工则早在两个月前就被以买断工龄的形式全体离厂。

"陈馅月饼"不仅沉重打击了南京冠生园，还给月饼市场蒙上了一层阴影。2001年全国月饼销量比上一年同期锐减四成左右，全国超过400亿元的销售市场一下子减少了近200亿元。全国20多家挂冠生园牌子的月饼都受到连累，销量直线下降，少数企业因无法经营而黯然退出了当地市场。受此影响，冠生园集团上海公司在全国12个主要市场中退出了5个。

**南京冠生园破产谁之过**

一家具有70多年历史的知名老字号企业倒下了，作为国内第一家因失去诚信而死于"媒体"的老牌食品企业的悲剧，留给人们的却是深长的回味与无尽的思考……

事隔几年，仍有人认为："如果不是曝光，一个好端端的企业怎么会倒呢？"

然而，对于南京冠生园申请破产一事，更多的人则认为是咎由自取。曾经一直冲着冠生园这个老字号买月饼的杨老先生至今仍感到气愤:"像这样把信誉当儿戏,不把消费者放在心里的店家,无论是老字号还是新店面,终究要完蛋。"

1992年9月5日,中外合资南京冠生园食品有限公司成立,注册资本1 368万元,其中美国天普股份有限公司出资820.80万元人民币,占注册资本的60%,南京冠生园食品厂出资547.20万元,占注册资本的40%。合资之前,南京冠生园食品厂因大幅亏损面临倒闭。成立合资公司第二年转亏为盈,利润连年递增,累计上交利税1 560万元,由小型企业发展为南京市政府核定的240家大中型企业之一。

据南京市商贸局官员介绍,开始当时任厂长的吴震中只参与冷饮线的一个合作项目,到1992年吴震中提出全面合作,并以美国天普股份有限公司实行控股。南京冠生园的许多职工说,吴震中担任总经理后,原来近500名职工大部分下岗或离去,还有相当部分职工被开除,只剩下60多名正式技术职工在岗;前几年就有一些职工向地方媒体举报过"陈馅月饼"内幕,南京一家电台曾做过报道,但是吴震中不思改悔,还对涉嫌举报人进行打击报复,他还在会议上公开宣称:"只要有钞票,没有摆不平的事!"

在法院受理南京冠生园破产一案后,南京桃园村食品厂、南京小苏州食品厂等著名食品厂家负责人在接受媒体采访时表示:南京冠生园垮台的根子在于该企业失去了起码的诚信,只想到赚取不法利润,不顾产品质量,结果不仅坑害了消费者,更坑害了自己。

南京冠生园因为信誉破产,最终落得企业破产的事实再次告诫世人:信誉是现代市场经济运行中一种重要的新的资本形态,是一个企业精神财富和生命所在;企业失去信誉,纵然一时得利,日后也必吞苦果。要想生存和发展,必当用心地守护信誉。

**历史回放**

冠生园品牌创始人是1918年到上海经商的广东人冼冠生,最早经营粤式茶食、蜜饯、糖果。1934年,其品牌月饼即聘影后胡蝶为形象代言人,产品一时名倾大江南北。

1925年前后,上海冠生园在天津、汉口、杭州、南京、重庆、昆明、贵阳、成都开设分店,在武汉、重庆投资设厂。其南京分店即是现南京冠生园前身。

1956年,冠生园进行公私合营。冼氏控股的冠生园股份有限公司解体,上海总部"一分为三",各地分店企业都隶属地方,与上海冠生园再无关系。

1992年9月5日,中外合资南京冠生园食品有限公司成立,注册资本1 368万元。

2001年9月3日,中央电视台报道南京冠生园大量使用霉变及退回馅料生产月饼的消息,举国震惊。当年,各地冠以冠生园的企业更深受连累,减产量均在50%以上。其中,上海冠生园所受影响最大。

2002年2月4日,南京冠生园食品有限公司向江苏省南京市中级人民法院申请破产,法院受理,并组建破产财产清算组。

2002年2月27日,南京市中级人民法院做出(2002)宁经破字第一号民事裁定书,宣布南京冠生园食品有限公司进入破产还债程序。

2002年4月8日,开始接受债权人申报程序,最后确认债权人135户,债权1 704.12万元。另有110余户债权人放弃债权,金额为1 037多万元。

2004年1月30日,南京冠生园食品有限公司破产资产以812万元被公开拍卖,拍卖变现的破产财产,用于偿还贷款、债务、工资及其他费用。

2004年7月20日,南京冠生园食品有限公司债权人大会审议并表决通过了清算组工作报告和破产财产分配方案。

2004年7月25日,南京冠生园食品有限公司债权兑付工作全部结束,共兑付135名债权人的320多万元,债权清偿率为23.825%。

2005年5月25日,南京冠生园沉寂4年后,在争议中重新开始面对南京市民。

资料来源:赵兴武:《小小"陈馅月饼"砸倒70多年老字号——南京冠生园凄凉走完破产路》,《中国法院网》,2004年8月5日。

## 思考与讨论

1. 简述企业危机的基本特征。
2. 危机管理的重要性主要体现在哪些方面?
3. 简要描述企业危机的一些常见类型。
4. 南京冠生园破产的原因何在?说明了什么问题?

# 第十四章　企业危机预防：事前管理

- 危机的监测和预测
- 危机意识和危机管理技能的培养
- 危机事前管理方法

# 第一节 危机的监测和预测

危机管理分为事前、事中、事后三个部分。事前管理就是危机的预防,即考虑在危机没有发生的时候怎么样减少危机发生的可能性,怎么样杜绝和避免危机的发生,也包括一旦危机发生,如何有效处理危机所做的相关人、财、物等的安排。

正所谓"冰冻三尺非一日之寒"。尽管不是所有的危机均可事先预见,但是大多数危机的发生都有预兆性。当我们回首许多企业曾经面临的危机时,就会发现这样一个现象:危机大多有某种程度的事前征兆,而面对这些征兆,大家往往已经见怪不怪,熟视无睹,最终错过了阻止危机发生的机会。如果企业管理人员有敏锐的洞察力,能对危机信号进行持续监测,能根据日常收集到的各方面信息,对可能面临的危机进行预测,及时做好预警工作,并采取有效的防范措施,就可以在很大程度上避免危机发生或把危机造成的损害和影响减少。所以,危机事前管理的关键就在于对出现的一些危机征兆的重视程度,对危机处理对策的有效的事前安排,对关于可能引发危机的各种问题的解决程度。如果企业能做好以上三点,就在相当程度上排除了危机大范围爆发的可能性,降低了危机的负面影响(一旦危机发生的话)。

为了做好企业的危机预测和预警工作,企业有必要做好下属几项功课:

1. 建立危机信息监测系统,以对危机先兆和起因严密观察和监测,并对所获信息进行处理、评价。现代企业是与外界环境有密切联系的开放系统,不是孤立封闭的。预防危机必须建立高度灵敏准确的危机预警系统,随时收集产品的反馈信息。一旦出现问题,要立即跟踪调查,加以解决;要及时掌握政策决策信息,研究和调整企业的发展战略和经营方针;要准确了解企业产品和服务在用户心目中的形象,分析掌握公众对本企业的组织机构、管理水平、人员素质和服务的评价,从而发现公众对企业的态度及变化趋势;要认真研究竞争对手的现状、实力、潜力、策略和发展趋势,经常进行优劣对比,做到知己知彼;要重视收集和分析企业内部的信息,进行自我诊断和评价,找出薄弱环节,采取相应措施。有关危机信息监测和预警系统的详细介绍,我们将在本章稍后阐述。

2. 定期检查、清点潜在危机,特别是和企业自身特点关联度高的危机类型。这些潜在危机通常包括(但不限于)自然灾害,健康与环境灾祸,运营、技术和产品事故,经济环境和市场环境的重大变化,雇员的行为不端等。

3. 及时分析、处理企业危机早期信息,特别是一些关键信号。一般说来,除非是突发性危机,企业危机爆发之前,必然要显示出一些信号。当企业存在如下一些情况时,决策部门必须给予高度关注。

(1)伤害组织或组织领导层形象的舆论越来越多。如中国德隆系于2004年崩溃,但早在2000年前后,德隆就已经颇受媒体和相关人士关注,出现了大量对德隆不利的舆论,这些都可视为德隆危机的信号。

(2)特别受到政府主管或监管部门、新闻界或特定人士的"关注"。如顾雏军的格林柯尔在发生危机之前受到媒体和某些经济学家的怀疑和关注。

(3) 企业的各项财务指标不断下降。如美国安然、世界通信等在发生危机前财务指标都已严重恶化。

(4) 组织遇到的麻烦越来越多。内部、外部环境的变化对组织的正常运转越来越不利，组织的运转效率不断降低。

即便对一些看似偶然的突发事件，在某种程度上也有可预见性，或至少企业会预见到将来很有可能发生此类事件。如航空公司对发生空难的可能性应有预见，尽管很难预测空难的时间和损伤规模，但航空公司至少应当意识到如果安全措施不得当，发生空难可能是早晚的事，所以必须强化安全管理，并对空难发生后的处理和应对方式事先做好必要安排。同样道理，医院对发生重大医疗事故纠纷的可能性应有预见；高技术公司对产品存在瑕疵并引发形象/信誉危机的可能性应有预见；制药厂和保健品公司对被起诉或被媒体报道其药品（保健品）导致严重副作用甚至死亡案例的可能性应有预见。

### 案例分析
### 硫酸龙头伤人事件

焦作居民赵某在焦作某化工厂打开一个"水龙头"冲洗面部时，从"水龙头"里喷涌出来的竟是硫酸，结果赵某当场面目全非。赵某向法院起诉该化工厂，索赔20万元。

这件"意外"发生在2002年4月17日，赵某到该化工厂送货，在卸货时有几滴硫酸滴到了她的脸上，她急忙找到一个水龙头拧开冲洗，可脸和手部更加剧烈地疼痛起来，原来拧开的竟是"硫酸龙头"。赵某因此住院115天，并严重毁容。赵某认为，在化工厂作业区，应将硫酸管道和一般自来水管道严格区分，并设立明显标志，但由于该化工厂疏于管理，以致酿成灾祸，遂向法院起诉该化工厂。

### 讨论题

这个事件完全是"意外"吗？该事件有无可预见性？企业是否可能或应当如何避免发生此类事件或危机？

资料来源：《大河报》2003年4月30日相关新闻。

## 第二节 危机意识和危机管理技能的培养

### 一、危机意识的培养

危机意识是一种对环境时刻保持警觉，并随时做出反应的意识。企业危机是企业运行周期的天然的组成部分，因此，无论是哪类企业都会遇到各式各样的危机。企业要发展壮大,做成"百年老店",除了靠人才、技术、产品、营销等核心竞争力指标外,还要有强烈的危机意识。居安思危,未雨绸缪,这是危机管理理念之所在。预防危机要伴随着企业经营和发展长期坚持不懈,把危机管理当作一种临时性措施和权宜之计的做法是不可取的。企业的全体员工,从高层管理者到一线员工,都应居安思危,将危机预防作为日常工作的组成部分。全员的危机意识能提高企业抵御危机的能力,有效地防止危机产生。

现代社会是一个竞争激烈的社会。商场如战场,谁也无法高枕无忧。即便是美国微软公司创始人之一比尔·盖茨也曾提出过"我们离破产永远只有十八个月"之类的警示口号,其目的就是为了强化危机意识。

应当说,危机意识也是企业文化的重要组成部分,高层决定基调。许多优秀企业之所以优秀,高层管理者强烈的危机意识是重要原因。海尔CEO张瑞敏说道,"永远战战兢兢,永远如履薄冰"。联想前总裁柳传志说过:"我们一直在设立一个机制,好让我们的经营者不打盹,你一打盹,对手的机会就来了。"华为总裁任正非说过:"华为总会有冬天,准备好棉衣,比不准备好。我们该如何应对华为的冬天?"

如果企业老板,核心管理者缺乏危机意识,员工自然乐于做"温水里的青蛙",得过且过。这样的企业当然也就不会重视危机意识和危机管理的培训和教育。因此,企业危机意识的强化首先在于树立企业老板和高层的危机意识,其次则是对企业员工的危机管理教育和培训。而危机管理教育首先在于危机意识的培养,包括危机预警意识、危机预防意识、危机沟通意识和及时解决危机的意识等。让所有企业员工都明白危机管理的重要性和必要性,提高员工对危机事件发生的警惕性和应对能力。麻痹大意、因循守旧则是危机管理的大敌。

## 二、危机管理技能的培养

危机管理的前提是从根本上减少危机发生的可能性。所谓防范于未然,乃危机管理的真谛。当然,一旦危机发生,管理层和员工的应对能力,处置能力也很重要,有必要进行事先培训和演练。

企业首先应该培训员工的生产和服务技能,保证企业产品或服务的质量,减少企业自身错失的机会。例如,航空公司必须培训其地空勤人员的操作流程与规范以减少空难发生的可能性;矿山则须培养工人的生产安全意识来降低矿难和事故发生的概率;化工厂则须培养工人安全操作技能以确保不发生化学品、毒品外泄或伤人的意外。

其次则为培养员工合作精神,即与同事合作,减少内部管理磨擦;与政府合作,减少企业违反法律、法规的机会;与商业伙伴合作,减少与商业伙伴的争执与纠纷;与消费者合作,减少消费者对企业产品或服务的不满与抱怨;与新闻媒体合作,减少媒体对企业的误解与曲解。

以上两点看似简单,实则是危机管理最基本和最重要的两点,如果能得到有力的贯彻实施,可以从本质上避免一些危机的发生。除此之外,企业应根据危机应变计划进行定期的摸拟训练。模拟训练应包括心理训练、危机处理知识培训和危机处理基本功的演练等。

企业在对员工进行危机教育的时候,应该注意和愿景教育相结合。表面上看起来愿景教育跟危机教育不仅大相径庭而且相互矛盾、冲突,其实不然。对员工进行愿景教育,培养员工对企业有信心的同时,必须要让员工清楚如何注意、防范和管理哪些危机,才可以一帆风顺地实现企业的愿景。另外,一味地对员工进行危机教育可能也会适得其反,这个时候就必须配以愿景教育,让员工明白危机防范管理的目的和意义是什么。此外,在企业发生危机时,企业能否冷静自如、坦诚大度地面对媒体,巧妙地回答媒体的问题,是化解公关危机的一个重要关键。预先对企业领导者以及公关人员进行这方面的培训也是非常重要的。

# 第三节 危机事前管理方法

## 一、建立预防危机的信息监测系统

建立预防危机的信息监测系统是企业捕捉危机早期信号,防止危机发生,或帮助企业提前安排危机应对方案的一种重要的技术和制度安排。一个有效的危机信息监测和危机预警系统需要具备以下几点:

(1)确保组织内信息通道畅通无阻,即企业内任何关键信息均可通过组织内适当的程序和渠道传递到合适的管理层级和人员。信息是管理决策的前提,这对危机管理也不例外。

(2)确保组织内信息得到及时的反馈,即传递到组织各部门和人员处的信息能够得到及时的反应和回应,保证组织管理决策的时效性。对于危机管理来说,时效可谓至关重要。

(3)确保组织内各个部门和人员责任清晰、权利明确,不至于发生遇到问题互相推诿或争相处理的情况。责任不清晰、权利不明确常常导致危机隐患被视而不见或使危机事件得不到妥善处理。

(4)确保组织内有危机反应机构和专门的授权,即组织内须设危机处理专门机构并授予其在危机处理时的特殊权利。如此一来,组织内信息通畅,责权清晰,一旦发生任何危机先兆均能得到及时的关注和妥善的处理,而不至于引发真正的危机。

(5)确保组织的指令、管理决定能迅速传递到执行层,并被及时有效地实施。执行力是管理意图得到充分实现的保障。

## 二、成立危机管理小组

成立危机管理小组是发达国家的成功经验,是顺利处理危机、协调各方面关系的组织保障。危机管理小组成员一般是兼职的,由企业的领导人、公关宣传、安全、生产、后勤、人事、财务、销售等部门人员组成。管理小组的成员应尽可能选择熟知企业和本行业内外部环境,有较高职位的公关、生产、人事、销售等部门的管理人员和专业人士参加。他们应具有富于创新、善于沟通、严谨细致、处乱不惊、具有亲和力等素质,以便总览全局,迅速做出决策。小组的领导人不一定非由公司总裁担任,但必须由在公司内部有影响力的人担任,以便能够有效控制和推动小组工作。危机管理小组的职责有:

(1) 全面、清晰地分析企业可能面临的各种危机,并对危机情况进行预测;
(2) 做好危机的预防工作,例如,为预防火灾,保障消防设备布置齐全、合理;
(3) 为各类危机的处理分别制订有关策略和计划;
(4) 监督危机管理(包括事前管理)的规定和程序的正确实施;
(5) 在危机实际发生时,对危机的处理工作快速反应,提出建议和指导。

## 三、制订危机管理计划

企业应根据可能发生的不同类型的危机制订一整套危机管理计划,明确怎样防止危机爆发,一旦危机爆发应如何立即做出针对性反应等。事先拟定的危机管理计划应包括:

(1) 任命危机控制和检查专案小组;
(2) 确定可能受到影响的公众和机构;
(3) 为最大限度地减少危机对企业声誉的破坏,建立有效的传播、公关渠道;
(4) 把有关计划落实成文字;
(5) 对有关计划进行不断演习;
(6) 为确保有一群专业人员处理危机,平时应对这些人员进行特殊训练。

## 四、做好危机传播方案

公关专家帕金森认为,危机中传播失误所造成的真空,会很快被颠倒黑白、捕风捉影的流言、猜测所占据,"无可奉告"的答复尤其会产生此类问题。过时的消息会引起人们猜疑,并导致不正确的报道,使公众怀疑企业对某些信息采取了掩盖手段。因此,有效的传播管理是有效危机管理的基础。危机传播方案包括:

(1) 时刻准备在危机发生时,将公众利益和获取公众信任置于首位;

(2) 掌握对外报道的主动权，减少谣言传播的机会；
(3) 确定信息传播所需要的媒介，并与这些媒介保持良好的日常关系；
(4) 确定信息传播所需针对的其他重要的外部公众；
(5) 准备好组织的背景材料，并不断根据最新情况予以充实；
(6) 成立新闻办公室或公关部，作为新闻发布会和媒介索取最新材料的场所；
(7) 确保危机期间组织的电话总机人员能知道谁可能会打来电话，应接通至何部门；
(8) 确保组织有足够的训练有素的人员来应付媒体及其他外部公众打来的电话；
(9) 准备一份应急新闻稿，留出空白，以便危机发生时可直接充实并发出等。

## 五、进行危机管理的模拟训练

企业应根据危机应变计划进行定期的模拟训练。模拟训练应包括心理训练、危机处理知识培训和危机处理基本功演练等内容。定期模拟训练不仅可以提高危机管理小组的快速反应能力，强化危机管理意识，还可以检测已拟定的危机应变计划是否切实可行。

## 六、建立处理危机的联络网

根据企业可能发生的危机，与处理危机的有关单位建立联系，形成网络，以便危机出现后能及时有效地沟通和合作。这些单位包括：主管和/或监管机构、新闻媒体、医院、消防、公安部门、相关科研机构、保险公司、兄弟单位等。事先让他们了解可能出现的危机以及可能寻求的帮助。

# 思考与讨论

1. 危机可以预测和预防吗？
2. 简要评价危机意识的重要性。
3. 简述危机事前管理的方法和主要环节。

# 附录
# 危机管理经典案例：IBM 的内外交困

**案例背景**

IBM 曾经是世界上最引人注目的公司。但 20 世纪 90 年代初，这家公司却重重摔了一跤。公司首次出现经营亏损，并裁员将近 20 万。其症结何在？

分析当时的 IBM 公司，危机始于不知不觉之中。虽然公司收益增长率下降，竞争优势也有所削弱,IBM人却仍以行业老大自居,心满意足、按部就班地工作。公司也很满意:虽然风雨欲来,IBM仍连年刷新收益记录。

昭示着真正困难的蛛丝马迹首先表现在与最复杂客户,即那些要求尖端信息技术的公司的业务上。IBM最新型号的计算机对于这些公司的要求无法满足,而当时IBM管理人员并没有追究问题的根源,反而漫不经心,还打算放弃这些顾客。

在信息技术这一瞬息万变、风险极高的领域,尖端技术就是提炼产品构思的炼丹炉。在这个炼丹炉中炼出的产品一旦提供给要求不那么严格的顾客,即可带来丰厚的利润。IBM却退出了这一舞台,很明显大麻烦来了。

新闻媒体称IBM面临危机,其产品将寿终正寝了。公司员工士气低落,管理人员不是被条条框框束缚了手脚,就是趁着周围市场还未倒塌之前仓皇逃窜。

### IBM的问题

不出一年,又出现一些新的危险信号。IBM主要产品线中的新机型质量日渐滑坡。顾客开始投诉IBM新机交货不及时,安装后无法达到预期的性能水平。IBM有口皆碑的服务和支持受到了普遍置疑。

最后,IBM的行政总监及其幕僚总算认识到了问题的严重性,开始同各部门领导进行一系列单独谈话,以激励他们行动起来。但这些会谈收效甚微。情况越来越紧急,最高领导决定组建一个由各部门代表组成的委员会,负责设计行动方案。

但是,委员会的会议蜕变为相互间的指责和推诿。生产、销售和设计等公司各主要部门都认为行政总监的建议空洞无用。

公司疲于应付新技术和不断增加的市场需求。这个问题挥之不去。公司也没有一个明晰、全面的产品线概念。高层管理人员认为,要保持领先地位,只有进行重点改革。

事实上,IBM多年的成功基于两项承诺,但这种理解的基础是坚定的承诺,而不是法律义务。其承诺之一是针对顾客的,另一项是针对员工的。

对IBM的客户,IBM保证提供有效、优质的技术和卓越的服务支持,并与客户保持紧密、持续的关系。IBM出租设备给客户、参与客户的资料处理和办公室工作。IBM的一站式购物服务使大公司得以确保其信息系统最新、最可靠。

对员工,IBM则保证工作稳定。员工福利优厚、薪金丰厚,工作环境在美国大公司中是一流的。

但是在20世纪80年代末和90年代初,IBM却撕毁了这两项承诺。这正是20世纪90年代初IBM公司困难重重的根源所在。

### 单一与忠诚

为了筹资进行大规模扩张,IBM取消了向顾客的保障承诺,业务由此陷入困境。顾客对IBM的傲慢感到恼怒,它的设备总出故障、交货延迟,无法与其他不断提供更新技术的销售商抗衡。

扩张失败后,为讨好那些短视的股东,IBM又打破了给员工的保障承诺。此举阻碍了IBM的复苏,使其商业前景昏暗不明。许多员工希望破灭,变得懒散。

这两种承诺的基石是IBM对市场的宏观看法。IBM在该宏观框架内再制定、修改和废除一些更具体的商业战略。这种大战略中有两个基本要素:单一与忠诚。这两个要素与顾客和员工有关,因为公司,甚至包括高科技公司,都必须依靠顾客和员工。

IBM 的单一性向客户保证了 IBM 可成为他们信息技术的主要供应商。单一性对 IBM 显得如此重要,以致一些观察家认为,IBM 更像一家营销公司,而非技术公司。事实上,IBM 也确实一直是一家营销和服务公司。

IBM 的单一性之所以得以实现,一个最重要的因素就是它与员工的关系。极为关键的是,IBM 在公司里培养了员工忠诚,而这些忠诚、长期服务的员工又与顾客建立了长期的服务关系。

**错误的战略**

几十年来,在计算机行业,如果某人十分看重工作稳定性,他就会加入 IBM。但 1991 年 IBM 打破了这项约定。由于缺乏工作,它开始裁员。此举使员工心灰意冷,一些优秀的员工相继跳槽。如果裁员继续下去,这种情况会变得更加严重,没有哪个公司在其最出色的员工不断流失的情况下,还能继续保持其高标准。

20 世纪 90 年代初以前,主要工业国家的经济衰退此起彼伏:美国经济进入衰退期,日本和欧洲则进入高涨期,要么就是反过来。因此,IBM 等大公司都依靠其在一国的经济表现来弥补其他国家的经济表现。但到 90 年代初,世界 7 个经济大国首次同时进入衰退期,使 IBM 的员工和生产能力过剩。这其中还有更深的原因,即 IBM 的高层经理在 1981 年犯下了战略规划错误,给 IBM 的未来投下成长的阴影。

灾难是缓缓开始的。IBM 的年增长率一直超过 10%,信息技术行业也预计将以此速度增长。到 1980 年,IBM 的销售额已达近 400 亿美元。70 年代末,其生产能力跃升了一个台阶,80 年代初还将进一步提高。如果公司继续如此高速发展的话,到 1990 年 IBM 的销售额将达 1 000 亿美元。高层经理开始考虑,自己是否有能力管理如此庞大的公司。

经过一段时间的分析和讨论,当时的行政总监 John Opel 和公司其他领导决定,IBM 应该也有能力在 1990 年将销售额提高到 1 000 亿美元。为了达到此目标,公司加速了早在 70 年代由 Opel 前任 Frank Cary 指导实施的员工和生产能力扩张。员工人数增加至超过 10 万人,并新建了多间工厂和其他设施。

到 1990 年,IBM 已为每年做 1 000 亿美元的大买卖做好了准备。但不幸的是,该年销售额仅有 500 亿美元。过剩的人员和生产能力使 IBM 不堪重负。在 1986 年扩张的顶峰期,IBM 在全球的员工达 40.7 万人。到 1994 年,这一数字锐减至 21.5 万人。

这么大的规划错误必然会带来严重的财务后果。在 IBM 的这个案例中,有 230 亿美元的特殊费用消耗了很大一部分收益,致使公司首次出现亏损。这些特殊费用包括组织架构重组费用、员工解聘费和关闭工厂和其他设施的费用。

IBM 高层管理人员原打算通过主机销售实现增长,在这方面增加了设施和人员。当主机销售额下降后,这种战略也一败涂地了。这次战略失误,主要在于把雄心勃勃的增长目标建立在现有的技术模式之上。

**技术无罪**

IBM 陷入困境,是因为它撕毁了同顾客和员工的承诺,并且犯下了重大的战略失误,致使摊子铺得过大。之后,它又一错再错,进行了大刀阔斧的机构重组,导致内在的困难更加恶化。这些错误导致 IBM 利润下降,收益剧减。

但许多 IBM 的观察者坚持认为 IBM 是由于技术落伍而丧失了市场。

IBM 确实曾一度失去技术领袖的地位,但从未落伍过。事实上,在顾客转向小型系统时,IBM 仍紧抓主机收入不放。但主机曾带来丰厚利润,为什么不能继续利用它来增加收益呢?技术在这里并非是决定性因素。

IBM 的历史充斥了起起落落这种特点。一旦找到一套适合自己的既定方法,IBM 就会一帆风顺。但每当出现新技术方法时,它总是行动迟缓,成为需要动大手术的落伍者。因此,在重大技术的转折期,IBM 必须迫使自己更换领袖,启用乐于认同变革、敢于同过去决裂的人。

资料来源:MBA 核心课程编译组,《危机管理》,九州出版社 2002 年版。

## 案例点评

从上面的材料可以看出,尽管当年的 IBM 在全球 IT 业笑傲江湖,但是在不知不觉中却身陷困境。虽然今天的 IBM 依然出类拔萃,它的地位却几经变迁。当初的一些行业小弟,比如微软公司、Dell 公司、Intel 公司等,如今已经和 IBM 平起平坐了,微软公司的影响力甚至超过了 IBM。这一切都或多或少地归因于 20 世纪 80 年代和 90 年代初 IBM 的种种重大决策失误,以及它在危机管理方面一些必要手段的缺失。从危机管理的角度来看,IBM 主要有以下几方面的失误:

1. 对危机发生前的各种征兆没有充分认识

IBM 危机管理的最大失误就在于事前管理。从案例资料上来看,问题的关键在于当 IBM 失去一些老客户,甚至大客户的时候,并没有引起公司足够的重视。当时 IBM 的新型计算机没有办法满足一些尖端公司的需求,但是 IBM 对此视而不见,重视不够。公司抱着一种自大的心态认为,IBM 这么大的公司失去几个客户,失去几个百万美金甚至千万美金的订单,不会是什么大事情。从订单本身的金额、利润来说,几张订单本身不会对 IBM 的运营产生致命影响。但是 IBM 忽略了失去几张订单背后传递出来的市场信息——产品需求的变迁与技术的进步。这种信号,其实预示着 IBM 将要失去的,不仅仅是几个客户和几张订单,还有可能是一个新兴的市场与时代。

就在 IBM 依然陶醉在自己的帝国梦幻中的时候,一些新兴的 IT 公司开始针对新兴的市场需求实现快速增长。

2. 推诿责任

当 IBM 危机被媒体大量报道以后,公司员工士气低落,管理人员要么不知所措,要么跳槽。公司决策层发现这个情况之后,感觉到了问题的严重性,就召开会议讨论怎么处理这件事。但是打算解决问题的会议最后变成了相互指责、推诿的会议。有人认为市场部门没有做好,丢失客户;市场部门认为产品部门工作不到位,质量跟不上;产品部门则认为主要是技术设计不行,总之大家都不承认自己的问题所在。这种情况其实是危机管理的大敌。

公司要想防止出现问题时各个部门相互推诿,进行有效的危机管理,就只有在组织机构上下工夫,做到职责明晰。分析危机的目的不是让大家相互指责,而是把问题准确地描述出来并加以解决。推诿责任不但无助于解决问题,还会加速危机的蔓延。

　　3. 失去技术优势

　　失去技术优势是造成IBM失去市场的直接原因,但是技术落后本身并不是IBM失去市场的根源。对客户需求的迟钝和对员工忠诚的摧残,正是引起技术落后的关键因素。

　　IBM作为大公司曾经一向信守两个承诺:一个是对客户满意的承诺,另一个则是员工满意的承诺。具体来说,承诺客户满意的其实就是保证服务和产品的质量,可以为客户提供独一无二(从性质上或者质量上)的产品和服务,可以从各个角度满足客户不断变化和增长的需求。做到了这一点,其实也就是紧紧抓住了市场需求,跟紧了市场前进的方向,从而保证了在技术和市场需求的变迁中不会落后于人。承诺员工满意,其实就是保证对员工的福利,不断提高员工的士气,无论在任何时候都不轻易解聘员工。做到这一点,是为了保证员工的忠诚。这个承诺的意义在于可以留住各方面的核心员工,保证技术人员不断创新的活力,保证销售人员不断提高业绩的激情,从而在整体上最大限度地保证员工士气。

　　对以上两点承诺的信守铸造了IBM昔日的辉煌,但是成功的IBM在出现危机困难的时候,违背了这两项承诺。一方面,IBM为了进行大规模的扩张聚敛资金,取消了向顾客的保障承诺业务,包括交货保障、产品质量维护保障等,于是IBM对市场和客户的需求不再敏感,缺乏了技术创新的灵感;另一方面,IBM扩张失败以后,为了能够挽留股东、吸引资金,又开始践踏对员工的承诺,大规模裁员。IBM失去一些核心员工之后,员工士气低落,丧失了技术创新的动力,从而决定了IBM技术对市场的敏感性骤然下滑。

　　在上述两方面因素的共同作用之下,IBM主要产品的质量日渐滑坡,顾客投诉增多,IBM新机交货不及时,安装无法达到正常水平等,最终在产品技术和服务两方面被市场抛弃。

　　4. 战略失误

　　IBM的主要战略失误是严重高估了销售额。1990年IBM做好每年1 000亿美元销售额的准备,但是实际上只达到了500亿。这意味高昂的前期投资和很低的投资回报率。

　　高昂的前期投资包括巨大的人力成本。为了达到1 000亿美元的销售额,IBM招聘了大量员工,但是后来为了减少薪酬开支,开始大幅裁员。但是,裁员不仅会严重降低员工忠诚度,还会为公司带来高昂的费用。

# 讨论题

　　IBM在20世纪90年代初是如何陷入困境的?

# 第十五章　企业危机处理：事中管理

- 危机处理原则
- 危机处理程序
- 危机处理对策
- 化危机为转机

危机的预防固然重要,但要想完全避免危机,包括突发性危机事件的发生,依旧是不可能的事。危机的事中管理正是指对已经发生的危机所进行的应对和处理,是危机管理的核心组成部分。危机的事中管理直接关系到企业的信誉、形象、品牌和公共关系,影响着企业的持续经营和发展能力。

# 第一节 危机处理原则

危机处理原则是对企业处理危机经验正反两方面的理论总结,是企业危机处理的基本理念,主要包括如下内容:

(一) 制度化原则

危机发生的具体时间、实际规模、具体类型和影响的范围以及深度,是难以完全事先掌控的。为了有效处理各类危机,企业内部应该有制度化、系统化的有关危机管理和危机恢复方面的业务流程和组织机构。这些流程在业务正常时不起作用,但是危机发生时会及时启动并有效运转,对危机的处理发挥重要作用。国际上一些大公司在危机发生时往往能够应付自如,其关键之一是制度化的危机处理机制,从而在发生危机时可以快速启动相应机制,全面而井然有序地开展工作。因此,企业应建立成文的危机管理制度、有效的组织管理机制、成熟的危机管理培训制度,逐步提高危机管理的快速反应能力。在这方面,1982年强生公司对泰诺事件的沉着应对就是一个典型的危机处理成功范例(见本章附录案例)。相反,2003年阜阳毒奶粉事件发生后,危机处理的被动和缺乏技巧性,反映出一些企业没有明确的危机反应和决策机制,导致机构混乱忙碌,效率低下。

(二) 主动性原则

危机一旦发生,不论其性质如何,也不管危机的责任在何方,企业都应表示出愿意承担相应责任的气魄与诚意,妥善处理危机,争取主动权和好的口碑。即使受害者在事故发生中有一定责任,企业也不应首先追究其责任,否则会各执己见,加深矛盾甚至导致敌对情绪,不利于问题的解决。在情况尚未查明,而公众反应强烈时,企业可采取高姿态,宣布如果责任在己,对于受害者蒙受的损失,一定负责依法赔偿,以尽快消除影响。

国内有些公司面临危机的时候,时常会出现一些消极或者比较偏激的行为,比如不接听电话,接电话一概回答领导不在,唆使保安抢夺记者的照相机以及把记者打伤等情况。一般而言,这样的行为只会使事态恶化,并且大多数情况下都会带来不可收拾的结局。

事实上,在社会公众和媒体的反应最强烈的时候,企业做出一个比较高的姿态反而容易平息事端。一段时间以后,等到企业查明真相再处理的时候,受害方以及整个社会的反应已经渐渐地平静下来了,这对企业顺利解决问题很有帮助。

### (三) 诚意性原则

企业发生事故给公众和社会造成损失是十分不幸的事情,危机处理人员在同公众接触的过程中,要有诚意,要站在受害者的立场上表示同情和安慰,避免出现为企业辩解开脱等没有依据的言词,更不能强词夺理,防止公众产生不信任感甚至厌恶感。在与公众接触中,应当表示自己很能理解公众的心情,尤其是公众生气、发怒时,更应当为公众着想,设法平息众怒,绝不能火上加油。这种与公众心理的沟通,可以化敌对为合作,缓解来自社会公众的舆论压力,并创造一个理性、平和的氛围,使危机受害者从只顾自己、只顾发泄转向共同探索有利于双方的措施和办法。

在危机事件中,公众除了利益抗争外,还存在强烈的心理不满甚至愤恨。因此,在危机事件处理过程中,危机处理人员不仅要解决直接的、表面上的利益问题,而且要根据公众的心理活动特点,采用恰当的情谊联络策略,解决深层次的心理、情感关系问题,体现企业解决问题的诚意,有助于问题的顺利解决。

比如在著名的"泰诺"中毒事件中(见本章案例分析),虽然受污染的药只源于一批药,总共不超过75片,但是为向社会负责,保护消费者的权利,强生公司以1亿多美元的代价从市场上撤回了3 100万瓶胶囊,显示了其处理危机的诚意。换一个角度看,它也是花了一亿美元做了一次很好的广告,让公众感觉到强生是一家负责任的公司,是一个敢做敢当的公司,不是一家只顾眼前利益的公司,从而赢得了公众的尊重。

### (四) 真实性原则

在危机事件中,尤其是事件的初发阶段,社会上的舆论往往是一面倒的,基本都是抨击企业,指责企业,而且越是反对企业的信息,越是容易传播,公众越是容易接受。这时,企业要主动与新闻媒介联系,尽快与公众沟通,说明事实真相。危机一旦发生,成为公众关注的事件,隐瞒就已经失去意义,尤其是在媒体(包括网络)十分发达的今天。

出于职业的需要,对于已发生的有轰动效应的事件,新闻界有着强烈的好奇心和报道欲,危机处理人员应真诚对待媒介,不能利用记者不熟悉某一专业的弱点弄虚作假。为新闻界设置障碍是愚蠢的,粗暴对待媒体更是毫无意义,因为记者可以在最大范围内揭露疑点,从而引起人们的种种猜测,对企业及事件处理极为不利。坚持真实性能促使双方的沟通和理解,消除疑虑与不安。而且有些危机事件是由于公众误解而造成的,解决这种危机的手段就是向公众提供真实的信息,通过大众传播媒介广泛宣传,流言、误解自然就会消失。

### (五) 留有余地原则

危机处理的诚意性原则和真实性原则虽然重要,但在事件真相、责任归属和损失规模没有弄清之前,危机处理人员不易随意做出不切实际的承诺,公司需要有敢于担当的勇气,负起应负的责任,但对于尚未明确的责任和损失,相应的赔偿承诺必须留有余地——即企业愿意、勇于承担应负的责任,而不承诺负不应负的责任。

### (六) 快速反应原则

危机具有突发性特点,而且会很快传播到社会上去,引起新闻媒介和公众的关注。

尽管发生危机的企业往往会面临极大的压力,但仍须迅速研究对策,做出反应,使公众了解危机真相和企业采取的各项措施,争取公众的同情,减少危机的损失。从大量国内外案例看,危机处理拖得越久,企业越被动,企业恢复正常的生产和销售耗费的时间越长,代价越高。

在危机发生后,公众对信息的要求是迫切的,他们密切关注事态的进展。企业若能在处理过程中迅速发布信息,及时满足公众"先睹为快"的心理,强化各项解决危机措施的力量,就能防止危机的扩大化,加快重塑企业形象的进程。

### (七)公众利益至上原则

危机发生后,公众之所以反抗企业,给企业"制造"更多麻烦,最基本也是最重要的原因就是公众感到在利益上受到了一定程度的损害,他们要运用新闻、法律武器保护自己的合法利益。因此,利益是公众关心的焦点所在。

在危机事件中,危机处理人员如果能以公众利益代言人的身份出现,给公众这样一种感觉——危机处理人员是公众利益的保护者、争取者,是公众利益的代表,那么,对于整个危机事件的处理来说,就奠定了良好的基础。在这样的指导思想下,企业往往都是用眼前很小的损失换取长远的大利益,换取客户对企业的尊重,从而保护企业的品牌。

### (八)公平性原则

公平对待危机受害者,避免采用歧视性政策而激化矛盾。危机发生的时候,受害者很容易站到企业对立面,这一方面是因为利益受到影响,另一方面则是出于情绪上的原因,心中有怒气或者怨气。如果企业在这种时候违反公平性原则,很容易激化受害者以及社会大众心中的怨气,增加危机处理的阻力,影响企业形象。

---

**案例与思考:东芝公司笔记本电脑事件**

若干年前,东芝笔记本电脑因其FDC(软件控制器)存在技术问题,操作不当,可能导致数据遗失或损坏;东芝公司迫于美国的严酷"法律",与原告达成庭外和解,出台的解决方案是,50万美国东芝用户将获得10.5亿美元的赔偿。遗憾的是,具有相同品质的东芝笔记本电脑,其中国用户则只能从东芝公司网页上获取免费的"软件补丁"。东芝的"只赔偿美国人,不赔偿中国人"引起了国人的强烈愤慨,一时东芝成了消费者和舆论界众矢之的。面对中国这个拥有13亿人口的充满潜力和机会的大市场,东芝放弃了长远利益而选择了眼前利益。

**思考:**
东芝公司的做法违背了危机管理的哪条原则?这样做可能的后果是什么?

---

### (九)专项管理原则

专项管理是处理危机的效率的保证,要求指派掌握处理危机的科学程序和方法、了解企业情况和危机相关信息的部门和人员,组成专门班子去处理危机。最好不要临时随意指派人、中途换人,因为更换人员需要花费时间重新了解事件真相,在处理问题的态度与方法上可能与原来制定的对策不一致,从而引发公众的不信任,对企业处理危机的诚意产生怀疑。

### (十) 针对性原则

文化背景、法律制度、价值取向会直接影响人们对危机处理的要求与预期。比如,对于医疗事故,有些家属关注的是经济赔偿,有些则更关注精神安慰和责任人员的处理。危机处理必须考虑特定地点或特定受害当事人的背景,对症下药。需要注意的是,采取针对性原则不能忽视了前面讲到的公平性原则。对于同一危机事件的受害人,其待遇必须平等,平等获得选择赔偿方式的机会。举例来说,如果某公司发现其销售的某款电脑存在质量瑕疵,则可提供两种赔偿方案由客户自由选择:一是800元现金补偿,二是更换电脑。这样既不违反针对性原则(照顾了不同客户需要),也符合公平性原则(每个客户有相同的选择机会)。

### (十一) 心态平衡原则

摆正心态,而非与其他卷入同一或类似事件的企业相比,为自己开脱责任。这正如一个小偷被抓,向人诉说世界上小偷非我一人,抓我不公平一样,是于事无补的。

有时发生危机的企业面对媒体、受害人、社会大众,以别的企业也出现类似的事情为由为自己开脱,这种做法不会解决任何问题,只会显得自己缺乏诚意,从而加重危机可能带来的后果。从小概率事件终将发生的角度看,企业发生危机是正常的,是可以理解的。但是企业不能将此作为开脱罪责的理由,必须为自己的行为负责任。

### (十二) 成本-收益原则

企业不能只顾眼前的经济利益或得失,但又不能不考虑经济利益或得失。但凡企业行为必须考虑成本与收益。危机处理的(长期)潜在总收益(包括损失的减少)应当高于危机处理的成本。也就是说,危机处理投入的净现值应当为正。

前面谈到了公众利益至上,但企业的最终目的是赚钱,本质上来说,公众利益至上其实是企业实现自身价值的必然途径。企业进行危机管理,必然要遵守成本和收益的原则,一方面不能只顾眼前的经济利益,另外一方面也要保证危机处理的潜在总收益高于危机处理成本。那么危机处理的最优点在什么地方呢?这要从危机发生之后的两项成本入手。

危机发生以后,企业一方面要面临危机可能带来的损失,另外一方面又要承担处理危机的成本,这二者之和构成了企业为危机付出的总代价。一般来说,企业处理危机的强度越大,也就是危机处理的支出越高,危机可能带来的影响和损失就会越小;反之亦然。企业要做的其实就是使二者之和达到最小,也就是使企业最后的总支出达到最小。为了做到这一点,企业必须估计危机处理成本和相应的危机影响,就像估算投资收益一样,对二者之间的相互关系进行估算,最终选择损失最小的点。这就是所谓的成本-收益原则,它也是企业处理危机时需要关注的一个基本原则。

以上介绍的危机处理原则,尽管说起来容易,但是做起来相当不易。在今后的案例分析中,我们会进一步分析如何实施这些原则。

# 第二节　危机处理程序

## 一、建立危机处理专门机构

这个程序和危机处理原则中的专项处理原则相对应,强调应该由专门的机构、专门的人员来负责危机的处理协调等各方面的工作。

危机处理专门机构是危机处理的领导部门和办事机构,对于重大危机,应当由企业的主要负责人亲自领导危机处理工作,这样有利于协调内外关系,整合更多资源,对顺利、有效地处理危机事件是十分必要的。根据事件的情况,可设领导小组和办公室,还可设专人或专门小组负责事故调查、处理及接待工作。

一般情况下,危机处理小组应由企业最高负责人担任小组负责人。小组的其他成员至少应包括:公司法律顾问、公关顾问、管理顾问、业务负责人、行政负责人、人力资源负责人和小组秘书及后勤人员。危机处理小组在必要时可分为两个小组,即核心小组和策应小组。核心小组主要由企业最高负责人、法律专家、公关专家等决策和智囊人士组成,策应小组由行政负责人、业务负责人、人力资源负责人和其他后勤人员组成。其中,核心小组的任务是执行谈判、交涉、决策和协调任务,而策应小组则是负责实施解决方案和提供后勤资源保障任务。

一般说来,危机处理机构的基本架构和人事安排宜作为危机事前管理的一部分,在危机发生前确定。一旦发生危机,经过适当的调整和补充,这个机构可以立刻运转起来,从而提高办事效率,真正按快速反应原则办事。

## 二、对事件进行调查

这一点非常重要,如果企业不了解情况,就没有办法对危机进行处理。后面将要谈到的可口可乐在法国与比利时的中毒事件,其处理过程中的重大决策失误,主要就是因为可口可乐公司对事件调查不够充分。

调查危机事件首先应该收集信息,并形成基本的调查报告,为处理危机提供基本依据。危机调查要求有关证据、数字和记录准确无误;对事故的原因和影响进行深入调查,认真收集、了解事件各有关方面的意见和反映;对事态的发展和处理后果及时地进行跟踪调查。危机事件的专案人员在全面收集危机各方面资料的基础上,应认真分析,形成危机事件调查报告,提交企业有关部门,作为制定危机处理对策的依据。

了解事实是正确决策的前提。处理危机的过程其实就是如何面对媒体、如何面对社会公众、如何面对当时受害者的过程。在这个过程中处理和各个方面的关系都应该以事实为依据。否则，企业会让人觉得没有诚意，缺乏处理危机的能力，从而使危机的影响扩大。

危机调查强调针对性和相关性，一般应侧重调查下列内容：

（1）危机事件（突发事件）的基本情况，包括事件发生的时间、地点、原因、事件周围的环境等。

（2）事件的现状和发展趋势，包括事态的目前状况，是否还在发展，朝什么方向发展，已经采取了什么危机处理措施，这些措施的实施效果等。如果事件仍在朝对机构不利的方向发展，需调查事态恶化的原因，有什么办法能控制事态的发展，如果继续发展会造成什么后果和影响等。

（3）事件产生的原因和影响，包括引发事件的原因，人员伤亡情况，损坏的财产种类、数量及价值，事件涉及的范围，以及在舆论上、经济上、社会上甚至政治上会带来什么影响等。通过周密的调查，迅速查明情况，进而判断事件性质、现状、后果及影响。

（4）查明导致事件发生的当事人与责任人，特别要关注是否存在故意破坏行为，这样有助于了解事件的真相与性质。

（5）查明事件涉及的公众对象，包括直接的与间接的受害者，与事件有直接和间接关系的组织和个人，与企业有利害关系的部门和个人，与事件的处理有关的部门及新闻界、舆论界的人士等，还要与事件的见证人保持密切的联系。

## 三、分析危机，确定处理对策

对危机事件进行调查、提交了调查报告后，企业应及时会同有关部门，进行分析、决策，针对不同公众确定相应的对策，制定消除危机影响的处理方案。在这里要特别强调：针对不同公众确定相应的对策时，决不能违反我们讲的公平性原则。当然不同公众受害程度不一样，有的是直接受害者，有的是间接受害者，有的仅仅是关注事态的普通民众心理受到伤害，在公平性的大前提下，可以根据不同的受害程度分别处理。

处理对策必须认真评估社会心理与舆论的反应。危机事件发生以后，社会心态、人们的情绪、舆论的导向都非常重要。因而对策应是动态的，随着事态的发展更新对策，并及时放弃行之无效的处理方法非常重要。这个过程其实是灵活性和原则性相结合的过程。

## 四、分工协作，实施方案

企业会同有关部门制定出对策后，就要积极组织力量，实施既定的解决危机、消除影响的活动方案，这是危机管理工作的中心环节。在实施过程中，企业应注意以下要求：

（1）摆正心态，以友善的、合作的、负责任的态度和形象赢得公众的信任和好感；

（2）工作中力求果断、精练，以高效率的工作作风赢得公众的支持；

(3) 认真领会危机处理方案的精神,做到既忠于方案,又能及时调整,使原则性与灵活性在工作中均得到充分的体现;

(4) 在接触公众的过程中,注意观察、了解公众的反应和新的要求,并做好劝服工作。

## 五、反馈与纠偏

危机处理小组的信息流通与信息反馈必须十分通畅,及时把握事态发展的新动向、新趋势,并迅速加以评估,调整对策,纠正偏差。

## 六、评估总结,改进工作

企业在完成危机事件的处理工作后,一方面,应当实事求是地撰写详尽的事故处理报告,总结经验教训,为以后处理类似的危机事件提供参照性文献依据;另一方面,要认真分析危机事件发生的深层原因,切实改进工作,从根本上杜绝或减少此类危机事件的再次发生。当然,这还包括事后的恢复工作。具体来说,这包括事后怎么样恢复声誉、消除影响、恢复正常的生产经营秩序等。

# 第三节 危机处理对策

在上面的分析中可以看到危机处理涉及的多是突发事件,有些可以预见,有些则出其不意。其实无论什么样的危机,预防它们、处理它们都有一套基本的原则、程序和方法,这些都是根据不同类型的危机处理案例研究总结出来的有效办法。

危机处理对策,是指危机发生后对企业内部员工、相关责任人、受害者、新闻界、上级有关部门、社会公众等不同人群的相应对策。包括如何让他们从不同的角度恰当地了解情况,从而让他们在危机处理过程中扮演一种恰当的角色。

## 一、针对企业内部员工的对策

在企业发生危机和困难的时候,稳定员工队伍以及员工情绪,防止员工采取一些过激的行为或者对企业不利的行为,对危机的处理至关重要。如果危机导致企业内部的生命财产损失,员工很容易对企业产生不满、厌恶情绪;如果是外部的重大危机,员工会对工作稳定性等产生怀疑,从而影响危机的解决与处理。因而在危机发生后,企业尽快制定针对内部员工的对策至关重要。一般来说，有如下步骤可以遵循：

（1）在安抚员工情绪、稳定内部工作秩序的基础上向职工告知事故真相和企业采取的措施，争取员工的理解、谅解和信任，使员工同心协力，共渡难关；

（2）收集和了解职工的建议和意见，做好沟通与反馈工作，并积极采纳员工的有益建议；

（3）如有人员伤亡，做好抢救治疗和抚恤工作，通知家属或亲属，做好慰问及善后处理工作，尽可能避免与受害者或其家属产生对立情绪；

（4）做好内部宣传和信息发布工作，防止员工以讹传讹，传播、散布对企业不利的猜测、流言；

（5）制定挽回影响和完善企业形象的工作方案与措施。

## 二、针对相关责任人的对策

如果危机事件是由相关工作人员的严重失责甚至故意破坏而引起，受害者及社会公众强烈要求对责任人进行处理，则应在明确责任的前提下，果断地、合理合法地对责任人进行处理，该处罚的处罚，该法办的移交司法机关，而非迁就护短，以息众怒。

但是有一点需要注意，制定针对相关责任人员的政策时，一定要注意平衡，要把握好分寸，千万防止在人心不稳时引起企业内部高层人士你争我斗，在危机的时候出现内讧。如果当事人一向表现很好，对企业非常重要，仅仅是因为某些原因一时疏忽造成，企业可以采取一些折中的方案。既不能姑息迁就，面对民愤去犯众怒；也不宜一棒子打死，让企业遭受更大的损失。最好是和当事人充分沟通，把他先换下来，并采取一定的惩罚措施。等到事态平息之后，再根据情况重新调整安排。这里并不是说去欺骗民众，只是根据事态在不同的时候采取不同的对策。

## 三、针对受害者的对策

受害者是危机处理的第一公众对象，企业应认真制定针对受害者的切实可行的应对措施：

（1）设专人与受害者接触，了解受害者的需求和反应，安抚受害者情绪。

（2）确定关于责任方面的承诺内容与方式。具体承诺内容应当符合前面提到的危机处理相关原则和国家法律，兼顾受害者的要求和愿望，实事求是、有理有据。

（3）制定损失赔偿方案，包括补偿方法与标准。补偿标准必须符合法律、法规的要求，以危机性质和责任归属为基本依据，兼顾受害者的要求和企业承受能力。

（4）制定善后工作方案。不合格产品引起的恶性事故，要立即召回不合格产品，组织检修或检查，追查原因，改进工作。这样做既是为了避免类似事故再次发生，也是一种危机公关，向社会表明诚意的手段。

## 四、针对新闻界的对策

媒介对危机事件反映敏感,传播速度快、范围广、影响力大。媒体关系处理不好,很容易造成信息误传,形成不利于事件处理的舆论。因此,要特别注意处理好与新闻媒介的关系。从某种意义上讲,在当今传媒业高度发达的信息社会,媒体公关在很大程度上已经成为危机处理的最核心内容。

危机事件发生的时候,媒体通常倾向于同情受害者,同情利益、生命财产受到损害的人;而对于发生危机的企业,媒体通常会加以责难。这种时候更要与媒体处理好关系,获取媒体的信任和同情。那种拒媒体于门外、砸摄像机甚至谩骂殴打记者的做法只能把事情闹大闹砸,甚至触犯法律。与媒体接触的具体对策包括:

(1) 确定配合新闻媒介工作的方式,统一对外宣传的渠道和口径,避免出现互相矛盾的说辞;

(2) 向新闻媒介及时通报危机事件的调查情况和处理方面的信息;

(3) 利用有较强公信力、影响力,并与企业有良好互动关系的媒体,在尊重事实的前提下,积极引导舆论向有利于危机处理的方向发展;

(4) 确定与新闻媒介保持联系、沟通的方式,何时何地召开新闻发布会应事先通报新闻媒介。

除新闻报道外,企业可在有关报刊发表歉意公告、谢罪书,向公众说明事实真相,向有关公众表示道歉及承担责任,使社会感到企业的诚意。谢罪公告的内容包括:说明谢罪是针对哪些公众,介绍公众希望了解的事项,明确而鲜明地表示企业敢于承担事故的社会责任,表明知错必改的态度和决心。当记者发表不符合事实的报道时,要尽快提出更正要求,指出不实之处,并提供真实材料表明立场,但要特别注意避免产生对立情绪。如果确实碰到怀有明显恶意的媒体,企业必须有礼有节,正确利用法律工具和公关手段维护自身利益,尽量避免极端和正面的冲突。

## 五、针对上级有关部门的对策

对于关系到公众利益和社会安全的重大危机事件,危机发生后,企业要与上级有关部门和相关主管机构保持密切联系,以求得政策指导、政府帮助和相关机构的配合。企业要及时地、实事求是地汇报情况,不隐瞒、不歪曲事实真相,随时汇报事态发展情况。等到事件处理后,应该向上级部门详细报告事件经过、处理措施、解决办法和防范措施。

## 六、针对社会公众的对策

企业应根据具体情况,确定安慰公众心理的方式、方法,及时向事件发生所在社区、关注事件发展的社会公众、相关社会机构、政府部门和其他利益相关者通报危机事件和处理危机事件的措施等情况,并制定出相应的方案,全面消除危机事件的影响。

有的时候企业需要和科研部门、相关主管部门进行配合,共同认定事故责任和事件性质,通报危机情况。最好可以由中立机构发表具有权威性的报告来平息事态,这样比较容易取信于大众。

# 第四节 化危机为转机

危机事件通常会对企业的经营和发展带来负面冲击,甚至带来灾难。但有些危机事件,如果处理得当,反而会使企业因祸得福,提升知名度,获得发展的契机。所谓"塞翁失马,焉知非福"说的就是这个道理。那么,我们怎样才能在危机事件中转危为安呢?这里有什么秘诀吗?

一般说来,处在危机事件中的企业会广受传媒和社会大众的关注。第一,有些危机事件可能来自于媒体的不实或错误报道,或者来自于社会大众对事实真相的误解。在这种情况下,如果企业能利用诚恳的态度、权威的证据、有力的事实澄清真相,反而可能取得社会大众的更多了解和信任,并借媒体的宣传和社会的关注巧妙提高企业/产品知名度和品牌。

2012年2月16日,一篇署名为"李晓燕"的网络文章在凯迪社区发布,指出安信地板提供的产品存在甲醛超标情况,引发跟帖无数,也引起人们对于安信上下游合作伙伴的关注。第2天,房地产商万科公布了该公司精装交房所用的全部安信产品名单,涉及16个城市29个项目,首批复检地板当日被送往质检机构。短短16天时间内,围绕公众质疑,万科和安信均在漩涡中积极应对。

"凡是涉及人身安全健康的,一定要慎重,不能有侥幸心理,在质量控制检测方面,丝毫不能放松。如果当初购进地板时严格检测,那么这些问题也可避免。"万科总裁郁亮主动承诺承担所有责任,做出赔偿,且为终身赔偿,此举旨在打消消费者的顾虑。对于此事件,安信董事长卢伟光同样也是回应一切质疑,愿承担一切责任。

同年2月29日,安信地板公司在上海召开发布会,卢伟光表示,通过上海市质监局的抽检,安信地板并未出现甲醛超标的情况。"安信会用积极的行动、诚恳的姿态改变消费者对安信的不良印象。"卢伟光表示,"对全国所有客户,从今天起销售的实木复合地板质保期由1年升级为5年,质保条款不变。此外,对于购买安信地板产品一个月内承诺无理由退货"。

安信与万科主动应对的态度,赢得了客户的赞许,信誉不降反升,因为他们的消费者非常明白,透过此次事件,厂商及其上下游的合作伙伴是负责任和值得信任的企业,这是他们经过实际行动证明了的。正如巴菲特说的,对于危机事件"清楚地说明你并不了解全部情况,然后迅速将你知道的说出去,你的目的是正确对待、迅速处理、公布信息,最终解决问题。"

第二,对于一些非本质、非致命的危机事件,企业在以诚恳态度进行危机公关,争取社会和媒体的谅解与同情的同时,应当努力把媒体和社会关注的焦点引向企业的长处,借机宣传企业与产品的优势与特点。

2008年5月12日,四川省汶川、北川发生特大地震,给当地居民生命财产造成了巨大损失。在为四川地震灾区捐款200万元之后,万科董事长王石表示,"万科捐出200万是合适的",并规定"普通员工限捐10元,不要让慈善成为负担"。顿时网民的质疑、不满、嘲讽、谩骂遍布各大网络论坛,王石在焦点房地产网的博客点击量也扶摇直上。迫于舆论压力,王石在灾区对公司"捐款门"事件公开道歉,万科公司也随即提出捐助1亿重建灾区资金的方案,部分网民对王石的补救行为却并不"买账",使得万科一直笼罩在"捐款门"事件的阴霾下。根据世界品牌实验室发布的报告,万科因为"捐款门"事件,品牌价值比前一年缩水了12.31亿元。

为了挽回影响,万科于2008年6月5日召开了2008年第一次临时股东大会,大会的唯一主题是"四川地震灾区灾后安置及重建"。在会议中,王石表示,如果在"捐助门"事件中,由于他个人言行的不恰当而使得股民和客户抛弃万科,致使股价大跌,会因此辞职。此言一出,引发了众多与会股东的"同情"。有股东对王石说:"作为万科的长期股东,王石在,我们就在;王石不在,我们也不投万科了。"还有股东表示钦佩王石在此次危机中的忍辱负重,永远支持王总。

股东大会现场,一小股东抛出难题给王石:"王石以前是万科的金字招牌,现在却成为万科的负资产,你将如何消除这种负面影响?"对此,王石以一句"无条件地道歉,不作任何辩解"来回答。现场众多的粉丝股东立即对提问者做出反击:"股东关心得更多的是王石能带领万科赚多少钱?我想说明的是,不能说一个人做了许多好事,只做了一件坏事,就把他说成负资产,这是不讲良心的。"

王石的真诚道歉使得万科危机得以化解,议案也得到了股东们的全力支持,超过99%的股东投了赞成票。股东大会结束后,现场出现了排队让王石签名的情形。

第三,对于一些事关重大的危机事件,企业必需不惜代价,从长远利益最大化和公司长远发展的角度出发,拿出足够诚意,痛改前非,争取社会同情,重获大众信任。强生公司对人命关天的"泰诺"中毒事件的处理就是一个典型的成功案例。

危机的爆发,在给企业带来冲击的同时,通常也会暴露企业在产品、营销、管理等方面的缺陷。如果企业能在危机处理过程中认识并改正这些缺陷,加快自身在产品和管理方面的创新和转型,坏事很可能会变成好事,危机从而变为转机。

1910年,一场特大象鼻虫灾害狂潮般地席卷了整个亚拉巴马州的棉花田,虫子所到之处,棉田毁于一旦。亚拉巴马州是美国的主要产棉区,那里的人们世世代代种棉花。可象鼻虫灾害使人们认识到仅仅种棉花是不行的。如果只种棉花,一旦爆发了象鼻虫灾害,一年的收成就都没有了。于是,人们开始在棉花田里套种玉米、大豆、烟叶等作物。尽管棉花田里还有象鼻虫,但根本不足为患。棉花和其他农作物的长势都很好,结果,种多种农作物的经济效益要比单纯种棉花高四倍。亚拉巴马州的经济从此走上了繁荣之路,人们的生活也越来越好。亚拉巴马州人认为经济的繁荣应该归功于那场象鼻虫灾害,是象鼻虫使他们学会了在棉花田里套种别的农作物。由此可见,好事和坏事、有利与不利、福与祸等对立的两个方面,是相对的并可互相转化的。

## 思考与讨论

1. 何谓危机处理的诚意性原则?
2. 危机处理的针对性原则与公平性原则矛盾吗?简述二者的辩证关系。
3. 危机处理反败为胜,化危机为转机的要点有哪些?

## 附录
## 危机管理经典案例:强生公司泰诺事件

### 案例背景

1982年9月,美国芝加哥地区发生有人服用含氰化物的泰诺药片中毒死亡的严重事故,一开始死亡人数只有3人,后来却传说全美各地死亡人数高达250人。其影响迅速扩散到全国各地,调查显示有94%的消费者知道泰诺中毒事件。

事件发生后,在首席执行官吉姆·博克(Jim Burke)的领导下,强生公司迅速采取了一系列有效措施。首先,强生公司立即抽调大批人马对所有药片进行检验。经过公司各部门的联合调查,在全部800万片药剂的检验中,发现所有受污染的药片只源于一批药,总计不超过75片,并且全部在芝加哥地区,不会对全美其他地区有丝毫影响,而最终的死亡人数也确定为7人,但强生公司仍然按照公司最高危机方案原则,即"在遇到危机时,公司应首先考虑公众和消费者利益",不惜花巨资在最短时间内向各大药店收回了所有的数百万瓶这种药,并花50万美元向有关的医生、医院和经销商发出警报。

事故发生前,泰诺在美国成人止痛药市场中占有35%的份额,年销售额高达4.5亿美元,占强生公司总利润的15%。事故发生后,泰诺的市场份额曾一度下降。当强生公司得知事态已稳定,并且向药片投毒的疯子已被拘留时,并没有将产品马上投入市场。当时美国政府和芝加哥等地的地方政府正在制定新的药品安全法,要求药品生产企业采用"无污染包装"。强生公司看准了这一机会,立即率先响应新规定,结果在价值12亿美元的止痛片市场上挤走了它的竞争对手,仅用5个月的时间就夺回了原市场份额的70%。

强生处理这一危机的做法成功地向公众传达了企业的社会责任感,受到了消费者的欢迎和认可。强生还因此获得了美国公关协会颁发的银钻奖。原本一场"灭顶之灾"竟然奇迹般地为强生赢来了更高的声誉,这归功于强生在危机管理中高超的技巧。

对此《华尔街日报》报道说:"强生公司选择了一种自己承担巨大损失而使他人免受伤害的做法。如果昧着良心干,强生将会遇到很大的麻烦。"泰诺案例成功的关键是因为强生公司有一个"做最坏打算的危机管理方案"。该计划的重点是首先考虑公众和消费者利益,这一信条最终拯救了强生公司的信誉。

资料来源:雷盟、雨阳:《知名危机管理案例分析》,《中国企业家》,2002年4月。

## 案例点评

这是一个在制药行业发生的危机事件,也是一个在危机发生时,企业成功处理危机的典型案例。其他行业比如食品、医疗卫生,甚至高科技行业等都有类似的问题,强生公司处理危机的方法是值得广大公司借鉴的。下面我们就从几个方面来分析强生泰诺事件:

1. 危机的产生和蔓延

强生是一个著名的药品公司,泰诺是强生公司的一种药品。强生本来就是很大的公司,而且又是涉及消费者死亡的事情,出事之后新闻媒体立刻开始关注这个问题,从而使整个事件立刻置于公众的目光之下。开始时因为服药死亡的人数是3人,后来传言全美死亡人数是250人。其实这其中有很多人是假冒受害者,为了诈保或者获取强生的赔偿而将死亡责任归于服用泰诺片。所谓墙倒众人推,这种时候强生有口难辩,如何圆满解决这个问题,对公司是一个巨大的考验。

2. 事实是什么——危机解决的出发点

如材料所述,事件发生以后,在首席执行官吉姆·博克的领导下,强生公司迅速采取了一系列有效措施来化解危机。解决问题的第一步就是寻找问题的根源。

当时强生公司抽调大批人马对所有的药品进行检验。因为药品有着明确的生产日期、批号,在对全部800万片药剂进行了检验之后,强生公司很快发现受污染的药片源于同一批药,总共不超过75片,并且全部集中在芝加哥地区,不会对全美其他地区有丝毫的影响。这样就迅速明确了解决问题的范围。

经过进一步的调查发现,因为服用泰诺而死亡的人数只有7人,远不是社会上传说的有250人之多。这样问题就完全清楚了。

3. 面对事实,如何赢得公众的信任——危机解决的艺术

尽管面对确凿的数据,强生公司仅需承担有限的责任。但是,形象危机给企业造成的影响,不仅仅是对几个受损客户的法律赔偿,更大的损失是企业在公众心目中的地位和评价。这种内在的看法将直接决定企业今后的发展,甚至生存。所以如何处理危机,更多的时候是一种艺术。

强生公司是懂艺术的。他们按照公司最高危机方案处理原则,着手处理此事。按照公众利益至上原则,不惜花巨资在最短的时间内向各大药店收回所有数百万瓶的泰诺片,并花50万美元向有关医生、医院和经销商发出警告,通知他们泰诺中毒事件。就这样,危机发生之后强生开始一步步重新赢得公众的信任。

4. 化危机为商机——危机解决的智慧

在泰诺危机中,强生公司的另一个高明之处就在于抓住了危机处理中的商机,最大

限度地弥补了危机带来的损失,并占领了新的市场。

当药品污染的原因查明之后,强生进行停业整顿时,正好美国政府和芝加哥等地方政府开始制定新的药品安全法,要求药品生产企业采用无污染包装。强生公司看准了这一机会,率先响应新规定,采取这种无污染包装,保证产品质量不受污染。这样就在价值12亿美元的止痛片市场上挤走了它的竞争对手,仅用5个月的时间就夺回了原市场份额的70%。

这样强生公司把停业整顿的业务停滞期巧妙地转化为响应新政策、引入新包装的战略筹备期。从而在危机平息之后、重新营业之时,以更好、更新的形象重新面对公众,赢得了公众,打败了对手。

5. 总结

背景材料中提到"原本一场'灭顶之灾'竟然奇迹般地为强生迎来了更高的声誉,这归功于强生在危机管理中高超的技巧"。那么这种技巧是什么呢?

从前面讲的几个理论原则看,强生危机处理的成功主要归结于两点:一个是公众利益至上原则,一个是快速反应原则。公众利益至上原则,其实是对企业存在本质的一种解读;而快速反应原则实际上依赖于危机事前管理的预防原则,成立危机处理小组未雨绸缪。

强生公司的这个案例对国内一些企业的启示是很大的。有些公司在处理危机的时候,极端蔑视公众利益,表现出一副无所谓的态度。抱着一种"你不满意,那你就去告吧"的心态,从而很快地葬送了企业的前程。随着市场经济的深化和消费者心理的成熟,大企业以上述反应应对危机无异于玩火自焚。

# 第十六章 危机恢复管理：事后管理

- 危机总结
- 危机管理评价
- 危机恢复

# 第一节　危机总结

"亡羊补牢,犹未为晚。"为了避免重蹈覆辙,在危机发生后,对危机发生的原因进行总结,找出症结,对症下药,恢复众人对企业的信心和信任,有着十分重要的意义。

一般而言,危机总结主要包括三个方面的内容。一是危机爆发的原因。危机是如何发生的?是外部环境问题,还是内部管理问题?是意外,还是迟早必定会发生?只有弄清原因,才能引以为戒。二是危机处理的经验教训。对危机管理工作进行全面的评价,包括危机预警系统、危机应变计划、危机决策和处理等各方面的评价,要详尽地列出危机管理工作中存在的各种问题。三是危机后的整改措施。对危机涉及的各种问题综合归类,分别提出整改措施,并责成有关部门逐项落实。

全面掌握危机发生和危机处理的相关信息是危机总结的前提。没有准确的信息,就不可能有正确的总结。为了有效获取信息,我们有必要将信息收集和责任调查区别开来,两者混为一谈可能致使:危机中的责任人为了自保,会尽量歪曲事实或篡改信息;责任调查会使人人自危,深怕言语不慎,使自己成为替罪羊,或无意中伤害他人;危机管理评价中,人们提供的客观信息如果被责任调查所利用,信息提供者会有受欺骗的感觉。

危机的爆发将企业的脆弱面无情地显现出来,帮助企业更好地看到自身的各种问题,从某种意义上,恰恰给企业提供了弥补、修正自身缺陷和问题的机会,使其可以根据在危机处理过程中发现的问题和总结的经验对其经营管理活动进行改进。犯错误并不可怕,可怕的是接二连三地犯类似的错误。因此,危机过后,对危机本源的调查,对危机管理工作进行评价,并对危机的根源以及管理工作上的缺陷进行改进,是不可忽视的。例如,有的企业发现其组织内部信息沟通不畅是危机事件发生的根本原因,则其要进行的改进包括重新设计企业的组织结构,建立或强化企业信息管理系统,改善企业内部的信息沟通渠道和反馈渠道,避免因信息沟通不畅而再次引发危机事件;有的企业发现危机事件是其基层员工素质低下或缺乏正确操作技能而引发的,则改进必须包括对基层员工的考核和培训,甚至进行必要的淘汰;有的企业发现危机事件是经营指导思想引发的,则必须改变其经营指导思想,以免再次掉入相同的陷阱。

总而言之,危机后经验、教训总结主要包括几个方面:

(1) 对危机产生的原因进行系统的调查,排除可能诱发危机的因素,对症下药,强化危机防范体系,避免可预防危机的再次爆发。

(2) 对预警系统进行评价,建立或强化企业信息管理系统和危机预警系统。

(3) 对企业的危机公关和危机处理工作进行评价,详细列举危机管理过程中出现的问题和成功的经验。

(4) 根据危机产生和处理过程中暴露的问题和缺陷,修正、完善企业的管理体系、组织架构、规章制度、经营模式等。

（5）责任认定和奖惩。为了惩前毖后，强化企业管理层和员工的危机防范意识，防止类似事件再度发生，企业有必要明确并追究相关责任人的责任，对因相关工作人员违反公司规定或操作规程，玩忽职守而造成的危机，应当对相关责任人进行处理，以严肃纪律。当然，对于危机处理的有功人员也应考虑给予适当表扬和奖励。

# 第二节　危机管理评价

危机管理评价是危机事后管理的重要组成部分，基本目的是为了完善组织的危机管理体系，以提高组织未来预防和处理危机的能力。危机管理评价有可能会暴露管理者的管理失误，或损害某些管理者的利益。因此，做好危机管理评价需要高层管理者有自我批评和敢于担当的勇气，需要有董事会的积极推进和支持。

## 一、危机事件管理评价

危机事件管理评价的目的在于帮助企业认真梳理危机预防和应对的成败得失，真正做到"吃一堑，长一智"，以提升企业未来应对与管理危机事件的能力。强化日常危机管理工作是预防危机、提升危机应对能力的基础。关于日常危机管理工作的评价，以下几点尤为值得关注：

危机为什么会产生？危机的产生有无可能被避免？危机开始阶段是否被尽快地识别出来。如果没有或很晚才识别出来，这是为什么？如何采取措施以加强对危机开始阶段的识别？危机开始阶段采取的措施是否合理、有效？还可以采取哪些更好的措施？如何改进危机开始阶段的反应？

危机开始阶段的反应是否有效地阻止了危机的爆发，或延缓了危机的爆发，或降低了危机爆发的强度？如果没有或效果不明显，这是为什么？如何将这些经验和教训总结为组织的知识，并加以应用？

危机爆发后，组织的反应是否迅速？是否可以更加迅速？如果行动迟缓，又是什么原因？如何对危机反应进行改进，使行动更为迅速？

是否出现不应有的危机蔓延和连锁反应？如果危机蔓延，是什么原因？如何改进危机反应行动以避免不应有的危机蔓延和连锁反应？

危机中，哪些损失是可以避免的？为什么发生了不应有的损失？如何改进危机反应行动以避免不必要的损失？危机反应中，资源配置是否合理？如何改进危机反应资源的储备和配置？

## 二、对日常危机管理的评价

(1) 发生的危机是否在危机与风险识别中涉及？如果没有被识别，那是什么原因？是否需要重新进行危机与风险的识别？

(2) 对于识别出来的潜在危机，有无采取有效措施对其进行监控和防范？有无做出适当努力以避免其发生？对于难以避免的危机，是否提前准备了应对方案？

(3) 危机预警系统是否对危机发出了及时的警报？如果没有，那又是为什么？如何对危机预警系统进行改进？

(4) 危机警报是否引起人们的重视？如果没有，是什么原因，如何提高人们对危机警报的警惕性？

(5) 危机预警系统是否能导致人们的正确反应？如果人们的反应与危机处理的要求不符，是系统的原因，还是人的原因，需要采取哪些措施？

(6) 对危机影响的评估是否准确？有哪些影响被忽略了，哪些被轻视了，哪些被过高估计了？如何修正危机影响评估？

(7) 危机风险预防和控制的措施中，哪些是不必要的，哪些是有欠缺的？哪些占用了过多的资源，哪些占用的资源是不够的？

(8) 组织文化和组织结构是否适应危机管理的需要？应该建立什么样的组织文化，对组织结构需要进行怎样的改进？

## 三、对危机管理组织结构的评价

危机管理的组织安排对于危机的预防、预警，以及危机发生后的处理与应对效果有着非常重要的影响。危机管理组织结构评价主要应弄清以下问题：

危机管理的组织结构是否达到了其设置的目的？是否能使组织尽早发现危机并快速、有效地加以应对？对结构设置所带来的收益和损失减少是否超过结构设置的成本？危机管理的组织结构是否需要调整，如何进行调整？日常危机管理的组织结构设置是否合理，是否需要加强？

危机管理得到的资源是否足够？各部门对危机管理者的配合是否到位？是否应该增加危机管理者可控制的资源？是否需要赋予危机管理者更大的权利？危机处理和应对过程中，后勤保障是否及时、有效，如何改进后勤保障工作？

## 四、对危机沟通的评价

危机沟通是消除误解维护形象的重要手段，是危机公共与管理的核心组成部分。危机沟通评价内容包括以下各个方面：

危机中,内部沟通是否顺畅?出现了哪些问题,这些问题对危机产生了什么影响?可以采取哪些措施予以纠正?外部沟通哪些是有效,哪些是欠缺的?可以采取哪些改进措施?

沟通过程中哪些环节出了问题?为什么会出问题,如何进行改进?沟通中噪音的影响有哪些?沟通过程中抗噪音能力如何,如何消除或减轻噪音的影响?

是否满足了媒体的需要,与媒体是否存在冲突,如何改进与媒体的沟通?是否有效地发挥了媒体的作用,媒体是否为危机管理发挥了应有的作用,如何更好地使用媒体?向媒体传递的信息是否合理,如何有选择地向媒体传递信息?危机中,对媒体记者的管理是否有效,媒体记者是否妨碍了危机处理,如何在危机中做好对媒体记者的管理?媒体管理部门是否有效地履行了它的职能,如何对媒体管理部门进行改革?新闻发言人是否合格,是否需要更换新闻发言人?

# 第三节 危机恢复

## 一、危机恢复的目的

1. 维持组织的连续性和生存

一场重大的危机,带来的不仅仅是财务和物质上的损失。组织的连续性可能遭到破坏,甚至组织的生存都有可能受到威胁,只是威胁程度的大小有所区别。因此,危机过后,如何恢复组织的连续性和正常功能,使组织尽快恢复其正常运转就成了危机恢复的头等大事。

本书第十三章曾提到的南京冠生园事件就是组织因危机事件遭受严重破坏的典型案例。2001年9月3日,央视《新闻30分》披露南京冠生园用"旧馅"做月饼。同年9月4日,卫生部紧急通知严查月饼市场,事件殃及各地"冠生园",导致该年度全国月饼销量下降20%。2002年2月,南京冠生园食品有限公司正式向南京市中级人民法院申请破产,负债1600多万元。事发不到半年,具有80多年历史的南京冠生园品牌宣告瓦解。尽管食品安全事关重大,但在国内外各类食品安全和质量事故中,冠生园的问题远谈不上非常严重和恶劣。南京冠生园因此走向倒闭,不仅是因为公司的危机应对方法不适当,危机恢复也不令人满意。2005年5月,南京冠生园重新开始试营业,7月重新正式营业,并着手重建危机管理体系。

无独有偶,"三鹿"商标曾集驰名商标、免检产品、中国名牌等众多荣誉于一身。在三鹿集团鼎盛时期,国内某机构曾评估其品牌价值达到150亿元。然而,2008年三聚氰胺事件发生后,三鹿集团股份有限公司被迫进行破产清算。2009年5月12日,该公司的部分破产财产在河北省石家庄市中级人民法院审判庭拍卖。"三鹿"牌及相关保护性商标以整体打包的方式售出,起拍价为700万元,最终以730万元卖出,和当初的150亿元估值相差千里。

2. 使组织获得新的发展

危机带来危险和损害的同时,也会给组织带来破旧立新的机会,使组织有可能获得新的发展,使组织不仅能恢复到危机前的状态,而且有可能比危机前做得更好。

危机的发生,可以使组织更好地发现其产品、管理、人事安排及治理结构方面的缺陷,可以减轻企业大规模改革的阻力,为企业发展进步提供契机。苹果公司由衰落转向空前繁荣是这方面的一个经典案例。1997年前的苹果公司面临困境。公司股价从1992年的每股60美元,跌至1996年年底的每股17美元,年销售额也从110亿美元跌至70亿美元,市场份额更是从原本领先的12%跌至4%,而且这一颓势似乎仍要持续下去。对苹果公司而言,这无疑是一起关乎生存的空前危机。1997年底,苹果公司通过收购乔布斯创办的NeXT公司,使乔布斯在5年后重返苹果董事会。乔布斯的回归以及与微软的联盟,把苹果公司从死亡线上拉了回来。设计创意非凡的品牌广告、取消授权业务、精简产品线,乔布斯所做的一切,都是让苹果努力回到好产品、好营销和好分销这些最基本的东西上。在经历了两年的巨额亏损后,苹果终于在1998年第4季度实现盈利,获得了4500万美元利润。1998年整个财年,苹果实现了3.09亿美元的盈利。2011年乔布斯不幸去世,在他去世之前,苹果已经成为全球利润和股票市值最高的科技公司。

## 二、危机恢复的主要内容

危机过后,修复危机造成的硬伤,即物质损害,修补重建设施,维护更新设备,是危机恢复的必要环节,但并非危机恢复的全部。危机的侵犯对企业的美誉度和品牌也可能造成重要损害,降低社会公众和客户对企业的信任,伤害员工对企业的感情和信心。危机爆发之后,如何尽快消除危机的影响,使企业从硬件和软件两方面恢复到危机之前的正常状态,对企业的可持续发展至为重要。

1. 团队和人员的恢复

危机通常会打击员工士气,降低员工对组织的信任。在这种时候安抚员工、增强员工的信心和自豪感,恢复员工对组织的信任,是企业尽快恢复正常的生产经营秩序的重要举措。此外,在企业因为危机而资产缩水、经营困难、财务窘迫、声誉受损的时候,也容易出现人才的流失。此时,稳定军心和员工队伍,尤其是留住核心人才,变得非常重要。

在危机爆发和处理过程中,由于责任问题和利益方面的得失,组织中部门与部门之间,人与人之间,难免会出现猜忌、抱怨和不信任,从而影响组织内的团结和合作。危机过后,组织必须采取有效措施,尽快消除内部隔阂,恢复团队的凝聚力和彼此信任。这一点,也是组织在追究危机责任、奖惩员工和内部相关部门时必须加以考虑的事项。

2. 生产和市场的恢复

恢复正常的生产、经营秩序,夺回企业因危机而丢失的市场份额,是企业危机后恢复和重建工作的重要诉求。显然,危机过后,企业的运营活动停顿越久,企业的损失一般也越大。因此,企业必须依照恢复生产经营活动的需要,依据各项恢复内容的轻重缓急,合理分配财力和人力以修补危机带来的有形和无形伤害,尽快恢复企业正常运营,力争以较快速度重新获得因危机而失去的市场。当然,恢复并非简单地重回过去,企业完全可以合理利用危机恢复的契机,对受到危机破坏,但本已落后的生产设施和生产流程加以更新,对存在问题的产品加以改良和升级。

3. 形象和声誉重建

危机对企业的口碑和形象多多少少会产生各种各样的负面影响,使企业的形象、品牌和声誉受损。一个企业的声誉和品牌是它最重要的无形资产,在危机之后进行声誉重建、恢复客户的信任和其无形资产的价值,就显得格外重要。

一般来说公司可以采取如下措施进行对外公关和重塑形象:将公司可能造成的不良影响列成表格,根据不同对象、程度、方面进行具体分析,并制定有效应对策略。比较常见的有:媒体广告宣传、召开新闻发布会、举办公益与联谊活动、完善销售策略、提升产品质量、改进与公众交流的渠道等。例如,第十五章介绍的强生的危机管理案例中,强生公司在中毒事件发生后,率先响应新的药品安全法,采用"无污染包装",目的就是要恢复消费者对其产品的信息和信任,恢复其市场销售状态。结果在价值 12 亿美元的止痛片市场上,强生很快挤走了它的竞争对手,仅用 5 个月的时间就夺回了原市场份额的 70%。

# 思考与讨论

1. 简述危机事后管理的目的和意义。
2. 危机管理评价主要包含哪些方面的内容?
3. 危机恢复的主要目的和内容是什么?

# 附录
## 危机管理经典案例:比利时和法国可口可乐中毒事件

### 案例背景

1999 年 6 月 9 日,比利时 120 人(其中有 40 人是学生)在饮用可口可乐之后发生中毒,出现呕吐、头昏眼花及头痛现象,法国也有 80 人出现同样症状。已经拥有 113 年历史的可口可乐公司遭遇了历史上罕见的重大危机。在现代传媒十分发达的今天,企业发生的危机可以在很短的时间内迅速而广泛地传播,其负面作用可想而知。

可口可乐公司立即着手调查中毒原因、中毒人数,同时部分收回某些品牌的可口可乐产品,包括可口可乐、芬达和雪碧。一周后中毒原因基本查清,比利时的中毒事件是在安特卫普的工厂发现包装瓶内有二氧化碳,法国的中毒事件是因为敦刻尔克工厂的杀真菌剂洒在了储藏室的木托盘上而造成了污染。

但问题是,从一开始,这一事件就由美国亚特兰大的公司总部来负责对外沟通。近一个星期,亚特兰大公司总部得到的消息都是因为气味不好而引起的呕吐及其他不良反应,公司认为这对公众健康没有任何危险,因而并没有启动危机管理方案,只是在公司网站上粘贴了一份相关报道,报道中充斥着没人看得懂的专业词汇,也没有任何一个公司高层管理人员出面表示对此事及中毒者的关切。此举触怒了公众,结果,消费者认为可口可乐公司没有人情味。

很快消费者不再购买可口可乐软饮料,而且比利时和法国政府还坚持要求可口可乐公司收回所有产品。公司这才意识到问题的严重性,事发之后10天,可口可乐公司董事会主席和首席执行官道格拉斯·伊维斯特从美国赶到比利时首都布鲁塞尔举行记者招待会,并随后展开了强大的宣传攻势。

然而遗憾的是,可口可乐公司只同意收回部分产品,拒绝收回全部产品。最大的失误是没有使比利时和法国的分公司管理层充分参与该事件的沟通并且及时做出反应。公司总部的负责人员根本不知道就在事发前几天,比利时发生了一系列肉类、蛋类及其他日常生活产品中发现了致癌物质的事件,比利时政府因此受到公众批评,正在诚惶诚恐地急于向全体选民表明政府对食品安全问题非常重视,可口可乐事件正好撞在枪口上,迫使其收回全部产品正是政府表现的好机会。而在法国,政府同样急于表明对食品安全问题的关心,并紧跟比利时政府采取了相应措施。在这起事件中,政府扮演了白脸,而可口可乐公司无疑是黑脸。

可口可乐公司因为这一错误措施,使企业形象和品牌信誉受到打击,其无形资产遭贬值,企业的生存和发展一度受到冲击:

- 1999年底公司宣布利润减少31%;
- 危机发生时没能借助媒体取得大众的信任,公司不得不花巨资进行危机后的广告宣传和行销活动;
- 竞争对手抓住这一机会填补了可口可乐此时货架的空白,并向可口可乐公司49%的市场份额发起挑战;
- 可口可乐公司总损失达到1.3万亿美元,几乎是最初预计的两倍;
- 全球共裁员5 200人;
- 董事会主席兼首席执行官道格拉斯·伊维斯特被迫辞职(新CEO对公司进行重组时不再延用总公司负责制,而将"全球思维,本地执行"的座右铭纳入企业管理理念);
- 危机后可口可乐公司主要的宣传活动目的都是要"重振公司声誉"。

真是难以相信,世界上最有价值的品牌在危机发生后没能成功地保护其最有价值的资产——品牌,正是所谓的"总公司更知道"综合症使可口可乐公司采取了完全不恰当的反应。因为一个庞大的国际公司就像章鱼一样,所有的运作都分布在各地的"触角"顶端。要使这样一个庞大而错综复杂的机制发挥效力,章鱼的中心必须训练并使触角顶端的管理层有效发挥作用,采取适当措施,做出正确的应对,因为他们最了解当地的情况。

随着可口可乐公司公关宣传的深入和扩展,可口可乐的形象开始逐步地恢复。比利时的一家报纸评价说,可口可乐虽然为此付出了代价,却终于赢得了消费者的信任。

资料来源:雷盟、雨阳,《知名危机管理案例分析》,《中国企业家》,2002年4月。

## 案例点评

可口可乐公司有一百多年历史,是全球最大的饮料公司。可口可乐是美国文化的典型代表,同时在资本市场上有非常大的影响。像这种公司都会犯这样的错误,险些葬送了自己最值钱的资产——品牌。这一切是如何发生的呢？可口可乐在此次形象危机中的失败与成功之处各是什么呢？现在我们从危机处理的理论层面进行分析。

### 一、失败的根源：危机处理原则视角

从危机处理的原则来看，可口可乐公司显然有好几处败笔。具体来说它在主动性原则、快速反应原则、公众利益至上原则、专向管理原则、针对性原则等几个方面都有失误之处。

1. 主动性原则

可口可乐公司在主动性原则方面的错误可以从两个层面来看待。

首先，可口可乐违反了危机处理的一个一般性原则。在处理危机时，不论是何种性质的危机，不管危机的责任在何方，企业都应表示出愿意承担相应责任的气魄与诚意，妥善处理危机。在情况尚未查明，而公众反应强烈时，企业可采取高姿态，宣布如果责任在己，一定负责赔偿，以尽快消除影响。在上述案例中，可口可乐显然没有做到这一点，"公司认为这对公众健康没有任何危险，因而并没有启动危机管理方案，只是在公司网站上粘贴了一份相关报道，报道中充斥着没人看得懂的专业词汇，也没有任何一个公司高层管理人员出面表示对此事及中毒者的关切"，这种做法从危机处理的一般视角而言，就已经输了一半。

但是，由于可口可乐产品自身的特殊性，他们在主动性方面的失误不止于此。产品的类别不同，它们的透明性不同。像纸张等消费品，品牌的意义不大，因为使用的时候就可以对其质量进行很好的鉴别。但是食品、饮料、医药等产品，它们不仅在消费者消费的时候提供一些关于产品的信息（比如食品和饮料的味道、服药当时的感受），产品还有很多隐性信息消费者是无法获知的，比如卫生健康标准、对人体各个方面的长期影响等，也就是说产品的透明度比较低。所以对于透明度比较低的产品，品牌的意义就显得非常重要，因为这是消费者在长期的实践中形成的对产品"隐性信息"的共识。这种产品在发生危机的时候主动性原则更加显得无比重要。危机如同反例，是对企业品牌价值的巨大威胁；品牌形象一旦受损，再要恢复必须花费巨大的代价。所以企业在危机发生之初就应该积极主动，这样才可以达到整体代价最小。

2. 快速反应原则

在危机发生后，公众对信息的要求是迫切的，他们密切关注事态的进展。企业若能在处理过程中迅速发布信息，及时满足公众'先睹为快'的心理，强化各项解决危机措施的力量，就能防止危机的扩大化，加快重塑企业形象的进程。但是可口可乐在危机发生十天以后才意识到问题的严重性，开始行动，这显然犯了危机管理的大忌讳。直接后果是贻误战机，扩大了危机的波及面，受害者情绪极度高涨，媒体负面报道增多。

3. 公众利益至上原则

公众利益至上原则讲公众之所以反抗企业，给企业"制造"出危机事件，最基本也是最重要的原因就是公众感到在利益上受到了一定程度的损害，他们要运用媒体和法律武器，保护自己的合法利益。因此，利益是公众关心的焦点所在。

危机之后企业一定要通过自己的姿态表明对公众利益的尊重，但是危机发生伊始可口可乐没有道歉、没有回收、没有赔偿，一副无所谓的样子。这就直接激怒了公众。

4. 专项管理原则

我们在专项管理原则中提到企业应指派能够掌握处理危机的科学程序和方法、了解企业情况的部门和人员,组成专门班子去处理危机。但是可口可乐仅仅由高层出面,并没有将了解实际情况的地方负责人纳入危机治理小组,从而使得危机治理有些无的放矢、事倍功半。

5. 针对性原则

针对性原则讲企业根据不同地域的文化背景、法律制度、价值取向来制定自己的危机处理策略。在这个案例中,可口可乐并没有根据比利时和法国政府当时的政策导向处理危机,不知不觉中成了当地政府治理不安全食品的反面典型。如果可口可乐及早注意到当地政府的需求并进行针对性公关,可以大大降低危机的影响。

总的来说,在危机事中管理的原则中,可口可乐至少在上述五个原则上没有做好。危机发生之后,企业按照危机管理原则行事总要比没有按照原则行事节省更大的成本。

### 二、失败的根源:危机处理程序视角

可口可乐在危机的处理程序方面也有很大的失误。一个典型的问题在于对事件的调查方面。公司先是在没有调查的情况下根据传说认定"因为气味不好而引起的呕吐及其他不良反应",然后很主观地在自己的网页上贴出一个关于危机的解释,并且还是一个谁也看不懂的解释。所以可口可乐在调查程序方面的第一处错误就是没有调查事故的原因。

当公众和当地政府开始对危机做出反应时,可口可乐总部又没有就当地政府的实际处境和分公司实际面临的问题做出调查。所以可口可乐在调查程序方面的第二处错误就是没有调查事故实际发生地的情况。

由于在调查方面的工作做得不到位,可口可乐总部面对危机一直很被动。所谓"知己知彼,百战不殆",但是可口可乐既不了解自己的问题所在,也不了解公众反应,当然造成了危机恶化,后果十分严重。

### 三、悬崖勒马:危机恢复的艺术

整个事件中可口可乐最成功的地方,在于危机事后的声誉重建工作,通过不懈的努力,恢复了消费者对可口可乐品牌的信任。

尽管在危机之后才投入重金进行品牌恢复属于危机管理的下策,但终归是这最后一步才拯救了可口可乐宝贵的品牌资产。

# 讨论题

1999年可口可乐中毒事件的危机处理给我们的启示主要有哪些?

# 第十七章 财务危机的管理

- 财务危机的含义和表现
- 财务危机的征兆
- 财务危机的预警和诊断
- 财务危机的危害和影响
- 财务危机的预防

财务危机是企业运营过程中可能出现的重大危机之一,可能危及企业的正常运转乃至生存。从某种意义上讲,企业的任何危机都会对企业财务造成影响,并有可能最终引发财务危机。因此,财务危机的预防和管理对企业的可持续发展有着特别重要的意义。

# 第一节 财务危机的含义和表现

所谓财务危机(financial distress),亦称为财务困境或财务失败,是指企业由于营销、投资、财务安排或不可抗拒因素的影响而使经营活动和财务活动无法正常运转,使企业面临无法按时偿还债务本息的窘境(表17-1 列举了学术文献中关于财务危机的一些定义)。其极端情况就是企业破产,当企业资金匮乏和信用崩溃这两种情况同时出现,资金不足而又无法继续募集的时候,企业破产便难以避免了。由此,我们可以看出财务危机实际上是企业经营过程中各种内外矛盾在财务上的集中表现。深刻认识公司财务危机的本质,是进行财务危机预测和管理的基础。

表17-1 国内外对财务危机的典型定义

| 学者 | 财务危机的定义 |
| --- | --- |
| Beaver(1966) | 其79家"财务危机公司"样本中,包括59家破产公司、16家拖欠优先股股利,3家拖欠债务,1家银行透支。[1] 可见,其理解的公司财务危机不仅包括企业破产,还包括拖欠债务、银行透支、不能支付优先股股利等情形。 |
| Altman(1968) | "进入法定破产的企业。"[2] |
| Deakin(1972) | 财务危机公司"仅包括已经破产、无法偿还债务或为债权人利益而已经进行清算的公司"。[3] |
| Carmichael(1972) | 财务危机是企业履行义务时受阻,具体表现为流动性不足、权益不足、债务拖欠及流动资金不足四种形式。[4] |
| Froster(1986) | 财务危机定义为"除非对经济实体的经营或结构实行大规模重组,否则就无法解决的严重变现问题"。 |

---

[1] Beaver. W. H., Financial Ratios as Predictors of Failure, *Journal of Accounting Research*, 1966 (Supplement): pp.71—111.

[2] Altman, E., Financial Ratios, Discriminant Analysis and the Prediction of Corporate Bankrupt, *Journal of Finance*, 1968(3).

[3] Deakin, E. B., A Discriminant Analysis of Prediction of Business Failure, *Journal of Accounting Research* (Spring): pp.167—169, 1972.

[4] Carmichael, D. R., The Auditor's Reporting Obligation, *Audting Research Monograph* No.1(New York: AICPA): 94, 1972.

(续表)

| 学者 | 财务危机的定义 |
|---|---|
| Ross 等(1999) | 可以从四个方面定义企业的财务危机:[1]<br>(1) 企业失败,即企业清算后仍无法支付债权人的债务;<br>(2) 法定破产,即企业或债权人向法院申请企业破产;<br>(3) 技术破产,即企业无法按期履行债务合约付息还本;<br>(4) 会计破产,即企业的账面净资产出现负数,资不抵债。 |
| 谷祺、刘淑莲(1999) | 财务危机定义为"企业无力支付到期债务或费用的一种经济现象,包括从资金管理技术性失败到破产以及处于两者之间的各种情况"。[2] |

导致财务危机出现的原因很多,其对应的表现也各有不同,如持续性亏损、无偿付能力、违约、关闭和破产等。赵爱玲(2000)在《企业财务危机的识别与分析》一文中通过对深沪两市财务出现严重问题的部分上市公司年报信息的分析,认为企业面临的财务危机一般具有下列几种具体表现形式:

(1) 负债率过高,大大超过行业平均水平和企业历史平均水平;
(2) 现金流量入不敷出,现金支付能力严重不足;
(3) 无力偿还到期债务或按时支付利息;
(4) 再融资能力基本丧失,无法募集足够资金来维持企业运转;
(5) 产品销路不畅,存货大量积压,资产周转速度明显下降;
(6) 企业应付款项明显增加,并因资金短缺、信誉下降而使原材料采购发生困难;
(7) 投资失败,导致巨额投资损失等。

# 第二节 财务危机的征兆

公司陷入财务危机通常是一个渐进的过程,是一系列潜在因素长期作用导致的。而在财务危机发生之前,往往会有一些征兆显露。企业经营决策者应该对这些征兆保持高度警惕,及时了解企业财务状况的动向,针对问题及早采取措施,避免危机最终发生或进一步恶化。

## 征兆一:现金极度匮乏,资产流动性过低

现金流是企业的血液,是影响企业偿债能力和运营能力的关键因素。通过对现金流的诊断,可以了解企业财务状况、获利能力及经营风险。在发生企业财务危机之前,企业不仅用于日常开支的库存现金供应紧张,企业的银行账户余额也不多,而且能迅速变现

---

[1] Stephen A. Ross, Randolph W. Jeffrey F. Jaff 著,吴世农、沈艺峰等译:《公司理财》,机械工业出版社2000年版。
[2] 姜秀华、孙铮:《治理弱化与财务危机:一个预测模型》,《南开管理评论》,2001年第5期,第191页。

的流动性强的资产也不足。这种情况下,企业经营很可能会因现金匮乏而陷于停顿。这种停顿其实就是财务危机的发作。

尽管个别年度企业现金净流量出现负值并不代表企业必将出现财务危机,但现金净流量为负值,或比前期大幅的非常规性递减却是行将发生财务危机的企业的普遍特征。企业现金净流量是企业因经营活动、投资活动、筹资活动而发生的现金流入与流出金额的抵减额。如果接连几期发生现金净流量大幅下降甚至连续出现负值,说明企业资金运作成本上升,或企业经营产生的现金流入量大幅下降,或企业投资扩张过快,或企业融资出现障碍,最终会导致企业日常经营现金匮乏。

## 征兆二:存货,尤其是产成品积压明显增加

存货是企业在日常生产经营过程中以备出售,或者仍然处在生产过程,或者在生产或提供劳务过程中将消耗的材料或物料等,包括各类材料、商品、在产品、半成品、产成品等。从会计角度看,存货出现在资产负债表的流动资产栏目中,是"物资采购"、"原材料"、"低值易耗品"、"库存商品"、"自制半成品"、"生产成本"等科目的期末余额合计。与企业其他流动资产,如现金、短期投资、应收款项相比,存货变现能力相对较差。有统计表明,存货往往占用企业全部投资的40%。存货积压,尤其是产成品积压,使原本供销售的产品大量积存在企业及渠道中。这时,大量的资金因生产产品变成实物形态却无法转换,造成资金沉淀而难以流动,大量耗费企业的资金。

产成品积压除了导致企业资金紧张和资金使用效率下降外,通常还预示企业产品竞争力的下降和销售难度的增加。更重要的是,它提供了财务危机爆发的可能性。解决存货积压的问题不仅需要借助财务手段,同时还需要借助企业销售策略甚至经营战略的调整。

每月存货与销售比率的变动是反映存货积压的重要财务指标。管理人员应根据企业具体情况,掌握关于存货与销售比率的一般标准,任何一个月的存货与销售的比率如果高于这个标准,都可能是企业财务问题的早期信号,不少情况还与非预期的销售下跌有关,必须通过增加销售或削减采购等办法来及早解决这一问题。

## 征兆三:企业销售总额大幅下跌

一般情况下,销售的下降会引起企业各部门关注,但却往往仅看作是销售问题,而较少考虑财务后果。事实上,销售量的下降会带来严重的财务问题,尤其是非预期的下降(如恶性竞争、产业衰退等)。销售下降是企业面临的非常棘手的问题之一。一方面,许多企业希望能通过赊销等手段刺激销售,但另一方面,销售下跌无疑会对企业现金流入产生不利影响,在此情形下扩大赊销活动范围,对原本紧张的企业现金流入而言,则是雪上加霜。

销售下降对企业现金流的影响可能并不会立即充分表现出来。这主要是由现金流量的滞后性导致的。例如，一个企业在30天的付款条件下，月销售额为500万元，如果其客户信守其付款条件，则该企业每月有500万元的现金流入量。现在假如该企业5月份的销售额降为400万元，那么5月份的现金流入量会不会变成400万元呢？由于5月份流入的现金是该企业4月份的销售额，仍然会是500万元。5月份下降的销售额会使6月份的现金流入量减少。如果企业仍要按每月500万元的正常销售支付采购费和其他开支，最终会导致企业存货积压，并引发财务问题。

## 征兆四：应收账款余额快速上升且平均收账期延长

应收账款在中国许多企业的流动资产中占很大比重。许多企业对应收账款催收回款困难深有体会，而对应收账款可能引起财务危机却重视不够。按企业会计制度规定，会计要在期末分析应收账款的可收回性，并预计可能产生的坏账损失，对预计可能发生的坏账损失计提坏账准备。这种做法并没有充分考虑应收账款对企业现金周转的影响，某种程度上低估了应收账款的潜在危害性。应收账款的潜在危害性之所以容易被低估，关键在于它"创造"了一个很漂亮的账面利润，这种利润往往能迷惑住决策层。企业在盈利情况下之所以还会资金周转不灵，就因为与应收账款相关的营业收入与利润一般是要缴税的，而且与这种收入相配比的是生产耗费和销售费用，应收账款只创造了"物流"，不能在现金流转变为物流之后，再将物流迅速转化为现金流。此种情况发展到一定程度，就有可能导致企业流动资金缺乏。当企业的现金余额由于客户迟缓付款而逐渐消失时，较长的平均收账期就会成为企业严重的财务问题。

## 征兆五：交易和回款记录恶化

交易记录恶化主要表现在客户偿付货款中的延期或违约现象的增加。交易记录恶化既可因企业授信和销售策略不当而引起，也可因企业下游行业出现不景气而引发。交易记录恶化直接影响企业应收账款的资产质量，不仅影响企业应收账款的回收速度和资金周转，还会导致企业呆坏账的增加，其结果很可能诱发企业的财务困境。

## 征兆六：投资规模过度，扩张过度

投资是资金和资源的占用，必须有配套的资金和资源支持。一家企业若超出自身的资金承受能力，盲目扩大投资规模，盲目进行收购扩张，可能使企业因负担过重、支付能力下降而陷入财务危机。日本的八佰伴、我国的德隆等就是因为扩张速度过快，造成现金断流而倒闭的。一个企业新建项目或对原有的厂房进行大规模扩修，都是扩张业务的表现。一旦业务发展过程中企业未进行严密的财务预算与管理，很可能会发生周转资金不足的现象。因而，对于大举收购企业(或资产)的行为要多加注意,要能够透过繁华的表象发现财务危机的征兆。

## 征兆七:内部管理和内部控制体系混乱

若一家企业缺乏有效的内部控制机制,管理混乱无章,则很难保证公司经营信息和财务信息的完整真实,难以保证公司财务和经营决策的科学妥当,甚至无法保证企业资产的安全。这种企业很难摆脱财务危机的阴影。

## 征兆八:企业资产大幅缩水,负债率明显提高

投资失败、经营亏损、意外事故、法律纠纷、商业欺诈等因素均会造成企业资产大幅缩水。与其相对应的是,企业流动资金减少,负债率上升,资金链条紧绷,且再融资能力下降。如果情况严重,财务危机的发生将难以避免。

## 征兆九:企业信用等级被调降,继续融资面临瓶颈

企业的资信等级被银行或信用评估机构调降是企业财务状况恶化的重要信号。除此之外,资信等级下降还会对企业融资产生不利影响,轻则增加企业的融资成本,重则关闭企业外部融资的大门。一旦企业失去外部融资能力,只能靠内部资金发展,企业抵御财务风险的能力必然下降。

## 征兆十:企业经营业绩的可预测性大幅降低

如果企业销售和盈利状况变得越来越难预测,则说明企业面临的经营风险在不断增加。这种经营风险最终必然会在财务上得到体现,并威胁企业的财务安全。

# 第三节 财务危机的预警和诊断

企业危机的形成和发展通常有其自身的内部规律,客观上表现为生命周期的特点。从危机的萌芽到危机消退一般要经历潜伏期、突变期、爆发期、分化点、消退期等阶段(见图17-1):[①]

---

① 王强:《企业失败研究》,中国时代经济出版社2002年版,第248页。

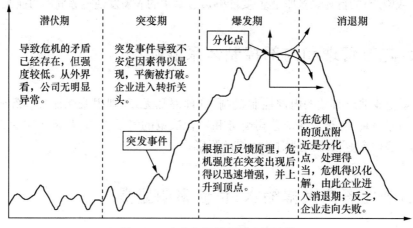

图 17-1 企业危机演化的主要阶段

将上述危机演化的一般规律应用到企业财务危机问题上可以发现,一般公司财务危机演化过程可以大致分为四个阶段,如图17-2所示:

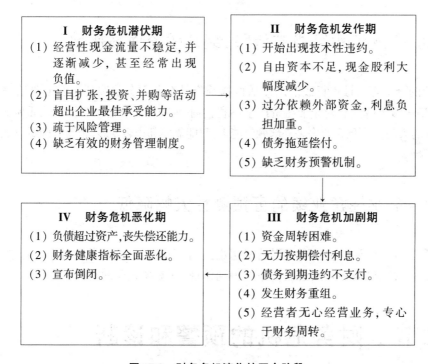

图 17-2 财务危机演化的四个阶段

正因为危机的发展有上述从潜伏到恶化的过程,一方面,危机潜伏期各种不利因素虽然并没有引起整体的振荡,但是它们可能已经分别显露出来;另一方面,危机一旦爆发,如处理不当企业将可能面临破产的风险,即使处理有方也无法挽回企业已经蒙受的损失。

所以如果能够在危机的潜伏期发现各种不利因素的征兆,及时采取防范措施,可以将危机控制在萌芽阶段。如果没有能够及时控制危机的发展,也可以采取适当的事后应对方法,来将危机带来的损失控制在最低水平。

由此可见,完整的危机管理包含两方面因素,即危机预警和危机处理。危机处理包括危机爆发后处理危机所进行的一切工作,它的目的是为了减少危机带来的损失;而危机预警则包括在危机爆发之前的一切工作。一个良好的危机预警机制可以减少企业受到的损失和缩短危机的时间,因此在危机管理体系中处于举足轻重的位置。

# 一、财务危机的预警方法

财务危机往往是企业内外因共同作用的结果,但无论是哪种原因造成的财务危机,最终都会反映为企业财务指标的异常上。同时财务指标还具有容易定量度量的优点。因此,设定财务预警的基本方法是通过构建财务指标检测体系来实现的。

国内外针对财务危机预警设计的模型和方法有很多。其中,比较有代表性的有财务报表分析法、单变量模型法、多变量模型法等。下面对这些方法逐一进行介绍:

(一) 财务报表分析法

所谓财务报表分析法是指利用财务报表提供的数据,即企业资产负债表、利润及利润分配表、现金流量表这三套财务报表来分析企业的财务状况,进而识别和评估企业面临的风险。

财务报表分析法最为典型的应用是财务比率分析。可以说,建立在正确理解基础上的财务比率提供了企业最好的基础财务预警信息。可供进行财务比率分析的指标很多,一般将其归纳为以下六大类,如图17-3和表17-2所示。

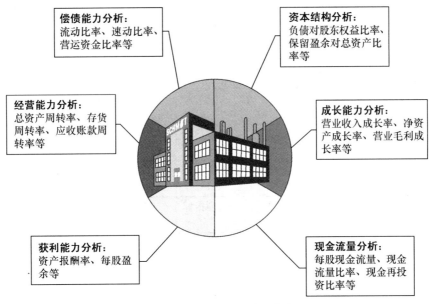

图 17-3 财务比率分析的六大方面

表 17-2　主要财务比率分析指标

| 指标类型 | 指标名称 | 定义 | 指标性质 | 备注 |
|---|---|---|---|---|
| 偿债能力 | 流动比率 | 流动资产/流动负债 | 适度指标 | |
| | 速动比率 | 速动资产/流动负债 | 适度指标 | 速动资产仅指变现能力较高的流动资产,等于流动资产减去存货等变现较差的资产。该指标亦称酸性测试比率。 |
| | 营运资金比率 | (流动资产－流动负债)/总资产 | 正指标 | |
| | 负债比率 | 负债总额/资产总额 | 适度指标 | |
| 经营能力 | 总资产周转率 | 销售收入/平均资产总额 | 正指标 | |
| | 存货周转率 | 营业成本/平均存货 | 正指标 | 该指标除了反映存货的周转速度外,还可以间接地反映企业产品的适销对路程度。 |
| | 应收账款周转率 | 销售收入/平均应收账款 | 正指标 | |
| | 固定资产周转率 | 销售收入/平均固定资产总额 | 正指标 | |
| 获利能力 | 资产报酬率 | 税后利润/平均资产总额 | 正指标 | 如果不考虑对长期利润的损害,该指标越大越好。 |
| | 每股盈余 | 税后利润/股本 | 正指标 | |
| | 净资产报酬率 | 税后利润/净资产 | 正指标 | |
| | 销售净利率 | 净利润/主营业务收入 | 正指标 | |
| 成长能力 | 营业收入成长率 | (本期营业收入－上期数)/上期数 | 正指标 | |
| | 净资产成长率 | (本期末净资产－上期末数)/上期末数 | 正指标 | |
| | 总资产成长率 | (本期末总资产－上期末数)/上期末数 | 正指标 | |
| 资本结构 | 负债权益比 | 负债总额/净资产 | 适度指标 | |
| | 长期资金固定资产比 | (股东权益＋长期负债)/固定资产 | 适度指标 | |
| | 保留盈余总资产比 | 未分配利润/总资产 | 适度指标 | |

(续表)

| 指标类型 | 指标名称 | 定义 | 指标性质 | 备注 |
|---|---|---|---|---|
| 现金流量 | 现金流量比率 | 经营活动的现金净流量/流动负债 | 正指标 | 本类中最核心的指标,克服了传统流动比率的缺陷,能够动态、历史地考察企业短期偿债能力 |
| | 现金再投资比 | (经营活动现金净流量－现金股利)/(固定资产总额＋长期投资＋其他投资＋营运资金) | 正指标 | |
| | 每股现金流量 | 经营活动现金净流量/股本 | 正指标 | |
| | 现金流量负债比 | 经营活动现金流量/负债 | 正指标 | |

上述各种指标从不同角度揭示了企业财务和资金周转情况。在实际运用的时候,应从企业的实际情况出发,予以全面考虑,才能得出正确的结论。比如在评价财务比率时应该考虑企业的生命周期对于企业财务指标的影响。企业处于不同的生命周期阶段时存在不同的财务特征,如果将企业的成长过程划分为创立期、成长期、成熟期和衰退期四个阶段,则可以发现:创立期的企业一般现金短缺,利润和现金流量指标较低都是常见的现象;而成长期的企业负债比率往往比较高;成熟期的企业现金充沛、流动比率较高,但业务增长比率却下降;衰退期的企业资产报酬率和销售净利率呈现逐年下降的趋势,最后可能转为负数。

此外,还应当意识到财务报表自身的局限性,这种局限性是导致以财务报表为基础的企业危机预警研究无法做到完全精确的重要原因。首先,财务报表是按照既定的会计规则,对企业财务状况的概括反映,并不能反映企业的全部信息;其次,财务报表的信息披露存在时滞性;最后,财务报表很可能受到操纵,数据不完全真实。因此要将财务报表分析法与其他预警方法有机结合,取长补短。

(二) 单变量模型法

单变量模型法是指运用单一变量、个别财务指标来预测财务风险大小的方法。通常,当所分析的财务指标趋向恶化时,意味着出现了财务危机的征兆。最早的财务危机预测研究是Fitz Patrick(1932)所做的单变量破产预测模型,研究发现,判别能力最高的是净利润/股东权益和股东权益/负债两个比率,而且在经营失败之前三年这些比率就呈现出显著差异。1966年,威廉·比弗(William Beaver)运用精确的统计方法,发现某些财务比率可以有效预见企业破产。他选择了行业规模相当的已经破产与正常运营的两组158家公司,通过对破产前5年的29个财务比率进行比较,发现在破产前5年就有比率警报,而且这些比率会迅速恶化,尤以最后一年为最。采用的研究方法包括均值比较、划分测试以及似然分析,而在所有比率中,以现金流量/债务总额的预测作用最强,在破产前一年中,其预测准确率达到87%。按照单变量分析法的解释,企业的现金流量、净收益和债务状况短期内难以改变,一般表现为企业的长期状况,而非短期因素,因此应对上述比率的变化趋势予以特别关注。单变量分析法中预警企业财务失败的比率主要有：现金流量债务比、资产净利率、流动比率、资产负债率、资产安全率（即资产变现金额/资产账面金额与资产负债率之差）等指标。部分地为了克服 Beaver 模型的缺陷，其他的单变量模型如资产负债分解模型（Balance Sheet Decomposition Model）、赌徒理论（Gambler's Ruin）等应运而生，但是，各种单变量模型均有任何单个指标无法全面地反映企业财务特征的致命缺陷。

### （三）多变量模型法

#### 1. Z 值方法

美国学者奥特曼（Altman,1968）提出多元 Z 值判定模型。这是目前在财务预警中运用最广的一种模型。该模型建立多元线性函数，运用多种财务指标加权汇总产生一个总判别分来预测财务危机。奥曼的样本来源为 1946—1965 年期间提出破产申请的 33 家企业和相对应的 33 家非破产企业。根据对统计检验的结果的分析，建立了如下判别函数：

$$Z = 1.2X_1 + 1.4X_2 + 3.3X_3 + 0.6X_4 + 1.0X_5 \qquad \text{（公式 17-1）}$$

其中：

$X_1$ = 营运资金/资产总额，即企业营运资金相对于资产总额的比率。$X_1$ 越大，说明企业资产的流动性越强，财务状况越理想。

$X_2$ = 留存收益/资产总额，即企业在一定时期内用收益进行再投资的比例。$X_2$ 越大，说明企业筹资和再投资的功能越强，企业创新和竞争力越强。

$X_3$ = 息税前利润/资产总额，反映企业不考虑税收和财务杠杆因素时的资产盈利能力。

$X_4$ = 权益市值/负债账面价值，主要反映投资者对公司前景的判断，它是资产市值对债务的比率。该值越高，说明企业越有投资价值，在成熟的资本市场中，该指标尤其具有说服力。

$X_5$ = 销售额/资产总额，该指标衡量企业资产获得销售收入的能力。

该模型的变量是从资产流动性、获利能力、偿债能力、营运能力等指标中各选择一两个最具代表性的指标，模型中的系数则是根据统计结果得到的各指标相对重要性的量度。按照这一模型，通过计算企业连续几年的 $D$ 值就可发现企业发生财务危机的征兆。

奥特曼根据对于过去经营失败企业的数据分析，得出了一个经验性的临界数据值，即 $Z = 3.0$。Z 记分值高于 3.0 的企业为较安全的企业，低于 3.0 的企业则为存在财务危机或破产风险的企业。此外，奥特曼还发现，如果一个企业的 Z 记分值低于 1.8，则该企业实际上已经潜在破产，如果不采取果断措施，将很难摆脱困境。具体来说，奥特曼提出的 Z 指标评价分类值如表 17-3 所示：

表 17-3　Z 指标评价分类值

| Z 值 | 短期出现破产的概率 |
| --- | --- |
| 1.8 以下 | 存在严重财务危机,破产几率很高 |
| 1.8—2.8 | 存在一定财务危机,破产几率较高 |
| 2.8—3.0 | 存在某些财务隐患,解决不好有破产的可能 |
| 3.0 以上 | 财务状况良好 |

多元 Z 值克服了单一变量模型出现的对于同一公司,不同比率预测出不同结果的现象。该模型在西方预测公司破产的准确率可以达到 70%—90%。按照奥特曼的思路,各国学者通过实证研究建立了自己的模型,比如,英国的塔夫勒(Taffler)在 1977 年提出了下列模型:

$$Z = 0.53X_1 + 0.13X_2 + 0.18X_3 + 0.16X_4 \quad \text{(公式 17-2)}$$

其中:

$X_1$ = 税前利润/流动负债;

$X_2$ = 流动资产/负债总额;

$X_3$ = 流动负债/资产总额;

$X_4$ = (流动资产 – 流动负债)/(经营费用 – 折旧)。

20 世纪 70 年代,日本开发银行调查部建立的破产预测模型为:

$$Z = 2.1X_1 + 1.6X_2 - 1.7X_3 - X_4 + 2.3X_5 + 2.5X_6 \quad \text{(公式 17-3)}$$

其中:

$X_1$ = 销售额增长率;

$X_2$ = 总资本利润率;

$X_3$ = 他人资本分配率;

$X_4$ = 资产负债率;

$X_5$ = 流动比率;

$X_6$ = 粗附加值生产率(即折旧费、人工成本、利息与利税之和与销售额之比)。

台湾的陈肇荣根据台湾的情况也提出了破产预测的判别函数:

$$Z = 0.35X_1 + 0.67X_2 - 0.57X_3 + 0.29X_4 + 0.55X_5 \quad \text{(公式 17-4)}$$

其中:

$X_1$ = 速动比率;

$X_2$ = 静态资金状况(营运资金/总资产);

$X_3$ = 固定比率(固定资产/资本净值);

$X_4$ = 应收账款周转率;

$X_5$ = 动态资金状况(现金流入量/现金流出量)。

2. ZETA 模型

1977 年 Altman、Haldeman 和 Narayanan 提出了 ZETA 模型,它包括了经营收益/总资产、收益稳定性、利息保障倍数、留存收益/总资产、流动比率、普通股权益/总资本和普通股权益/总资产这 7 项比率。这一次的模型选取了 1962—1975 年 53 家破产企业和 58 家配对的正常公司,样本公司的平均资产规模在 1 亿美元左右,而且包括了相当数量的零售类企业,因此 ZETA 模型的适用性有所提高。

此次研究利用 27 个初始财务比率进行区别分析,最后模型选取的 7 个解释变量具体定义见表 17-4:

表 17-4　ZETA 模型的 7 个解释变量的含义

| | |
|---|---|
| $X_1$ | 资产报酬率,采用息税前收益与总资产之比衡量。在以前的多变量研究中,该变量在评估企业业绩方面相当有效。 |
| $X_2$ | 盈余的稳定性,采用对 $X_1$ 在 5—10 年内估计值的标准误差指标作为这个变量的度量。收入上的变动会影响到公司的风险。 |
| $X_3$ | 债务保障,可以用人们所常用的利息保障倍数,即息税前利润与总利润偿付之比来度量,这是固定收益证券分析者和债券评级机构所采用的主要变量之一。 |
| $X_4$ | 累计盈余,可以用公司留存收益(资产－负债)/总资产来度量。该比率对于 Z 值模型尤其有效,它需要考虑以下因素:公司年龄、公司股利政策以及不同时期的获利记录。不管是单变量法还是多变量法,该比率都是最重要的。在非上市公司的该比率计算中,分子部分用公司净资产的账面价值代替权益市场价值,因为非上市公司是没有市场价值指标的。 |
| $X_5$ | 流动性,可以用人们所熟悉的流动比率衡量。 |
| $X_6$ | 资本化率,可以用普通股权益与总资本之比来衡量。在分子和分母中,普通股权益可以用公司 5 年的股票平均市场价值来衡量,而不是简单地使用账面值。5 年平均市场价值可以排除可能出现的严重的以及暂时性的市场波动,同时和上面的 $X_2$ 类似,引入了趋势的成分。 |
| $X_7$ | 规模,可以用公司总资产的对数形式来度量。该变量可以根据财务报告变动进行相应的调整。 |

研究表明,ZETA 模型用于预测五年和一年之后的财务危机企业时,精度分别为 70% 和 91%,而且对相同样本的比较分析表明,ZETA 模型明显优于 1968 年奥特曼发明的 Z 模型。

3. 多元逻辑回归

Ohlson(1980)使用了多元逻辑回归方法分析了 1970—1976 年间破产的 105 家公司和 2 058 家公司组成的非配对样本,发现用公司规模、资本结构、业绩和当前的变现能力进行财务危机的预测准确率达到 96.12%。Bartczak 和 Norman(1985)运用多元判定分析和条件逐步逻辑回归分析两种方法对 1971—1982 年申请破产的 60 家公司和同时期的 230 家非破产公司进行研究,结果发现,经营现金流的数据提供并不能增加预测能力。Tirapat 和 Nittayaga setwat(1999)运用多元逻辑回归模型研究了 1997 年泰国企业的破产情况,认为宏观经济条件可以在一定程度上反映潜在的企业财务危机,如果一家企业对通货膨胀的敏感度越高,其陷入财务危机的风险越大。

(四) 其他方法[①]

1. 个案分析法

个案分析法是最为传统,也是使用最为广泛的一种企业财务危机分析方法。在系统的单变量或多变量模型产生之前,人们研究企业失败往往是通过观察企业财务危机的案

---

[①] 杨雄胜:《高级财务管理》,东北财经大学出版社 2003 年版,第 378 页。

例,来试图从中找出企业陷入财务危机的规律性表现。即便在各种新的财务预警模型和技术方法兴起以后,个案分析法也没有消亡,反而成为一种能与各种模型方法共分天下的研究方法。其原因就在于财务失败、财务危机的特性极其复杂,没有任何一种模型能够一劳永逸地发现和解决所有危机情形。同时,陷入危机的企业有时候无法提供非常完善、准确和全面的财务信息,此时个案分析法能很好地帮助人们从其他管理信息中寻求企业财务预警的信号。

2. 野田式企业实力测定法

日本的野田武辉(1998)提出了测度企业危险度的"野田式企业实力测定法"。他认为在对企业进行财务预警的过程中,过多的数据和信息并不能有效地帮助人们发现危机的征兆,反而让人无所适从。因此,他提出了另外一种解决方案:对利润表和资产负债表的诸多信息予以提炼,归纳出四个最基本的要素,即增长性、综合收益性、短期流动性和长期安全性,通过分析这四个要素,来发现企业潜在的财务危机。上述四类要素分别可以从如下财务指标来进行测算:

(1) 增长性:人均销售额 = 年销售额/企业职员数;
(2) 综合收益性:总资本正常利润 = 正常税前利润/总资产;
(3) 短期流动性:流动比率 = 流动资产/流动负债;
(4) 长期安全性:固定长期适合率 = 固定资产/(所有者权益 + 长期贷款)。

前三个指标数值越高,企业的安全性越高;而第四个指标数值越低,企业安全性越高。使用该方法时,可以将准备进行判别的企业与同行业企业的指标平均值进行比较,来确定企业是否存在财务危机隐患。具体计算方法如下:

前三类指标 = 5 × 企业指标/标准值;
固定长期适合率 = 5 × 标准值/企业指标;
指标得分 4—5 分为安全,2—4 分为警戒,2 分以下为危险。

3. A-得分分析法

约翰·阿根蒂于1983年提出了预测企业破产的A-得分分析法。他按照若干种不同的缺陷、错误和征兆给企业打分,还根据这几项对破产过程产生的影响大小分别对它们作了加权处理。其中包括:

(1) 缺陷。包括独断专行的领导者、董事长和总裁,被动的董事会,技能高低不平衡,负责财务管理的经理能力差,管理缺乏深度,预算没有控制,没有现金周转规划,没有成本核算制度,应变能力差。

(2) 错误。包括过度举债经营、过量交易、过分依赖大项目等。

(3) 征兆。包括虚假财务报表、非财务迹象、晚期迹象等。

A-得分分析法简便易用,所以被广泛地运用到很多领域,包括比较初步的企业诊断。但这种方法由于主观性太强,限制了其获得进一步的推广和应用。

4. 人工神经网络法

运用神经网络技术来实施企业财务预警研究是当代财务危机管理领域的一个热点,因为神经网络技术具有自我学习、推理联想、归纳判断和积累经验的能力,可以有效地提高预警模型的精度和有效性。神经网络模型不要求样本符合正态假设,也不存在变量的多重共线性问题,同时神经网络通过样本学习来获得输入、输出间的客观关系,减少了人为主观因素的干扰。

5. EDF 模型

KMV 公司的 EDF 模型的基本思想是,如果资本市场有效,则关于被评价公司的信用状况、资产价值的所有信息都全部在股价的波动中得到了反映,可以根据公司资产价值的波动性(通过该公司股票价格的波动性测算)来衡量公司资产价值水平下降到违约触发点水平的概率,即公司违约概率,如图 17-4 所示。因为资产价值 = 账面价值 + 股权价值,其中负债的账面价值波动性可以近似为 0,则公司资产价值的波动情况可以由股票价格的流动性得到。

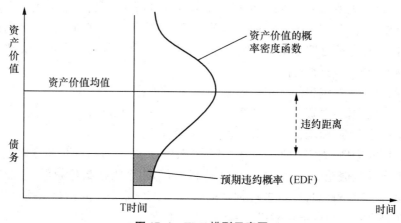

图 17-4　EDF 模型示意图

公司违约的可能性被定义为公司资产价值小于违约点(负债水平)的概率。EDF 模型用公司资产价值与违约点的差距来表示,具体是用资产波动性的标准差来衡量和标准化,即公司的预期价值到违约点的"距离"是公司价值的多少倍,也被称为"违约距离"(distance to default)。

6. 经营雷达图法

经营雷达图法是以企业财务报表为依据,计算企业的五类财务指标,分别是:盈利能力(总资产利润率、净收益率、息税前营业收益率等)、生产性(人均销售收入、人均利润等)、成长性(总利润增长率、销售收入增长率等)、活动比率(总资产周转率、固定资产周转率等)、安全性(流动比率、速动比率等)。同时,以相应的行业指标水平为标准,生成五个纬度的雷达图。这种方法最大的优点在于可以形象地反映企业总体经营状况、竞争能力、扩大经营所面临的风险等情况。

## 二、财务危机的诊断系统

上一节对目前财务危机预警领域主要的财务预警方法作了简要的介绍,所有这些方法的目的都是帮助企业以及投资者及时诊断出隐藏的财务危机因素,从而及时采取正确的措施来减少损失。一个运行有效的财务危机诊断系统不仅需要综合运用相关财务危机预警模型,同时还需要企业不同部门的密切合作,从而形成一项有效的系统工程,即构建企业财务预警系统。具体来说,它可以划分为总体财务预警体系和分部门财务预警体系两部分。前者主要是用于掌握公司的财务运作整体是否存在潜在危机,使经营者能够预先全面了解企业的财务状况和财务运营中可能存在的盲点。后者则是要按照企业的主要经营模块,设立分部门的子系统,旨在辅助公司财务危机诊断系统来深入追寻危机产生的根源,以便对症下药,同时也有利于协调跨部门的矛盾,促进公司综合效益的提高。企业财务危机诊断系统的一般模式可以用图17-5所示的流程图来加以形象地表示:①

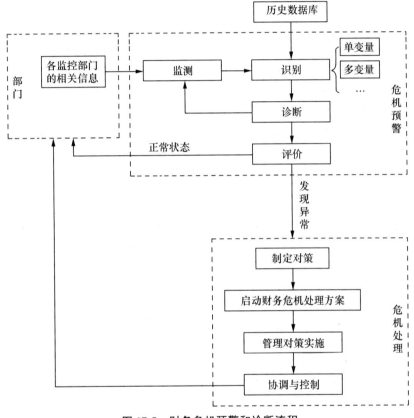

**图 17-5　财务危机预警和诊断流程**

其中,监测、识别、诊断和评价这四个环节构成了财务预警系统的核心,其各自的主要内容和特点如下:②

(1) 监测。财务预警活动的前提,是以企业重要的生产经营环节为监测对象,即重点关注最可能出现财务危机或对财务状况具有举足轻重影响的活动环节和领域。检测的对象是前面所述的企业运营过程中具有表征性的财务指标;检测的方法是通过过程监视,形成监控信息档案;检测的目的是及时发现问题或可能出现问题的苗头。

---

① 李秉祥:《我国上市公司财务危机预警及其管理对策研究》,天津社会科学院出版社2003年版,第120页。
② 杨雄胜:《高级财务管理》,东北财经大学出版社2003年版,第378页。

(2) 识别。这一环节是财务预警的关键环节,它主要是通过对检测信息的分析,来发现企业已经存在和将要发生的危机。识别的关键在于确立适当的评价体系和评价标准。

从评价体系来看,不同的预警模型都有其各自的利弊和适用范围,企业应紧密结合企业实际情况来选择预测模型和指标。诸如企业所处行业及行业背景、企业的经营周期、交易付款方式等都是应当考虑的重要因素。

(3) 诊断。这一环节主要是要对已经识别出的危机因素进行成因、过程分析,明确其趋势,发现其根源,从而搞清哪些因素是主要矛盾,哪些因素是附属和次要矛盾,为进一步制定对策打下基础。在实际实施过程中,这一环节应该同前面的监测、识别紧密结合,三者共同构成一个严密的危机信号过滤体系。

(4) 评价。这一环节的主要任务是要对已经确认的危机现象的影响和后果进行评估,以明确企业因此所遭受的影响以及未来可能继续受到的影响。

从上面对财务预警四个环节的分析可以看出:监测活动是财务预警展开的前提,没有明确和清晰的监测体系,识别、诊断和评价都是空中楼阁,失去了存在的基础。而识别活动对于潜在财务危机所做出的判别可以使企业在纷繁复杂的现象中确立预警工作的重点,从而使得下面的诊断和评价有明确的目标。诊断和评价实际上是密不可分的两个环节,它们是对识别出的危机进行进一步的技术分析,通过对财务危机的成因、过程及影响的评价,为企业采取正确的预控对策和后期处理提供科学的判别依据。

# 第四节 财务危机的危害和影响

财务危机是企业的生死存亡的转折点,影响深远而广泛。应对措施得当,则企业能得以重生;反之则可能引发一系列连锁反应,导致企业破产倒闭,甚至危及该企业相关的方方面面,造成社会危机。Wruck 对美国公司的财务危机的演化过程进行了研究,给出了图 17-6 所示的企业财务危机演化树。

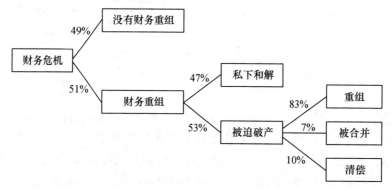

**图 17-6 企业财务危机的演化树**

资料来源:Karen H. Wruck, Financial Distress: Reorganization and Organizational Efficiency, *Journal of Financial Economics*, 27(1990).

如图17-6所示,财务危机一旦发生就会对企业的前途和命运产生重大的影响。发生财务困境的企业只有49%能够凭借自身力量走出危机,而剩余的企业则不得不借助重组来解决危机。即便如此,在这部分企业中,仍然有53%最终不得不破产。

由此可见,财务危机如果不能及时处理,对企业的危害将无法估量,危机发展到极致可能会导致企业经营终止,破产倒闭,甚至会对企业相关各方的利益产生广泛的影响,如因发生财务危机引发上市公司股价大幅下跌抑或中断经营而退市,股东损失巨大,管理层解雇重组,员工失业,由此影响到更广泛的社会群体。

日本的野田武辉研究了企业由于亏空引起的资金筹措困难并最终倒闭的基本过程。① 他认为,企业连续亏空5年以上就有可能倒闭,根本原因在于长期亏空将导致资金周转困难,并最终导致贷款增多,对企业构成巨大压力。在经济景气时期,企业发生筹资困难多是由于大规模进行设备投资,造成贷款负担过重,但此时企业效益较好,如果能将贷款和其他债务暂时冻结,企业将有可能起死回生,甚至东山再起;但由于企业的持续亏空,销售能力下降和成本过高导致资金困难,将有可能按照下面这样的过程使企业走向破产倒闭。

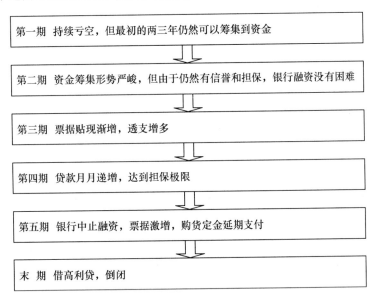

图 17-7 财务危机的典型演化过程

# 第五节 财务危机的预防

上面各节论述的基本前提是财务危机已经发生或已初露端倪。在这种情况下,不管企业的应对措施如何得当,损失和不良影响已经产生。而对于正常经营的企业,如何防

---

① 野田武辉著,陈建、李进、李晓肃译:《企业危机预警:中小企业倒闭内幕探密》,时事出版社1999年版,第71—72页。

患于未然,加强财务危机的预防则是一个更为重要的问题。我们知道企业财务危机归根到底产生于企业面临的财务风险失控。因此,下面我们将把关注的重点转移到正常企业,分析其在日常运作过程中都面临哪些财务风险,以及我们应该如何控制财务风险,以从根本上预防财务危机的发生。

## 一、财务风险的定义

财务风险是指企业财务成果和财务状况的风险。狭义的财务风险由企业负债引起,主要指企业丧失偿债能力的可能性。狭义的财务风险同企业的经营风险、资本市场风险共同构成了企业所面临的风险主体。而广义的财务风险是指企业的财务系统中客观存在的,由于各种难以预料和控制的因素作用,使得企业的财务收益发生与预期的偏离,从而蒙受损失的机会和可能。[①] 它不仅包括由使用财务杠杆带来的狭义财务风险,还包括信用风险、利率风险、汇率风险、投融资风险等更广泛的内容。显然,要更有效地预防财务危机,我们关注的重点应该不只局限于狭义的财务风险,而应加以拓展,也即以广义的财务风险作为财务危机预防的控制对象。

## 二、财务风险的种类

广义的财务风险所涉及的领域广泛,具体包括:

1. 筹资风险。这部分风险主要与企业的资本结构以及财务杠杆有关。资本结构的优劣关系到企业的价值,也关系到企业财务安全,甚至企业的成败。当企业的投资利润率高于借款利息率时,负债,即财务杠杆可以提高企业自有资金的利润率;反之,则不仅会加速自有资金利润率的降低,而且还可能将企业拖入资不抵债的泥潭。简而言之,企业主要的筹资风险有两种:一种是财务杠杆率过低,没有充分利用负债经营带来的避税作用和杠杆作用;另一种是财务杠杆率过高,企业经营对借入资金严重依赖,使得一旦投资利润率下降,利息和还本的负担将危及企业的财务安全。因此,这两类筹资风险应当成为财务危机预防的重要监控内容。

2. 投资风险。企业投资一般包括证券投资、项目投资、合资联营等方式。不论哪种类型的投资,其最终结果都具有不确定性,可能出现投资利润率不足、项目回收期过长、投资不能收回等各种意想不到的情况。比如,证券投资可能受到国家政治经济形势的影响;合资联营、项目投资可能会受到原材料供应、市场壁垒等因素制约。无论哪种情况,都会对投资的效益产生影响,从而引发投资风险。为了防范财务危机,企业尤其要避免规模与企业资源不相适应,且风险高、回收慢的投资项目。

3. 利率风险。利率变化直接影响企业的融资成本和利息负担。在利率市场化及波

---

① 杨雄胜:《高级财务管理》,东北财经大学出版社2003年版,第378页。

动幅度大的市场经济体系里,利率风险可以成为诱发金融机构和高负债企业财务危机的重要因素之一。

4. 汇率风险。随着经济全球化进程的不断推进,国际投融资、国际贸易成为企业发展壮大过程中的一条必由之路。而只要涉及国与国之间的货币兑换,就必然涉及汇率问题。自从20世纪70年代初期国际货币体系崩溃以来,大幅度的国际汇率波动一方面为国际资金活动提供了机会,另一方面也带来了巨大的潜在汇率风险。

5. 其他风险。这涵盖了上述几种财务风险以外,可能对企业财务运营效率产生影响的各种风险因素。比如,企业经营亏损风险、财产跌价损失风险、应收款项坏账风险、流动性风险等。

## 三、财务风险的控制框架

(一) 财务风险分类控制

在对企业现存或潜在的财务风险作了分类和识别后,企业所面临的工作是对上述风险进行系统的分类控制。

1. 筹资风险的控制。主要可以从两个方面入手:首先是通过对筹资方案的可行性研究,来选择经济合理的筹资方案;其次是合理安排借入资金的比率,使得企业的资本结构维持在一个合适的水平上。

2. 投资风险的控制。这主要可以从三个方面来考虑:首先是通过加强投资项目的可行性研究工作,合理预测风险发生的可能性和后果的严重程度,科学利用合理的投资决策模型,做出正确的项目取舍抉择;其次是要通过构造合理的投资组合来分散投资风险;最后是要通过其他措施来合理转移企业的投资风险。

3. 利率风险控制。企业可以通过资产负债结构的适当安排,包括负债的期限结构、利率结构(浮动或固定利率的选择)等的安排和利率类衍生产品来防范、对冲利率风险。

4. 汇率风险控制。这方面主要是通过有目的地选择计价货币、币种组合、对冲手段、衍生金融工具等,来有效地规避汇率波动的不良影响。

5. 其他风险控制。比如对于存货,可以通过制定合理的经济订货批量、灵活的销售策略等,来消除存货积压、存货贬值等因素的风险;对于现金,则应加强财务核算的内控制度建设,合理分工、互相监督,同时加强现金预算审批管理。

(二) 建立财务预警分析指标体系

产生财务危机的直接原因是财务风险处理不当,财务风险是现代企业面对市场竞争的必然产物,加强企业财务风险管理,建立和完善财务预警系统尤其必要。企业可以通过编制现金流量预算,建立短期财务预警系统;同时可以通过确立财务分析指标体系,建立长期财务预警系统。

首先,建立短期财务预警系统,编制现金流量预算。企业现金流量预算的编制,是财务管理工作中特别重要的一环,准确的现金流量预算,对应收、应付账款及存货等因素进行监控,可以为企业提供预警信号,使经营者能够及早采取措施。其次,建立长期财务预警系统,其中获利能力、偿债能力指标最具有代表性。一般来讲,企业都会有债务负担,所以便有筹资风险。因此,要根据预警信息权衡举债经营的财务风险,并确定债务比率。应将负债经营资产收益率与债务资本成本进行对比,只有前者大于后者,才能保证本息到期归还,实现财务杠杆收益;同时还要考虑债务清偿能力,即企业拥有多少现金或其资产变现能力的强弱,债务资本在各项目之间配置的合理程度等。

### (三) 合理确定债务规模

企业进行负债经营决策时,首先应该考虑企业举债的规模和偿债能力。一般而言,确定负债规模应该考虑以下因素,即企业的成长性、资产回报率、现金流量及其波动性、自有资金规模等。具体说来,适当的负债规模应当符合以下条件:

1. 负债经营有利于提高经营者业绩,使企业获得"杠杆效应",降低资金成本,提高权益资本收益水平。

2. 负债经营给企业带来的财务风险在合理范围,不至于引发重大财务危机。

## 四、财务风险的防范措施

财务风险存在于财务管理工作的各个环节,不同的财务风险产生的具体原因不尽相同。因而,如何防范企业财务风险,化解财务风险,以实现财务管理目标,是企业财务管理的工作重点。面对不断变化的财务管理环境,企业应设置高效的财务管理机构,配备高素质的财务管理人员,健全财务管理规章制度,强化财务管理的各项基础工作,使企业财务管理系统有效运行,以防范因财务管理系统不适应环境变化而产生的财务风险。

第一,企业必须保证其财务管理人员具有强烈的风险意识。应通过会计政策和会计策略来解决现阶段和未来的企业财务风险问题。而财务风险存在于财务管理工作的各个环节,任何环节的工作失误都会给企业带来财务风险,财务管理人员必须将风险防范贯穿于财务管理工作的始终。

第二,确定恰当的财务风险处理原则。一般说来,包括以下方面:(1) 企业在损失发生以前应以预提方式或其他形式建立一项专门用于防范风险损失的基金;在损失发生后,或从已经建立了风险基金的项目中列支,或分批进入经营成本,尽量减少财务风险对企业正常活动的干扰。建立企业资金使用效益监督制度。(2) 加强流动资金的投放和管理,提高流动资产的周转率,进而提高企业的变现能力,增加企业的短期偿债能力。(3) 注重投资决策问题。投资决策是企业重大经营决策的主要内容之一,直接影响企业的资金结构。企业决策者必须做好投资项目的可行性分析。

第三,提高财务决策的科学化水平,防止因决策失误而产生的财务风险。财务决策的正确与否直接关系到财务管理工作的成败,经验决策固然不容忽视,但我们也必须看到,此种主观决策会使决策失误的可能性大大增加。为防范财务风险,企业应采用科学的决策方法。在决策过程中,应充分考虑影响决策的各种因素,尽量采用定量计算及分析方法,并运用科学的决策模型进行决策。

第四,理顺企业内部财务关系,做到责、权、利相统一。为防范财务风险,企业必须理顺内部的各种财务关系。要明确各部门在企业财务管理中的地位、作用及职责,并赋予相应的权力,真正做到权责分明,各司其职。而在利益分配方面,应兼顾企业各方利益,以调动各部门参与企业财务管理的积极性,从而真正做到责、权、利相统一,使企业内部财务关系清晰明了。

第五,建立财务"预防"机制,正确把握企业负债经营的"度"。企业进行负债经营决策时,首先应该考虑企业的举债规模和偿债能力,量力而行。

# 思考与讨论

1. 什么是财务危机?一般有哪些征兆和表现?
2. 简述财务危机的预警方法。
3. 如何预防财务风险和财务危机?

## 附录1
## 金乌集团:高利贷重压下的企业崩溃

金乌集团有限公司注册资本为8 000万元,创建于1994年,股东为两个自然人,分别是张政建85%,张金碧15%。除了金乌集团之外,张政建还拥有10个左右的其他公司,其中浙江娇丽袜业制衣有限公司是其主业公司,注册资本金为5 000万元,由金乌集团有限公司控股90%。

金乌集团主要从事袜业、服装生产和加工;化纤棉纱等纺织品原料批发;广告、文化传播;音像出版发行;外贸出口;农业综合开发;酒店等。旗下拥有浙江娇丽袜业制衣有限公司、义乌市万盛化纤有限公司、阿联酋迪拜金乌国际集团有限公司、义乌山图商务酒店有限公司,义乌市千叶创意传播有限公司等数家企业。

20世纪80年代,刚刚初中毕业的张政建就只身来到河南省安阳小商品市场经商,而后又前往河北石家庄经销袜子生意。1991年,他回到义乌,租了店面从事袜子批发。之后在1994年,他创办了浙江娇丽袜业有限公司,开始从事袜子服装的生产加工。1998年,张政建以浙江娇丽袜业和制衣有限公司为基础,组建了金乌集团有限公司,到崩盘前已经发展到14家子公司。

2008年7月,金乌集团资金链已经断裂,可能高达20亿元的巨额债务中大部分属于民间借贷的高利贷。高利息率的高利贷正是压垮金乌集团这匹骆驼的最后一根稻草。金乌集团不仅无力偿还借款,工资也开始无钱发放。曾经风光一时的金乌老板不得已远走高飞,避逃国外。浙江省诚信企业、"义乌第一纳税大户"金乌集团土崩瓦解,其旗下资产被拍卖还债。

### 高投入带动高成长

借着中国制造业高速发展的东风,金乌集团的经营业绩一路扶摇直上。2004年,张政建投资1亿多人民币,拿下了中国在迪拜的最大商贸城——"龙城"的500间商铺。而后,他又转回义乌为这些商铺招商,此举使义乌及其周边地区的几十个知名品牌打入了中东市场;同时,此举也让张政建一鸣惊人,成为当地商界的风云人物。

张政建从一个只有初中文化程度的小商贩,经过20多年的努力成为资产上十亿企业的集团老总,可以说创造了一个商业奇迹。然而,商业上的巨大成功并没有使他思维上成长为一个优秀的企业家,而是依然保持着小商人的精明和短视;同时,过去的辉煌业绩也更加膨胀了他建立庞大的商业帝国的野心。于是,张政建开始过分迷信所谓"规模经济",盲目进行产业扩张。

### 祸根源于高负债下的疯狂扩张

看到地产投资的巨大利润,金乌集团及其相关企业进行了大规模的"土地"扩张,先后投资3亿元购买写字楼、土地、开发酒店以及建设厂房等。然而,这样大手笔的投资并非出自自有资金,张政建在地产的投资大部分来源于外部资金。

2006年之前,张政建的借款主要来自银行。然而,随着金乌帝国的负债率不断提高而资金需求量的不断增加,其融资开始转向民间借贷。钱的来路比较复杂,义乌本地较多,其他还包括诸暨和永康等地。从最早的月息2—3分,到超过6分,中间仅仅隔了两年不到的时间。

为迅速抓住"转瞬即逝"的商业机会,张政建的"如意算盘"是:依靠民间借贷的高利贷来支付土地出让金,然后等土地手续办完再向银行融资,归还民间借贷。看似环环相扣、天衣无缝,事实上这种"空手套白狼"的"资本运作"潜藏着巨大的危机。这些地产投资都是前期投入,短时间内并不能产生回报;借高利贷来支付前期资金,一旦宏观环境恶化,银行银根紧缩,资金链就肯定要出问题。

果然,2007年下半年开始,由于银根紧缩,加之风闻金乌集团借入一定数额的高利贷,各家银行纷纷终止继续放贷,并开始催收金乌集团的贷款。贷款催收成为了金乌集团资金链绷断的导火索,张政建的债务危机大规模爆发。

"最先出问题的是化纤厂,接着是酒店,然后是外贸公司,最后连最稳定的袜子厂和衬衫厂也撑不下去,倒了。"知情人透露,自2008年5月以来,金乌集团连续关闭了旗下的万盛化纤、山图酒店、金乌外贸、芳樟生物技术等数家公司。7月8日起,金乌集团在浙江省内的最后一家公司——娇丽袜业制衣公司的两条生产线也正式停产,拥有14年发展历史的金乌集团土崩瓦解。

截至2008年7月16日,金乌集团及其相关企业总共有涉及8家银行的贷款共2.98亿元。银行贷款还只是其债务中的一小部分,更加严重的债务危机是无法确切统计的民间借贷。据其债权人统计,金乌集团的民间借款总额达到13.7亿元。

### 思路决定出路

是什么原因使金乌人14年来辛苦建立的,业务覆盖纺织、化工、文化、酒店等多个行业,子公司数量多达14家的集团,在不到两个月的时间里土崩瓦解?作为资产规模上十亿元的企业集团,金乌集团资金链断裂、面临生存危机的直接原因是过度依赖高利贷这个企业必须万分小心的融资方式,但问题并非仅此而已。这也绝非金乌集团一家以及张政建个人独有的问题,而是中国众多大而不强的所谓"明星企业"普遍面临的难题。

近来,金乌集团、飞跃集团等明星民营企业相继陷入资金困局、濒临倒闭。该类企业领导者的共性是:缺乏高瞻远瞩的目光,追逐短期利益,导致很多投资带有投机心理,缺乏一种将主营业务做精做深的态度;同时,缺乏对市场环境变化的敏锐嗅觉,看不到商业环境变化的警讯,无法根据宏观环境的变化及时调整企业的发展战略目标。

资金链断裂的状况,台湾企业在20世纪60、70年代也曾遭遇过。当时也有大批企业向地下钱庄借钱,结果陷入高利贷陷阱,成批死掉或者改行。但经过一系列转型措施,一些优秀的台湾企业在本地市场上形成了自己的竞争力。

思路决定出路,民营企业要想基业长青,必须避免短线思维和机会主义。尤其是在财务安排方面,企业须设法拓展融资渠道,合理安排资本结构,保障发展速度、企业规模与金融资源的匹配。

资料来源:据新浪财经等媒体系列报道编写。

## 讨论题

1. 从金乌案例,谈谈你对"财务杠杆"这把双刃剑的认识。
2. 金乌的高财务杠杆让其WACC(平均资金成本)变高了还是变低了?请说明理由。
3. 金乌崩盘仅仅是因为负债率过高这么简单吗?你认为还有什么别的重要原因?
4. 你认为什么样的扩张速度才是合理的?或者说究竟该如何处理企业扩张和财务资源之间的关系?
5. 金乌集团的崩溃是必然的还只是因为运气不好?如果是必然的,为什么会有那么多企业前赴后继重复这条不归路?

## 附录2
## 北京大学教授周春生:中国民营公司财务风险令人担忧

"改革开放20年来,我国的民营经济从无到有,成为国民经济发展的一支重要生力军。然而与此同时我们也发现:中国民营上市公司的财务风险的平均水平,显著高于国有控股上市公司;同时在市场竞争日趋激烈的情况下,民营企业所面临的财务风险还呈现出逐年上升的趋势。"

北京大学光华管理学院金融系教授、北京大学民营经济研究院特聘高级研究员周春生日前指出,我国民营企业发展过程中广泛出现的筹资困难、管理水平低下、人才机制不灵活、设备科技含量低、决策盲目等问题,集中体现在较高的财务风险上;为扭转这一状况,首先应在思想上高度重视这一情况,其次在行动上还必须制定有效的针对性措施。

**忽略危机导致消亡**

"资料表明,中国民营企业平均寿命不到十年,不少名声在外似乎如日中天的企业,却昙花一现般迅速垮掉了,更多的则在财务、税务、经营等风险下负重运行,勉强维持。"

周春生所说的"昙花一现"的代表,包括三株、德隆、格林柯尔等。虽然国家工商总局的统计显示,截至2003年底,我国民营企业总数超300万家,占全国企业总数的98%、工业产值的60%、工业增加值的40%、实现利税的77%、出口额的60%、城镇就业机会的75%,年产值增长率一直保持在30%左右,远高于同期国民经济增长速度,为国家的经济增长和社会稳定做出巨大贡献。但与这个整体发展形势相对,上述几家企业的迅猛增长仍然堪称"神话"。然而,神话的崩溃,似乎也是如此地容易。

1994年组建的三株实业有限公司,因在一起消费者病故的法律纠纷中一审败诉,并被媒体大量报道,从1998年4月开始年销售收入猛然从80亿元下跌到1 000万元,随后全面亏损、全面停产。

比三株实业更加著名的德隆集团,一度是我国最大的民营企业集团之一,2002年底拥有包括全资和参控股公司20余家。然而,2004年起德隆资金链条崩断的事实逐渐浮出水面,引发剧烈的社会动荡,短短两个月内曾经创造世界企业扩张奇迹的资本巨人颓然倒下。

"三株和德隆的遭遇,在很大程度上反映了我国近年来蓬勃发展的民营企业风险、危机管理的现状和隐忧。"周春生指出,中国民营企业的老板们似乎天生就有一种投资做大的冲动,不少在短短几年之内就做大规模、打入多个行业,这是市场调节优越性的最好体现;但不可忽视的是,这种超常规增长背后同时隐藏着高风险——中国许多民营企业在逐渐做大的过程中,并没有相应做强。

虽然大众往往更多关注民营企业创造的财富神话,但作为金融专家,周春生更加关注的是其必须面对的经营风险和危机。在北京大学民营经济研究院和国家自然科学基金有关项目的支持下,他和研究生一起,就中国民营企业的财务风险专门展开了实证研究。

**财务风险确在上涨**

在金融研究领域,企业的财务风险有特定的定义和研究方法。周春生指出,财务风险的学术定义是:在各项财务活动过程中,由于各种难以预料或控制的因素影响,使财务收益与预期收益发生偏离,从而使企业有蒙受损失的可能性。

财务风险通常分为两类:一类是短期财务风险,要求公司用较快的变现能力,即资产的流动性来化解,一般用资产流动比率和速动比率(短期内可流动资产比率)测度;一类是长期财务风险,主要用资产负债率和利息保障倍数等指标来衡量。

周春生介绍,当一家企业的财务风险恶化到一个极端情形,就形成所谓的财务失败或者说是财务困境,这时它完全无力偿还到期债务的困难和危机,大体相当于人们经常说的资金链条断裂。从财务角度衡量,财务失败时企业账面总资产低于总负债、现金流入小于现金流出。

据了解,财务管理专家研究企业财务风险控制的水平,实际上就是分析企业"出现财务失败的可能性"。国际上判断企业财务失败可能性的办法,一般要通过专门的财务失败预警模型。该模型是利用及时的数据化管理方式,通过全面分析反映企业内外部经营情况的各项资料,将企业存在潜在的财务失败风险预先告知经营者和其他利益相关者的一整套工具。

周春生等采用美国学者奥特曼提出的"多元 Z 值判定模型"——该模型基于多种财务指标建立多元线性函数,以加权汇总后产生的"Z 值"来预测财务危机——从出现财务失败可能性大小的角度出发,对比我国上市公司中民营控股企业和国有控股企业在财务风险控制领域是否存在显著性差异,并试图找出出现这种差异的原因。

周春生研究发现:民营组平均"Z 值"远低于国有组,其财务风险显然普遍高于国有控股上市公司;从时间趋势上来看,民营控股上市公司 2000—2004 年"Z 值"逐年下降,所面临的财务风险呈现出逐年上升的趋势。

进一步研究显示,2000 年至 2004 年民营控股上市公司的资产流动比率均值低于国有控股上市公司,而波动率明显高于国有控股公司,短期财务风险形势更为严峻;同时民营控股公司的资产负债率均值大大高于国有控股上市公司,这种差距还呈逐年扩大趋势,说明一旦出现突发事件,很可能因为无法偿付到期债务而陷入危机甚至导致破产。

**严格制度早作防范**

"我们的分析说明,我国目前的民营上市公司所面临的财务风险,无论是从绝对水平还是从波动水平上,都要大于同期的国有企业。因此广大民营企业管理者必须提高警惕,树立风险意识,加快完善企业财务风险管理体系。"周春生指出,只有这样,民营企业才可能走上健康稳定的发展道路。

三株和德隆在风险面前极端脆弱,周春生认为其中的原因多样,但其中一个关键的因素在于,企业缺乏危机意识和风险与危机管理的手段、工具和能力,无法驾驭从天而降的危机。如果说三株的衰亡尚可算作偶然,那么德隆的问题特别是其资金黑洞问题,则完全暴露出民营企业集团在产业扩张和资本运作、财务风险防范和化解等方面所存在的弊端和缺陷。

周春生指出,中国目前正处于经济转型时期,民营企业所面临的动态性尤为明显,高度的动态性带来更大的风险性,本身是一条自然法则,但到底如何应对危机,则切实反映出管理者经营水平的高低。他认为,当前民营企业管理者要树立牢固的风险管理意识,认清我国加入 WTO 后,企业外部经济、法律、市场、文化、资源等宏观环境的转变,以及民营企业内部普遍存在的治理机制不健全、集权式管理等微观环境的特点,彻底扭转"只要管好用好资金就不会有任何风险"的错误观点。

那么除此之外,到底应该如何加强民营企业的财务风险防范工作?周春生认为应着重做好如下三方面的工作:

首先,要从宏观环境上支持和引导,创建激励民营企业发展的财务金融环境,解决民营企业融资难的发展瓶颈问题。可以从加大信贷支持力度、拓宽直接融资渠道、鼓励金融服务创新、改进对非公有制企业的资信评估制度、建立健全信用担保体系等多方面,为民营企业财务健康发展提供良好外部环境和激励;还应强化外部监督,更多地借助外部力量,帮助民营企业实现财务管理的规范化。

其次,要从公司治理结构上加以规范。民营企业要积极吸收企业高级管理者、技术人员,让他们持股,唤起其主人翁意识,对家族式的模式进行所有权、经营权分离的改革,避免因个人决策失误带来的损失。管理制度创新的方向,一是建立起母子公司管理体制和以集团公司为投资中心、以专业公司为利润中心、以生产公司为成本中心的三维矩阵管理模式;二是健全股东会、董事会、监事会和经理层之间制衡的法人治理结构;三是要不断完善制约机制与激励机制,四是要形成广招人才、重用人才的企业气氛。

最后,要注重在具体的财务管理实践中进行风险控制。要更新管理理念,确立财务管理的战略核心地位,促使财务管理工作由被动记账向主动管理转变,建立以企业整体经营目标为基础的全面预算制度,发挥财务管理在目标激励、过程控制及有效奖惩方面的重要作用;要建立和完善民营企业的财务管理体系,设立专门的财务管理机构,制定相应的财务管理制度,完善财务处理流程,规范会计行为,推行"事前计划、事中控制、事后分析"的财务管理模式,建立完善的内部稽查制度;及早建立财务风险的预警机制,把风险损失降到最低限度。

(注:本采访内容参考了周春生,赵端端:《中国民营企业的财务风险实证研究》,《中国软科学》,2006年第4期。)

资料来源:刘英楠,周春生:《中国民营公司财务风险令人担忧》,《科学时报》,2006年8月2日。

# 附录 标准正态分布表

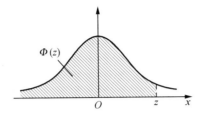

$$\Phi(z) = \int_{-\infty}^{z} \frac{1}{\sqrt{2\pi}} e^{-\frac{x^2}{2}} dx$$

| z | 0.00 | 0.01 | 0.02 | 0.03 | 0.04 |
| --- | --- | --- | --- | --- | --- |
| 0.0 | 0.500000 | 0.503989 | 0.507978 | 0.511966 | 0.515953 |
| 0.1 | 0.539828 | 0.543795 | 0.547758 | 0.551717 | 0.555670 |
| 0.2 | 0.579260 | 0.583166 | 0.587064 | 0.590954 | 0.594835 |
| 0.3 | 0.617911 | 0.621720 | 0.625516 | 0.269300 | 0.633072 |
| 0.4 | 0.655422 | 0.659079 | 0.662757 | 0.666402 | 0.670031 |
| 0.5 | 0.691462 | 0.694974 | 0.698468 | 0.701944 | 0.705401 |
| 0.6 | 0.725747 | 0.729069 | 0.732731 | 0.735653 | 0.738914 |
| 0.7 | 0.758036 | 0.761148 | 0.764238 | 0.767305 | 0.770350 |
| 0.8 | 0.788145 | 0.791030 | 0.793892 | 0.796731 | 0.799546 |
| 0.9 | 0.815940 | 0.818589 | 0.821214 | 0.823814 | 0.826391 |
| 1.0 | 0.841345 | 0.843752 | 0.846136 | 0.848495 | 0.850830 |
| 1.1 | 0.864664 | 0.866500 | 0.868643 | 0.870762 | 0.872857 |
| 1.2 | 0.884930 | 0.886861 | 0.888768 | 0.890651 | 0.892512 |
| 1.3 | 0.903200 | 0.904902 | 0.906582 | 0.908241 | 0.909877 |
| 1.4 | 0.919243 | 0.920730 | 0.922196 | 0.923641 | 0.925066 |
| 1.5 | 0.933193 | 0.934478 | 0.935745 | 0.936992 | 0.938220 |
| 1.6 | 0.945201 | 0.946301 | 0.947384 | 0.948449 | 0.949497 |
| 1.7 | 0.955435 | 0.956367 | 0.957284 | 0.958185 | 0.959070 |
| 1.8 | 0.964070 | 0.964852 | 0.965620 | 0.966375 | 0.967116 |
| 1.9 | 0.971283 | 0.971933 | 0.972571 | 0.973197 | 0.973810 |
| 2.0 | 0.977250 | 0.977784 | 0.978308 | 0.978822 | 0.979325 |
| 2.1 | 0.982136 | 0.982571 | 0.982997 | 0.983414 | 1.983832 |
| 2.2 | 0.986097 | 0.986447 | 0.986791 | 0.987126 | 0.987455 |

(续表)

| z | 0.00 | 0.01 | 0.02 | 0.03 | 0.04 |
|---|---|---|---|---|---|
| 2.3 | 0.989276 | 0.989556 | 0.989830 | 0.990097 | 0.990358 |
| 2.4 | 0.991802 | 0.992024 | 0.992240 | 0.992451 | 0.992656 |
| 2.5 | 0.993790 | 0.993963 | 0.994132 | 0.997297 | 0.994457 |
| 2.6 | 0.995339 | 0.995473 | 0.995604 | 0.995731 | 0.995855 |
| 2.7 | 0.996533 | 0.996636 | 0.996736 | 0.996833 | 0.996928 |
| 2.8 | 0.997445 | 0.997523 | 0.997599 | 0.997673 | 0.997744 |
| 2.9 | 0.998134 | 0.998193 | 0.998250 | 0.998305 | 0.998359 |
| 3.0 | 0.998650 | 0.998694 | 0.998736 | 0.998777 | 0.998817 |
| 3.1 | 0.999032 | 0.999065 | 0.999096 | 0.999126 | 0.999155 |
| 3.2 | 0.999313 | 0.999336 | 0.999359 | 0.999381 | 0.999402 |
| 3.3 | 0.999517 | 0.999534 | 0.999550 | 0.999566 | 0.999581 |
| 3.4 | 0.999663 | 0.999675 | 0.999687 | 0.999698 | 0.999709 |
| 3.5 | 0.999767 | 0.999776 | 0.999784 | 0.999792 | 0.999800 |
| 3.6 | 0.999841 | 0.9998473 | 0.999853 | 0.999858 | 0.999864 |
| 3.7 | 0.999892 | 0.999896 | 0.999900 | 0.999904 | 0.999908 |
| 3.8 | 0.999928 | 0.999931 | 0.999993 | 0.999936 | 0.999938 |
| 3.9 | 0.999952 | 0.999954 | 0.999956 | 0.999958 | 0.999959 |
| 4.0 | 0.999968 | 0.999970 | 0.999971 | 0.999972 | 0.999973 |
| 4.1 | 0.999979 | 0.999980 | 0.999981 | 0.999982 | 0.999983 |
| 4.2 | 0.999987 | 0.999987 | 0.999988 | 0.999988 | 0.999989 |
| 4.3 | 0.999991 | 0.999992 | 0.999992 | 0.999993 | 0.999993 |
| 4.4 | 0.999995 | 0.999995 | 0.999992 | 0.999993 | 0.999993 |
| 4.5 | 0.999997 | 0.999997 | 0.999997 | 0.999997 | 0.999997 |
| 4.6 | 0.999998 | 0.999998 | 0.999998 | 0.999998 | 0.999998 |
| 4.7 | 0.999999 | 0.999999 | 0.999999 | 0.999999 | 0.999999 |
| 4.8 | 0.999999 | 0.999999 | 0.999999 | 0.999999 | 0.999999 |
| 4.9 | 1.000000 | 1.000000 | 1.000000 | 1.000000 | 1.000000 |
| z | 0.05 | 0.06 | 0.07 | 0.08 | 0.09 |
| 0.0 | 0.519939 | 0.523922 | 0.527903 | 0.531881 | 0.535856 |
| 0.1 | 0.559618 | 0.563559 | 0.567495 | 0.571424 | 0.575345 |
| 0.2 | 0.598706 | 0.602568 | 0.606420 | 0.610261 | 0.614092 |
| 0.3 | 0.636831 | 0.640576 | 0.644309 | 0.648027 | 0.651732 |
| 0.4 | 0.673645 | 0.677242 | 0.680822 | 0.684386 | 0.687933 |
| 0.5 | 0.708840 | 0.712260 | 0.715661 | 0.719043 | 0.722405 |
| 0.6 | 0.742154 | 0.745373 | 0.718571 | 0.751748 | 0.754903 |
| 0.7 | 0.773373 | 0.776373 | 0.779250 | 0.782305 | 0.785236 |
| 0.8 | 0.802337 | 0.805105 | 0.837850 | 0.810570 | 0.813267 |
| 0.9 | 0.828944 | 0.831472 | 0.833977 | 0.836457 | 0.838913 |

（续表）

| $z$ | 0.05 | 0.06 | 0.07 | 0.08 | 0.09 |
| --- | --- | --- | --- | --- | --- |
| 1.0 | 0.853141 | 0.855428 | 0.857690 | 0.859929 | 0.862143 |
| 1.1 | 0.874928 | 0.876976 | 0.879000 | 0.881000 | 0.882977 |
| 1.2 | 0.894350 | 0.896165 | 0.897958 | 0.899727 | 0.901472 |
| 1.3 | 0.911492 | 0.913085 | 0.914657 | 0.916207 | 0.917736 |
| 1.4 | 0.926471 | 0.927855 | 0.929219 | 0.930563 | 0.931888 |
| 1.5 | 0.939429 | 0.940620 | 0.941792 | 0.942947 | 0.944083 |
| 1.6 | 0.950529 | 0.951543 | 0.952540 | 0.953521 | 0.954486 |
| 1.7 | 0.959941 | 0.960796 | 0.961636 | 0.962462 | 0.963273 |
| 1.8 | 0.967843 | 0.968557 | 0.969258 | 0.969946 | 0.970621 |
| 1.9 | 0.974412 | 0.975002 | 0.975581 | 0.976148 | 0.976705 |
| 2.0 | 0.979819 | 0.980301 | 0.980774 | 0.981237 | 0.981691 |
| 2.1 | 0.984222 | 0.984614 | 0.984997 | 0.985371 | 0.985738 |
| 2.2 | 0.987776 | 0.988089 | 0.988396 | 0.988696 | 0.988989 |
| 2.3 | 0.990613 | 0.990863 | 0.991106 | 0.991344 | 0.991576 |
| 2.4 | 0.992857 | 0.993053 | 0.996244 | 0.993431 | 0.993631 |
| 2.5 | 0.997614 | 0.994766 | 0.994915 | 0.995060 | 0.995201 |
| 2.6 | 0.995975 | 0.996093 | 0.996207 | 0.996319 | 0.996427 |
| 2.7 | 0.997020 | 0.997110 | 0.997197 | 0.997282 | 0.997365 |
| 2.8 | 0.997814 | 0.997882 | 0.997978 | 0.998012 | 0.998074 |
| 2.9 | 0.998411 | 0.998462 | 0.998511 | 0.998559 | 0.998605 |
| 3.0 | 0.998856 | 0.998893 | 0.998930 | 0.998965 | 0.998999 |
| 3.1 | 0.999184 | 0.999211 | 0.999238 | 0.999264 | 0.999289 |
| 3.2 | 0.999423 | 0.999443 | 0.999462 | 0.999481 | 0.999499 |
| 3.3 | 0.999596 | 0.999610 | 0.999624 | 0.999638 | 0.999651 |
| 3.4 | 0.999720 | 0.999730 | 0.999740 | 0.999749 | 0.999758 |
| 3.5 | 0.999807 | 0.999815 | 0.999822 | 0.999828 | 0.999835 |
| 3.6 | 0.999869 | 0.999874 | 0.999879 | 0.999883 | 0.999888 |
| 3.7 | 0.999912 | 0.999915 | 0.999918 | 0.999922 | 0.999925 |
| 3.8 | 0.999941 | 0.999943 | 0.999946 | 0.999948 | 0.999950 |
| 3.9 | 0.999961 | 0.999963 | 0.999964 | 0.999966 | 0.999967 |
| 4.0 | 0.999974 | 0.999975 | 0.999976 | 0.999977 | 0.999978 |
| 4.1 | 0.999983 | 0.999984 | 0.999985 | 0.999985 | 0.999986 |
| 4.2 | 0.999989 | 0.999990 | 0.999990 | 0.999991 | 0.999991 |
| 4.3 | 0.999993 | 0.999993 | 0.999994 | 0.999994 | 0.999994 |
| 4.4 | 0.999996 | 0.999996 | 0.999996 | 0.999996 | 0.999996 |
| 4.5 | 0.999997 | 0.999997 | 0.999998 | 0.999998 | 0.999998 |
| 4.6 | 0.999998 | 0.999998 | 0.999998 | 0.999999 | 0.999999 |
| 4.7 | 0.999999 | 0.999999 | 0.999999 | 0.999999 | 0.999999 |
| 4.8 | 0.999999 | 0.999999 | 0.999999 | 0.999999 | 0.999999 |
| 4.9 | 1.000000 | 1.000000 | 1.000000 | 1.000000 | 1.000000 |

# 参 考 文 献

1. Altman, E., "Financial Ratios: Discriminant Analysis and the Prediction of Corporate Bankrupt", *Journal of Finance*, 1968, Vol. 23, No. 4.
2. Beaver, W. H., "Financial Ratios as Predictors of Failure", *Journal of Accounting Research*, 1966 (Supplement).
3. Carmichael, D. R., "The Auditor's Reporting Obligation", *Auditing Research Monograph*, No. 1, New York: AICPA, 1972.
4. Committee on Regulation and Supervision, "Response to Basle's Credit Risk Modeling: Current Practice and Applications", *Global Association of Risk Professionals*, New York, September 1999.
5. Deakin, E. B., "A Discriminant Analysis of Prediction of Business Failure", *Journal of Accounting Research*, 1972 (spring).
6. Duffie, Darrell, Singleton, Kenneth J., *Credit Risk: Pricing, Measurement, and Management*, Princeton University Press, 2003.
7. Hull, John, *Fundamentals of Futures and Options Markets*, 7th Edition, US: Pearson Education, 2008.
8. Kealhofer, S., "Managing Default Risk in Portfolios of Derivatives", in *Derivative Credit Risk: Advances in Measurement and Management*, Risk Publications, 1995.
9. Robert Merton, "On the Pricing of Corporate Debt: The Risky Structure of Interest Rates", *Journal of Finance*, 1974.
10. Suresh M. Sundaresan, "Continuous-Time Methods in Finance: A Review and an Assessment", *Journal of Finance*, Vol. 55, No. 4.
11. Zhou, Chunsheng, "An Analysis of Default Correlation and Multiple Defaults", *Review of Financial Studies*, May 2001.
12. Zhou, Chunsheng, "The Term Structure of Credit Spreads with Jump Risk", *Journal of Banking and Finance*, November 2001.
13. 李秉祥:《我国上市公司财务危机预警及其管理对策研究》,天津社会科学院出版社 2003 年版。
14. 李德、王建华:《我国信用评级机构的现状、作用和发展前景》,《广西金融研究》,2003 年。
15. 姜秀华、孙铮:《治理弱化与财务危机:一个预测模型》,《南开管理评论》,2001 年第 5 期。
16. 〔美〕埃里克·班克斯著,褚韵译:《流动性风险——企业资产管理和筹资风险》,经济管理出版社 2005 年版。
17. 顾银宽、林钟高:《财务危机预警理论与模型探讨》,《财政金融》,2004 年第 3 期。
18. MBA 核心课程编译组:《危机管理》,九州出版社 2002 年版。
19. 宋清华、李志辉:《金融风险管理》,中国金融出版社 2004 年版。
20. 沈沛龙、任若恩:《现代信用风险管理模型和方法的比较研究》,《经济科学》,2002 年第 3 期。
21. 斯蒂芬·A. 罗斯等著,吴世农、沈艺峰等译:《公司理财》,机械工业出版社 2012 年版。
22. 〔英〕沃尔奇著,何瑛等译:《关键管理指标》,经济管理出版社 2005 年版。
23. 吴水澎、邵贤弟、陈汉文:《企业内部控制理论的发展与启示》,http://www.china-cpa.com/control/

control1. htm。

24. 王强:《企业失败研究》,中国时代经济出版社2002年版。
25. 谢作渺:《企业如何防范风险》,新华出版社2002年版。
26. 杨雄胜:《高级财务管理》,东北财经大学出版社2003年版。
27. 〔日〕野田武辉著,陈建、李进、李晓肃译:《企业危机预警:中小企业倒闭内幕探密》,时事出版社1999年版。
28. 张新民:《企业财务报表分析案例点评》,浙江人民出版社2003年版。
29. 〔美〕詹姆斯·范霍思著,宋逢明等译:《财务管理与政策教程》,华夏出版社2000年版。
30. 中华审计网:《浅谈企业内部控制审计》,http://www.china-audit.com/neibu/2006-07-13/1152691843448386.htm。
31. 周春生:《融资、并购与公司控制》,北京大学出版社2005年版。
32. 周春生、赵端端:《国民营企业的财务风险实证研究》,《中国软科学》,2006年第4期。

## 教辅申请说明

北京大学出版社本着"教材优先、学术为本"的出版宗旨,竭诚为广大高等院校师生服务。为更有针对性地提供服务,请您按照以下步骤通过**微信**提交教辅申请,我们会在 1~2 个工作日内将配套教辅资料发送到您的邮箱。

◎ 扫描下方二维码,或直接微信搜索公众号"北京大学经管书苑",进行关注;

◎ 点击菜单栏"在线申请"—"教辅申请",出现如右下界面:

◎ 将表格上的信息填写准确、完整后,点击提交;

◎ 信息核对无误后,教辅资源会及时发送给您;
如果填写有问题,工作人员会同您联系。

**温馨提示**:如果您不使用微信,则可以通过以下联系方式(任选其一),将您的姓名、院校、邮箱及教材使用信息反馈给我们,工作人员会同您进一步联系。

### 联系方式:

北京大学出版社经济与管理图书事业部
通信地址:北京市海淀区成府路 205 号,100871
电子邮箱:em@pup.cn
电　　话:010-62767312 /62757146
微　　信:北京大学经管书苑(pupembook)
网　　址:www.pup.cn